Hans-Dieter Haas, Simon-Martin Neumair, Dieter Matthew Schlesinger

Geographie der internationalen Wirtschaft

Geowissen kompakt

Herausgegeben von
Hans-Dieter Haas

Hans-Dieter Haas
Simon-Martin Neumair
Dieter Matthew Schlesinger

Geographie der internationalen Wirtschaft

Die Deutsche Nationalbibliothek verzeichnet diese Publikation
in der Deutschen Nationalbibliografie;
detaillierte bibliografische Daten sind im Internet über
http://dnb.d-nb.de abrufbar.

© 2009 by WBG (Wissenschaftliche Buchgesellschaft), Darmstadt
Die Herausgabe des Werkes wurde durch
die Vereinsmitglieder der WBG ermöglicht.
Satz: Lichtsatz Michael Glaese GmbH, Hemsbach
Einbandgestaltung: schreiberVIS, Seeheim
Redaktion: Karen David-Sirocko, Mainz
Gedruckt auf säurefreiem und alterungsbeständigem Papier
Printed in Germany

Besuchen Sie uns im Internet: www.wbg-wissenverbindet.de

ISBN 978-3-534-22076-2

Inhalt

Vorwort

Die Internationalisierung der Wirtschaft ist ein Phänomen unserer Zeit, das die Gesellschaft prägt und sich im täglichen Leben jedes Einzelnen niederschlägt. Unternehmen gehören zu den Trägern globaler Prozesse, deren Dimensionen und Vielschichtigkeit ständig weiter zunehmen. Nahezu alle Erdräume sind inzwischen von diesem Vorgang erfasst, der mit dem Begriff „Globalisierung" eine zusätzlich qualitative und raumdifferenzierende Ausprägung erhält.

Die Globalisierung der Wirtschaft berührt viele im Kern geographische Themen. Die weltweite Ausdehnung wirtschaftlicher Aktivitäten, die beschleunigte Überwindung raumzeitlicher Distanzen, die ständig zunehmende Vernetzung ganzer Erdteile durch die Ausbildung globaler Wertschöpfungsnetzwerke und Marktsysteme sowie die Entstehung neuer räumlicher Ungleichgewichte durch den Verlust wirtschaftspolitischer Gestaltungsmacht der Nationalstaaten sowie den Bedeutungswandel territorialer Integrationsformen sind nur einige Aspekte, welche die geographische Relevanz des Globalisierungsprozesses verdeutlichen.

Die Wirtschaftsgeographie als Wissenschaft von der räumlichen Dimension der Wirtschaft strebt daher allgemein danach, das geographische Verständnis für die räumliche Ordnung ökonomischer und politischer Organisationssysteme im Zeitalter der Globalisierung zu schärfen.

Die Geographie der internationalen Wirtschaft als Teilgebiet der Wirtschaftsgeographie untersucht im Besonderen die weltweiten, d.h. wirtschaftsraum- und regionenübergreifenden Strukturen sowie die wechselseitigen Verflechtungen und Interaktionen der Weltwirtschaft. Trotz der hohen Bedeutung für die geographische Lehre an Universitäten und Schulen existiert bislang kein Lehrbuch, das den Stoff adäquat, d.h. seiner dynamischen Entwicklung angemessen und einer modernen Lehrkonzeption entsprechend, präsentiert. Bereits bestehende Werke werden dem Thema aufgrund ihrer deskriptiv-sektoralen Ausrichtung nicht mehr gerecht. Bedingt wird dies durch die hohe Dynamik globaler wirtschaftlicher Prozesse, die eine aktuelle Bestandsaufnahme der Weltwirtschaft kaum mehr zulässt und die fortschreitende Ausbreitung internationaler Unternehmensaktivitäten über alle Wirtschaftssektoren hinweg, die eine sektorale Einteilung obsolet macht.

Diese Defizite versucht vorliegendes, an aktuellen Erkenntnissen und wirtschaftlichen Veränderungen sowie am Forschungsansatz der relationalen Wirtschaftsgeographie ausgerichtetes, modern konzeptioniertes Lehrbuch zu beseitigen. Es bietet vor diesem Hintergrund das Rüstzeug zur Analyse und Erklärung von Strukturen, Rahmenbedingungen und Prozessen der Weltwirtschaft, wozu geographische Erkenntnisse einen wertvollen Beitrag leisten, um z.B. Handlungsmöglichkeiten von Akteuren (Unternehmen) im internationalen Umfeld aufzuzeigen und dadurch besser zu meistern.

Dieses Buch richtet sich an Haupt- und Nebenfachstudenten der Wirtschafts- und Sozialgeographie, der Betriebswirtschaftslehre mit dem Schwerpunkt Internationales Management, an Studenten des Lehramtes

Erdkunde sowie Schüler der Sekundarstufe bzw. des Leistungskursfaches Erdkunde. Doch auch für Studierende der Soziologie sowie der Kultur- und Politikwissenschaft bietet es interessante Einblicke und Implikationen. Zur Zielgruppe gehören ferner auch diejenigen, die sich mit internationalen Wirtschaftsbeziehungen in der Praxis befassen und zusätzliches Hintergrundwissen für diese Materie erwerben wollen.

Besonders hervorheben möchten wir an dieser Stelle das große Engagement unserer studentischen Hilfskräfte, Hr. Christian Baumeister, Fr. Lucie Großstück und Hr. Andreas Ziegler. Sie haben sich bei der Erstellung von Abbildungen, Karten und Tabellen sowie bei Recherche- und Korrekturarbeiten sehr verdient gemacht und führten diese Tätigkeiten mit größter Sorgfalt und Professionalität durch. Wir sind ihnen daher zu aufrichtigem Dank verpflichtet.

München, im April 2009

Hans-Dieter Haas,
Simon-Martin Neumair und
Dieter Matthew Schlesinger

1. Wirtschaftsgeographie im Weltmaßstab

Die weltweit ungleiche Verteilung von natürlichen Rohstoffen, Arbeitskräften, Wissen und Kapital sowie deren global stark **differenzierte Nutzung** für Produktionszwecke oder Konsum (vgl. HAAS/SCHLESINGER 2007, S. 76ff.) kommen in einer international-räumlichen Arbeitsteilung zum Ausdruck. Die sich daraus ergebende weltweite Struktur des Einsatzes dieser Produktionsfaktoren, die grenzüberschreitende Aufteilung der Erzeugungsaktivitäten sowie die Wirkung weltwirtschaftlicher Verflechtungen auf das innere Gefüge der daran beteiligten Akteure stellen ein bedeutendes Forschungsgebiet der **Wirtschaftsgeographie** dar. Diese untersucht – an der Schnittstelle zwischen wirtschaftswissenschaftlicher und geographischer Forschung angesiedelt – das Verhältnis von Wirtschaft und Raum und dabei die Wirkung natürlicher Raumfaktoren auf das wirtschaftliche Handeln bzw. umgekehrt (vgl. HAAS/NEUMAIR 2008, S. 1).

1.1 Begriff und Einordnung einer Geographie der internationalen Wirtschaft

Die Globalisierung führte in den letzten Jahrzehnten zu einem überproportionalen Anstieg von Verflechtungen und Interaktionen der Weltwirtschaft und der Bildung von **globalen Produktionsnetzwerken und Marktsystemen**. Maßgeblich für deren Entstehung sind enorme Veränderungen der wirtschaftlichen, gesellschaftlichen und politischen Rahmenbedingungen. Ferner kommt es durch technische Errungenschaften in der Informations- und Kommunikationstechnologie sowie verbesserte Logistik- und Transportsysteme zu einem **Schrumpfen der Dimensionen von Raum und Zeit**. Der ökonomische Bedeutungsverlust dieser Grenzen führt zu veränderten Handlungsspielräumen sowohl von Unternehmen, welche ihre Produktionssysteme und Wertschöpfungsketten mehr und mehr organisieren können, ohne auf nationalstaatliche Differenzierungen Rücksicht nehmen zu müssen, als auch der Nationalstaaten selbst, deren wirtschaftspolitische Gestaltungsmacht zunehmend an Bedeutung einbüßt. *(Globaler Wandel)*

Diese Veränderungen beinhalten viele im Kern geographische Themen, wie z.B. die räumliche Ausdehnung wirtschaftlicher Aktivitäten, die beschleunigte Überwindung von Distanzen, die zunehmende globale Vernetzung von Erdteilen, aber auch die Entstehung neuer räumlicher Ungleichgewichte oder den Bedeutungswandel territorialer Integrationsformen. Der Globalisierungsprozess verlangt daher besonders danach, das geographische Verständnis für die raumzeitliche Ordnung ökonomischer und politischer Organisationssysteme zu schärfen (vgl. OSSENBRÜGGE 2007, S. 833). *(Globalisierung und Geographie)*

Diesen Aufgaben stellt sich eine Wirtschaftsgeographie im Weltmaßstab, für die es mehrere begriffliche Synonyme gibt. Dabei ist der Begriff **Weltwirtschafts- oder Welthandelsgeographie** (BOESCH 1966, KIRCHGRABER *(Definition und alternative Begriffe)*

1959, LÜTGENS 1952, OTREMBA 1957), der einen deskriptiv-sektoralen Fokus einnimmt, aus heutiger Sicht fachlich als überholt anzusehen. Die moderne Bezeichnung **Geographie transnationaler wirtschaftlicher Vernetzung** (GLÜCKLER 2007) zeigt zwar die zukünftige Entwicklung in diesem Bereich auf, ist jedoch im allgemeinen Sprachgebrauch noch nicht etabliert. Deshalb wird hier die Bezeichnung **Geographie der internationalen Wirtschaft** gewählt. Diese untersucht die wirtschaftsraum- und regionenübergreifenden **Strukturen** der Weltwirtschaft, deren wechselseitige **Interaktionen** sowie **raumzeitliche Veränderungen**.

1.2 Forschungsgegenstände

Weltwirtschaftsraum

Zentraler Forschungsgegenstand einer Geographie der internationalen Wirtschaft ist der Weltwirtschaftsraum, in dem sich die Gesamtheit der weltweiten ökonomischen Aktivitäten unter Nutzung der internationalen Wirtschaftsbeziehungen raumdifferenziert darstellt. Dabei wird der Weltwirtschaftsraum durch zwei Dimensionen erfasst:

- Die weltweite **Verteilung wirtschaftlicher Aktivitäten** (z. B. unternehmerische Wertschöpfungsaktivitäten, Betriebsstandorte etc.) sowie **ökonomisch relevanter Größen** (z. B. verfügbares Pro-Kopf-Einkommen, Marktgrößen und -wachstum, Faktorkosten, Länderrisiken etc.) im internationalen Kontext sowie
- der grenzüberschreitende wirtschaftliche **Austausch** (z. B. Außenhandel, Direktinvestitionen, Transport).

Betrachtungs-
perspektiven

Somit ergeben sich zwei Betrachtungsperspektiven bzw. Untersuchungsebenen. Auf der **Makroebene** stehen die wirtschaftlichen Verflechtungen zwischen Erdteilen, Volkswirtschaften, Regionen oder einzelnen Standorten durch die Bewegung von Gütern, Kapital, Arbeitskräften und Knowhow im Vordergrund. Diese finden heutzutage im Außenhandel sowie dem Transfer von Kapital, Technologie, Wissen und Humankapital ihren Niederschlag (vgl. VOPPEL 1999, S. 193; Tab. 1.1).

Tabelle 1-1: Formen globaler Interaktionen (GLÜCKLER 2007, S. 843)

Interaktion	Ausprägung
Außen- handel	intersektoraler (z. B. Rohstoffe gegen Werkzeugmaschinen) versus intrasektoraler (z. B. japanische gegen deutsche Autos) Außenhandel
	umfangreicher Handel mit Zulieferteilen und Modulen in allen Branchen (global sourcing)
	Handel von Waren und Dienstleistungen (einschließlich des Tourismus)
	Handel mit Endprodukten versus Handel mit intermediären Produkten
	Handel innerhalb bzw. zwischen Unternehmen (Intra-Unternehmenshandel)

Interaktion	Ausprägung
Weltweiter Kapitaltransfer	ausländische Direktinvestitionen (mindestens 10% Kapitalbeteiligung)
	greenfield investment (Neugründung eines Unternehmens)
	brownfield investment (Beteiligung, Fusion oder Übernahme bestehender Unternehmen)
	ausländische Portfolioinvestitionen (< 10% Kapitalbeteiligung)
	internationale Kredit- und Darlehensaufnahme und -vergabe
	Investmentfonds (Hedge-Fonds, Staatsholdings), Private Equity
Technologie und Wissen	internationale Forschungs- und Entwicklungsaktivitäten
	internationaler Technologietransfer (z. B. Lizenzen, Patente, Technologieverträge)
	internationaler Designtransfer (z. B. Verkauf, Lizenzen, Franchising)
Humankapital	Migration von Hochqualifizierten, Entsendung von Fachkräften („expatriates")
	Arbeitskräfteeinsatz in globalen Projekten (global staffing)

Auf der **Mikroebene** liegt das Augenmerk dagegen auf dem Internationalisierungsverhalten und den daraus resultierenden Strategien sowie Entscheidungsprozessen weltweit agierender Unternehmen (sog. Global Player) und ist damit eher betriebswirtschaftlich geprägt.

Zusammenfassend liegt die Aufgabe einer Geographie der internationalen Wirtschaft folglich in der **Untersuchung raumübergreifender Interaktionen** und der damit im Zusammenhang stehenden Organisationsformen bzw. Unternehmensentscheidungen, die immer mehr auf internationaler Ebene ablaufen. Hierbei gilt es auch Veränderungen im zeitlichen Ablauf und regional divergierende Einflüsse zu berücksichtigen.

Untersuchungsauftrag

1.3 Fachliche Entwicklungstendenzen

Die Beschäftigung mit internationalen Wirtschaftsbeziehungen und -zusammenhängen stellt ein Betätigungsfeld für Geographen dar, lange bevor Begriffe wie „Globalisierung", „Global Sourcing", „Global Player" oder „transnationale Unternehmen" aufkamen bzw. geprägt wurden. Neu ist, dass sich Qualität und Ausmaß internationaler Wirtschaftsaktivitäten und -verflechtungen ständig weiterentwickeln und sich das raumstrukturelle Bild, das die Weltwirtschaft in ihrer heutigen Form abgibt, aufgrund der Änderung politisch-rechtlicher, technisch-wirtschaftlicher sowie gesellschaftlich-kultureller Rahmenbedingungen gegenüber dem in früheren Zeiten deutlich verändert.

Grundperspektiven

In der Geographie der internationalen Wirtschaft lassen sich daher im Zeitablauf verschiedene Entwicklungstendenzen feststellen sowie verän-

Entwicklungstendenzen

derte fachspezifische Fragestellungen ausmachen. Bis heute sind dabei drei große Entwicklungsphasen zu unterscheiden (vgl. BLOTEVOGEL 2003, S. 5).

18. Jh. bis Anfang 20. Jh.
In diesem Zeitraum beschränkte sich die Geographie weitgehend auf die **statistische Faktenbeschreibung der Weltwirtschaft**. Dabei standen die Deskription räumlicher Tatbestände und die Vermittlung erdkundlichen Wissens sowohl hinsichtlich einzelner Güterkategorien, wie z.B. Rohstoffe oder Agrarprodukte **(Produktenkunde)**, als auch einzelner Länder bzw. Volkswirtschaften **(Staatenkunde)** im Vordergrund. Diese hauptsächlich beschreibend und nicht analysierend ausgerichtete Phase der Geographie erlebte ihren Höhepunkt im Zeitalter des **Imperialismus** (ca. 1880 bis 1918) und war durch die politischen und wirtschaftlichen **Kolonialinteressen** der europäischen Großmächte indoktriniert. Ziel war es, Informationen und Wissen über die oft weit von den Mutterländern entfernt liegenden Kolonien und deren Wirtschaftsstrukturen zu vermitteln. Da die Versorgung mit Rohstoffen und die Beschreibung ihrer Beschaffenheit eine elementare wirtschaftliche und politische Aufgabe darstellte, wird das geographische Interesse dieser zeitlichen Epoche oft in den Begriffen **Produktenkunde** bzw. **Rohstoffgeographie** ausgedrückt.

Ca. 1918 bis ca. 1970
In der darauf folgenden Phase konzentriert sich die Geographie nicht mehr auf eine rein statische Betrachtung der Weltwirtschaft, sondern auf den Vergleich von **strukturell** bzw. **funktional** definierten **Wirtschaftslandschaften** und **Wirtschaftsräumen** im weltweiten Kontext. Zu den wichtigsten Vertretern dieser Epoche zählen Rudolf Lütgens, Theodor Kraus, Walter Gerling, Erich Obst und Hans Boesch. Letztgenannter verfasste eine „Weltwirtschaftsgeographie" (1966), die „in erster Linie von den gegenseitigen Beziehungen, welche zwischen dem Menschen und der Erde bestehen", handelt. Diese kommen bei BOESCH (1966, S. 11) „in der großen Zahl der verschiedenartigsten Landschaften" zum Ausdruck. Thematisch rückt neben agrarischen Weltwirtschaftsgütern, Rohstoffen und Energiequellen vor allem die zunehmende **Industrialisierung der Erde**, insbesondere in den triadischen Weltwirtschaftsregionen, in den Vordergrund.

Ca. 1970 bis heute
Durch die zunehmende Globalisierung der Wirtschaft und die Internationalisierung der Märkte wird die Weltwirtschaft – im Gegensatz zu den früher traditionell getrennt betrachteten nationalstaatlichen Volkswirtschaften – als **global verflochtene „eine" Ökonomie** gesehen. In dieser Epoche, zu deren Vertretern u.a. Paul KNOX et al. mit ihrem Lehrbuch „The Geography of the World Economy" (2003) und Peter DICKEN mit seinem Standardwerk „Global Shift" (2003) rechnen, werden zunehmend neue Fragestellungen und Phänomene diskutiert, die in den früheren Phasen noch keine oder eine eher untergeordnete Rolle spielten. Hierzu gehören u.a.:

- die verstärkte Betrachtung transnationaler Unternehmen (Global Player),
- die Entfaltung supranationaler Integrationsräume (z.B. EU, NAFTA, MERCOSUR) bei gleichzeitiger Schwächung der Nationalstaaten,
- die dynamische Wirtschaftsentwicklung von Schwellenländern und Wachstumsmärkten wie China und Indien,
- die voranschreitende Tertiärisierung der Weltwirtschaft,
- neu aufkommende High-tech-Industrien sowie
- die Ausweitung moderner finanzwirtschaftlicher Transaktionsformen wie Unternehmensfusionen und -übernahmen.

1.4 Geographie der internationalen Wirtschaft aus relationaler Perspektive

Was Aufbau und Gliederungssystematik vorliegenden Lehrbuchs angeht, wird auf die in älteren Werken zur Weltwirtschaftsgeographie (z.B. BOESCH 1966), aber auch in jüngeren Lehrbüchern zur Allgemeinen Wirtschaftsgeographie (z.B. VOPPEL 1999, KULKE 2008) praktizierte Einteilung nach Wirtschaftssektoren verzichtet. Eine solche Vorgehensweise erscheint als nicht mehr zeitgemäß, da viele Unternehmen heutzutage über mehrere Wirtschaftsbranchen hinweg operieren und die Grenzen zwischen den einzelnen Sektoren (Landwirtschaft und Rohstoffe, Industrie, Dienstleistungen) zunehmend verschwimmen. Als beispielhaft gelten u.a. große agroindustrielle Konzerne, welche neben der landwirtschaftlichen Güterproduktion vor allem in der Ernährungsindustrie aktiv sind, multinationale Bergbaukonzerne, die Bodenschätze nicht nur abbauen, sondern auch industriell aufbereiten, oder der Maschinen- und Anlagenbau, der von mehreren komplexen Dienstleistungen (z.B. Konstruktion, Montage, Wartung) begleitet wird. Zu berücksichtigen ist auch, dass in Betrieben des Verarbeitenden Gewerbes stets Verwaltungs- und Dienstleistungsaufgaben anfallen, welche statistisch nicht gesondert ausgewiesen werden. Kommt es zur Auslagerung derartiger Tätigkeitsbereiche, die vorher in der Rubrik „sekundärer Sektor" auftauchten, nimmt der tertiäre Sektor statistisch zu, obwohl die reale Beschäftigungsstruktur unverändert bleibt (vgl. KLOHN 2008, S. 7). Ferner geht bei einer rein sektoralen Betrachtung der Blick für das einzelne **Unternehmen als Akteur** der internationalen Wirtschaft, seine Strategiewahl und Entscheidungsprozesse verloren, was damit eine akteurszentrierte Betrachtungsweise erschwert.

Aufgrund dieser Schwächen wird hier eine relationale Betrachtungsperspektive gewählt. Der von BATHELT und GLÜCKLER (2002, 2003) in die deutsche Wirtschaftsgeographie eingeführte Ansatz der relationalen Wirtschaftsgeographie markiert eine wirtschaftssoziologisch inspirierte **handlungs- und akteursorientierte Perspektive** und beachtet das gesellschaftliche, soziale und kulturelle Umfeld wirtschaftlicher Akteure und deren Einbindung in solches.

Das relationale Grundverständnis zeichnet sich durch drei grundlegende Merkmale aus (vgl. BATHELT/GLÜCKLER 2002, S. 36 und 2003, S. 250; GLÜCKLER 2004, S. 88f.; NEUMAIR 2009, S. 5ff.):

Die **Kontextualität** meint, dass ökonomisches Handeln als soziales Handeln immer vor dem Hintergrund eines spezifischen Handlungskontextes stattfindet. Damit wird eine Sichtweise des ökonomischen Handelns in eine strukturelle Perspektive des Handlungskontextes integriert und steht für die Einbettung ökonomischer Aktivitäten in sozioinstitutionelle Beziehungssysteme, womit ökonomisches Handeln als raumzeitlich situiert anzusehen ist. Im Rahmen einer Geographie der internationalen Wirtschaft gilt es in diesem Zusammenhang das Handlungsumfeld international tätiger Unternehmen zu bestimmen, das heute überwiegend durch eine globale Wirtschaft als moderne geographische Formation sowie die daraus re-

Verzicht auf sektorale Vorgehensweise

Relationale Grundperspektive

Merkmale des relationalen Grundverständnisses

sultierenden Rahmenbedingungen und unternehmerischen Herausforderungen strukturiert ist.

Da jeder Handlungskontext eine spezifische Entwicklung auslöst, transformiert sich die Kontextualität des Handelns in eine dynamische, pfadabhängige Entwicklung **(Pfadabhängigkeit)**. Vor diesem Hintergrund ist die Entwicklung weltweiter wirtschaftlicher Aktivitäten und Raummuster in unterschiedlichen historischen Epochen bis heute zu betrachten.

Die **Kontingenz** bringt zum Ausdruck, dass ökonomisches Handeln keinen universellen Gesetzmäßigkeiten unterworfen, sondern stets individuell geprägt ist. Daher sind die Internationalisierungsstrategien von Unternehmen sowie die räumlichen Verteilungs- und Verknüpfungsmuster ihrer Wertschöpfungsaktivitäten zu untersuchen.

Aufbau der Geographie der internationalen Wirtschaft

Der Konzeption der relationalen Geographie folgend, werden in diesem Buch zuerst – im Sinne der **Pfadabhängigkeit** – weltwirtschaftliche Beziehungen in unterschiedlichen historischen Epochen dargelegt (Kap. 2). Ferner ist für das Verständnis der weltwirtschaftlichen Entwicklung die Konkretisierung des komplexen Begriffs Globalisierung notwendig, um z. B. die heutigen Auswirkungen auf politische Gestaltungsmöglichkeiten oder im soziokulturellen Umfeld darzustellen. Die Erläuterung des **Kontexts**, in dem die Weltwirtschaft eingebettet ist bzw. in dem sich ihre Akteure bewegen, erfolgt durch die strukturelle Erfassung des Weltwirtschaftsraums (Kap. 3) sowie die Darlegung der geographisch relevanten Rahmenbedingungen einer internationalen Wirtschaft (Kap. 4). Der Weltwirtschaftsraum lässt sich dabei durch Ländertypen und -gruppen, den Entwicklungsstand, Aspekte der weltwirtschaftlichen Arbeitsteilung, Städte als Knotenpunkte globaler wirtschaftlicher Prozesse und regionale Integrationssysteme (u. a. NAFTA, MERCOSUR oder Europäische Union) strukturieren. Unter die Rahmenbedingen fallen der weltweite Außenhandel, globale Direktinvestitionen, weltweite Infrastruktureinrichtungen, der Einfluss von Kulturen auf das Wirtschaftssystem, Länderrisiken sowie Möglichkeiten einer nachhaltigen Weltwirtschaft. Im Rahmen der **Kontingenz** werden abschließend die Möglichkeiten des individuellen Handelns von Akteuren, hier Unternehmen, anhand von Modellen der Internationalisierung, Internationalisierungsstrategien sowie der Gestaltung globaler Wertschöpfungsprozesse dargelegt.

2. Entwicklung weltwirtschaftlicher Aktivitäten und Raummuster

Das Phänomen internationaler Wirtschaftsbeziehungen ist so alt wie die Menschheit selbst. Der Eindruck, dass die Internationalisierung der Wirtschaft ein Vorgang der Gegenwart und Ausdruck einer modernen strategischen Konzeption ist, täuscht. Denn seit der Vor- und Frühgeschichte existieren geographisch weit reichende und verschiedene Erdräume in Verbindung setzende Wirtschaftsverflechtungen.

2.1 Weltwirtschaftliche Beziehungen in unterschiedlichen historischen Epochen

Im Folgenden soll – dem relationalen Element der pfadabhängigen Entwicklung internationaler Wirtschaftsaktivitäten Rechnung tragend – ein Überblick über einzelne wirtschaftsgeschichtliche Epochen mit ihren verschiedenen räumlichen Gestaltungsmustern bis heute gegeben werden.

2.1.1 Altertum

Erste, wenn auch primitive Ansätze der Internationalisierung in Form eines überregionalen Tauschhandels sind bereits aus dem **Siedlungswesen der Jungsteinzeit** (ca. 5000 v. Chr.) bekannt. Ein früher, quasi-staatlich organisierter Handel ist erstmals aus den **sumerischen und babylonischen Stadtkulturen** (nach 4000 v. Chr.) überliefert, die an verschiedenen Standorten Stützpunkte errichteten, mit denen sie einen intensiven Fernhandel unterhielten. **Assyrische Kaufleute** betrieben bereits 1750 v. Chr. einen weit reichenden Zinnhandel, dessen Zentrum in der anatolischen Bronzekultur lag, und galten als erste Fernhandelsunternehmer. Die **Ägypter** betrieben einen regen Fernhandel mit den Völkern im heutigen Mittleren Osten, die **Griechen** vor allem mit den **Phöniziern**, mit ihren Kolonien in Asien sowie mit Regionen in Afrika, Indien und Persien. Die **Römer** handelten mit Ost- und Nordeuropa, Mittel- und Westafrika sowie Regionen in Asien. Um 500 v. Chr. bestand in Europa mit den **Etruskern** ein Netz von Handelsbeziehungen, welche den gesamten Mittelmeerraum abdeckten und bis nach Schweden und Irland reichten. Allgemein erschlossen Fernkaufleute immer neue und weiter entlegene Märkte, die entstehenden Handelsnetzwerke erreichten interkontinentale Ausmaße und gewannen mehr und mehr an Intensität (vgl. DÜLFER 2002, S. 72 f.; MOORE/LEWIS 1999, S. 269 ff.).

Frühe Handel treibende Völker

Seidenstraße

Als anschauliches Beispiel für ein frühes, bis in die heutige Zeit persistentes Kontinente und Länder übergreifendes Handelssystem gilt die von **Marco Polo** in seinem berühmten Reisetagebuch von 1298 dokumentierte Seidenstraße, welche seit der Römerzeit bis zur Entdeckung eines Seefahrtsweges an Afrika vorbei und bis zur Errichtung entsprechender Seefahrtsrouten durch die Portugiesen die bedeutendste Handelsverbindung zwischen Europa und China darstellte. Auf diesem Weg tauschte der Westen u.a. Glas, Gold und Edelmetalle gegen Seide, Gewürze und Porzellan aus dem Osten (vgl. KNOX/MARSTON 2008, S. 63).

2.1.2 Mittelalter und Renaissance

Hanse

Die sich mit dem Zerfall des römischen Imperiums zunächst abschwächenden Handelsbeziehungen erhielten erst ab dem späten Mittelalter wieder deutlichen Auftrieb. Eine besondere Bedeutung kam der Hanse zu, einem von norddeutschen in Zusammenarbeit mit russischen und holländischen Kaufleuten gegründeten, bis dato einmaligen **privatwirtschaftlichen Handelsnetzwerk**. Zu seiner Blütezeit im ausgehenden 14. Jh. gehörten dem Hansebund rund 200 Städte entlang der Nord- und Ostsee, aber auch im Binnenland an. Zwar verfügte die Hanse weder über eigene Finanzen oder gemeinsame Einrichtungen noch über ein Heer und eine Flotte. Dennoch hatte sie für mehr als 300 Jahre das Monopol für den regionalen Handel westeuropäischer Fertigerzeugnisse und Bodenschätze mit agrar- und forstwirtschaftlichen Waren aus dem Baltikum und Nordrussland über die Nord- und Ostsee inne. Erst die Folgen des Dreißigjährigen Krieges und das Erstarken der europäischen Nationalstaaten führten Ende des 17. Jh. zum Niedergang der Hanse (vgl. WALTER 2006, S. 53 ff.; WELGE/HOLTBRÜGGE 2006, S. 2).

Handelsgeschlechter

Mit dem wirtschaftlichen Zusammenbruch des Handels im Norden ging der Aufstieg des Südens einher, der vor allem auf dem Erfolg einzelner Handelsgeschlechter beruhte. So waren die in Augsburg ansässigen **Fugger** (seit 1367) im grenzüberschreitenden Handel, dem Bankengeschäft und im Bergbau aktiv. Da sich die Bergwerke überwiegend im Ausland (u.a. Spanien, Ungarn, Tirol, Kärnten) befanden und daneben auch Faktoreien, d.h. ausländische Handelsniederlassungen, in Skandinavien, Russland und Südeuropa errichtet wurden, liegen hier erste Ansätze ausländischer Direktinvestitionen bzw. ein frühes Beispiel für einen multinationalen Konzern vor.

Eine auf ähnlichen Gebieten erfolgreiche Handelsdynastie waren die seit 1240 ebenfalls in Augsburg, später auch in Nürnberg ansässigen **Welser**. In Südeuropa ist das berühmte Handelsgeschlecht der **Medici** aus Florenz anzuführen, die ursprünglich im Tuchhandel, später auch im Geldgeschäft grenzüberschreitend aktiv waren und bis zum Beginn des 16. Jh. Handelsniederlassungen quer durch Europa errichtet hatten. Der hausinterne, über ganz Europa verteilte Briefwechsel wurde durch ein weit gefächertes Botennetz für damalige Verhältnisse sehr schnell erledigt und wies erste Merkmale einer modernen Nachrichtenübermittlung auf (vgl. DÜLFER 2002, S. 79 f.; DUNNING 1998, S. 98; FÄßLER 2007, S. 57).

2.1.3 Frühes Kolonialzeitalter

Nach den Entdeckungsreisen ab dem 15. Jh. begann das Zeitalter des Kolonialismus, d.h. die staatliche Aneignung, Beherrschung und Ausbeutung von meist überseeischen Gebieten außerhalb des eigenen Staatsgebietes. Die koloniale Expansion war Ausdruck des **Merkantilismus** als zentralistische Wirtschaftspolitik des absolutistischen Staates, die im Kern darauf angelegt war, durch Erreichen einer poltisch-wirtschaftlichen Hegemonialstellung Macht und Wohlstand eines Landes zu mehren. Dem Außenhandel kam dabei eine Schlüsselrolle zu, indem eine **aktive Handelsbilanz** durch Erwirtschaftung von Außenhandelsüberschüssen angestrebt wurde. Der Erwerb von Kolonien als Rohstoffquellen und Absatzmärkte für industrielle Fertigwaren aus den europäischen Mutterländern (England, Spanien, Portugal, Holland u.a.) spielten in der merkantilistischen Wirtschaftspolitik eine Schlüsselrolle (vgl. WENDT 2007, S. 108; HAAS/NEUMAIR 2006, S. 192f.).

Durch den europäischen Kolonialismus wurden letztlich alle Kontinente in den Handel und die Produktion von Gütern einbezogen und erste Grundzüge einer neuen Weltwirtschaft sichtbar gemacht. In Lateinamerika erfolgte nach Zerschlagung der Reiche der Azteken, Maja und Inka durch die Spanier die Aneignung von Edelmetallen, die Okkupation von Land durch die **Haciendaökonomie** und die Errichtung viehwirtschaftlicher Großbetriebe („estancias"). In der Karibik breitete sich das **Plantagensystem** aus, das Monokulturgüter produzierte und alleine den merkantilistischen Interessen der Mutterländer zu dienen hatte (vgl. SCHOLZ 2004, S. 55ff.).

Von Westafrika breiteten die Akteure in den kolonialen Mutterländern den Sklavenhandel aus, der als kolonialer bzw. atlantischer Dreieckshandel Europa mit Afrika und Amerika durch die Seeschifffahrt verband (vgl. Karte 2-1 S. 10). Vom 16. bis zum 18. Jh. wurden **Sklaven** von der afrikanischen Westküste aus in die Überseekolonien Amerikas transportiert. Dort zwang man sie zur Arbeit auf **Plantagen**, deren Produkte (u.a. Zucker, Melasse, Rum, Tabak, Baumwolle) für die europäischen Märkte bestimmt waren. Von Europa aus wurden wiederum einfache **manufakturelle Fertigerzeugnisse** (u.a. Stoffe, Leder- und Glaswaren, Stahl- und Bronzebarren, aber auch Feuerwaffen) nach Westafrika exportiert, um damit neue Sklaven einzuhandeln.

Neben dem kolonialen Dreieckshandel bildeten sich, ebenfalls im Zuge der europäischen kolonialen Expansion, auch zunehmende **Wirtschaftsbeziehungen mit Süd- und Ostasien** heraus. Einen bedeutenden Fixpunkt der kolonialen Expansion bildete vor allem Indien, von wo aus Gewürze, Baumwolle, Seide, Schmuck, Kunstgegenstände etc. nach Europa gelangten. Abgewickelt wurde dieser Handel zunächst von portugiesischen, ab dem 16. Jh. auch von französischen, holländischen, britischen und dänischen Kaufleuten und Seefahrern, die sich wegen eines steigenden Kapitalbedarfs später zu privatwirtschaftlich agierenden Handelsgesellschaften zusammenschlossen. Diese erhielten weitgehende militärische und rechtliche Befugnisse wie die Bewaffnung von Handelsschiffen, die Bewirtschaftung von

Kolonialismus

Grundzüge einer neuen Weltwirtschaft

Kolonialer Dreieckshandel

Handelsgesellschaften

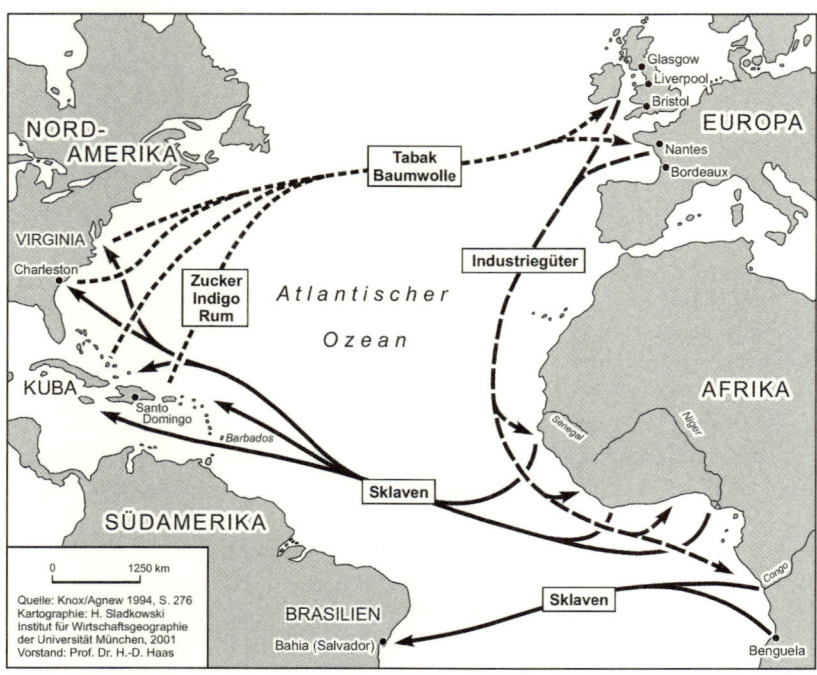

Karte 2-1: Kolonialer Dreieckshandel

Plantagen, die Errichtung von Forts und befestigten Faktoreien, Steuerein-
ziehung und -verwaltung sowie die Ausübung der Münz- und Gerichtsho-
heit. Sie schufen wirtschaftliche Verknüpfungen mit den noch weitgehend
unbekannten Gebieten in Übersee und galten aufgrund ihrer Privilegien als
wichtiges Werkzeug kolonialer Expansion. Bedeutende Beispiele waren
u.a. die 1600 gegründete **„British East India Company"** und die 1602 ins
Leben gerufene niederländische **„Vereenigde Oostindische Compagnie"**
(vgl. Dülfer/Jöstingmeier 2008, S. 22 f.; Braudel 1986, S. 544 ff.; Walter
2006, S. 149 ff. und 159 ff.).

2.1.4 Industrielle Revolution

Mechanisierung   Eine besondere Triebkraft internationaler Unternehmenstätigkeit war die
Industrielle Revolution, deren in England liegender Ursprung auf Mitte
bis Ende des 18. Jh. zu datieren ist. Zu ihren Auslösern zählte neben
dem Einsatz von Kohle als weithin verfügbarer Energieträger die zunehmende Mechanisierung der Produktion, sowohl in der Landwirtschaft als
auch im Handwerk und in den frühen Manufakturen. Die Mechanisierung der Landwirtschaft führte zum geringeren Einsatz von Arbeitskräften,
so dass angesichts einer wachsenden Bevölkerung ein Arbeitskräfteüber-
hang entstand, der von der sich entwickelnden Industrie genutzt werden
konnte. Darüber hinaus wurde die **Industrialisierung** von einer steigenden Nachfrage nach Gütern und einer zunehmenden Kapitalverfügbarkeit

getragen, wie es für die kapitalistisch-merkantilistische Phase kennzeichnend war.

Die Mechanisierung der Produktion basierte wesentlich auf der Erfindung und Einführung neuer Techniken. An erster Stelle ist der **mechanische Webstuhl** zu nennen, der die Produktivität und den Output in der Textilherstellung wesentlich erhöhte. Entscheidend war aber auch die Erfindung der **Dampfmaschine**, welche die für den Produktionsprozess nötige Energie auf Basis des Rohstoffes Kohle lieferte. Das Prinzip der Dampfmaschine revolutionierte in der Folge mit dem System der **Eisenbahn** auch die Transporttechnologie, was zur Beschleunigung und Ausbreitung des Industrialisierungsprozesses in England und darüber hinaus wesentlich beitrug. Daneben wuchsen neue Wirtschaftszweige, im 18. Jh. vor allem die **Eisen- und Stahlindustrie** sowie stahlverarbeitende Sektoren wie der **Schiff- und der Eisenbahnbau** (vgl. Haas/Neumair 2006, S. 21f.). Es begann das Zeitalter der fabrikmäßigen Massenproduktion von Industriegütern, für deren Absatz die Unternehmen mit großem Nachdruck globale Expansionsstrategien entwickelten.

Neue Techniken

Der aufkommende Liberalismus, welcher dem Staat eine weitgehende **Zurückhaltung in wirtschaftlichen Belangen** verordnete und den Außenhandel von Zöllen und sonstigen Handelshemmnissen befreite, intensivierte den zwischenstaatlichen Handel und schuf günstige Ausgangsbedingungen für die sich ausbreitenden weltwirtschaftlichen Verflechtungen (vgl. Fäßler 2007, S. 75f.).

Liberalismus

Begünstigt durch diese Entwicklungen entstanden Ende des 19. Jh. erste multinationale Unternehmen, die nicht nur weltumspannende Handelsaktivitäten, sondern auch Tochtergesellschaften im Ausland gründeten. Neben dem Außenhandel wurden damit auch **Direktinvestitionen** zu einer wichtigen Kenngröße der Internationalisierung. Vor allem englische Unternehmen verschafften sich durch die Gründung von **Auslandsniederlassungen** in Europa, China, den USA und anderen Ländern eine Vormachtstellung. In den achtziger und neunziger Jahren des 19. Jh. begannen auch deutsche Unternehmen (z.B. BASF, Hoechst, Bayer, Degussa, Schering, Siemens, AEG) damit, ein weitreichendes Netz ausländischer Tochtergesellschaften zu errichten (vgl. Welge/Holtbrügge 2006, S. 3).

Multinationale Unternehmen

Die Industrielle Revolution verstärkte – gepaart mit den Freihandelsideen des Liberalismus – agrarische, bergbauliche und siedlungsmäßige **Kolonisationsprozesse** in Übersee, die vom Staat gestützt wurden. In dem Umfang, wie sich Großbritannien und andere Staaten Europas im Prozess von Industrialisierung und „Nationbuilding" befanden, veränderte sich die anfangs eher offene Einflussnahme auf überseeische Wirtschaftsräume zu einem imperialistischen Interessensystem, das in der Suche und militärischen Sicherung von Rohstoffquellen, Absatzmärkten sowie Investitionsmöglichkeiten zum Ausdruck kam. Unter der Leitung Bismarcks wurde auf der Berliner „Kongo-Konferenz" 1884/85 die koloniale Aufteilung der außereuropäischen Erdteile auf dem Reißbrett beschlossen.

Imperialismus

Angeführt wurde der imperialistische Wettlauf von Großbritannien, das zu Hochzeiten über ein Kolonialreich von der 100-fachen Größe des eigenen Mutterlandterritoriums verfügte. Innerhalb der Kolonialimperien entwickelte sich eine spezifische internationale Arbeitsteilung in Form häufig

privatwirtschaftlich organisierter, überseeischer Netzwerke, innerhalb derer inländische Produktionsüberschüsse in den Kolonien abgesetzt und von dort billige Rohstoffe und Kolonialwaren bezogen wurden – ein System, das in vielen Entwicklungsländern auch nach Erlangung der Unabhängigkeit in den 1960er Jahren immer noch spürbar ist (vgl. Scholz 2004, S. 66 ff.; Dülfer 2002, S. 85 ff.).

2.1.5 Zwischenkriegszeit bis heute

Erster Weltkrieg und Weltwirtschaftskrise

Nachdem sich durch den Ersten Weltkrieg die internationalen Wirtschaftsbeziehungen stark rückläufig entwickelten, ging der Außenhandel aufgrund des aufkommenden **Nationalismus** und **Protektionismus** sowie durch das Vorhaben vieler Staaten, die internationale Wettbewerbsfähigkeit der inländischen Industrien durch die gezielte **Abwertung** ihrer Währungen zu Lasten der Außenhandelspartner zu steigern, stark zurück. Ein sehr tiefer Einschnitt erfolgte Ende der 1920er Jahre mit der Weltwirtschaftskrise. Während des Zweiten Weltkriegs wurden dann viele internationale Wirtschaftsbeziehungen zur Gänze eingestellt.

Entwicklung bis heute

Seit dem Ende des Zweiten Weltkriegs unterliegt die Weltwirtschaft einem **dynamischen Veränderungsprozess**, der durch die zunehmende Internationalisierung wirtschaftlicher Aktivitäten in bisher nie da gewesenem Ausmaß gekennzeichnet ist, was sich auf tief greifende politische, wirtschaftliche und technologische Veränderungen in den vergangenen Jahrzehnten zurückführen lässt (vgl. Haas/Neumair 2006, S. 41 f.):

- Mit Gründung des **GATT** bzw. der **Welthandelsorganisation (WTO)** sind weitreichende Maßnahmen zur Handelsliberalisierung ergriffen worden. Da die Bestimmungen für die internationale Handelspolitik für die Mitgliedsländer auch rechtlich verbindlich sind, sehen sich Unternehmen mit der Erschließung neuer Absatz- und Beschaffungsmärkte im Ausland, aber auch neuen Wettbewerbern in den Heimatmärkten konfrontiert.
- Parallel zur multilateralen Handelsliberalisierung entstehen große **regionale Integrationsräume**, wie z.B. EU, MERCOSUR, NAFTA oder ASEAN, die nach innen weitreichende Liberalisierungstendenzen aufweisen, nach außen aber nach wie vor häufig an Handelshemmnissen festhalten. Weltweit operierende Unternehmen müssen diese Wirtschaftsräume deshalb in vielen Fällen über investive Auslandsaktivitäten „von innen" erschließen.
- Im Zuge der wirtschaftlichen Entwicklung der sog. **„Emerging Markets"**, vor allem in Ost- und Südostasien, Lateinamerika und weiten Teilen Osteuropas, konnten sich neue, erfolgreiche Unternehmen aus diesen Ländern auf dem Weltmarkt etablieren. Diese verfolgen in vielen Fällen eine auslandsorientierte und expansive Unternehmensstrategie.
- Der politische **Zusammenbruch des Kommunismus** in der Sowjetunion und Osteuropa sowie die **wirtschaftliche Neuorientierung und Dynamik großer Zukunftsmärkte** wie Indien und der Volksrepublik China haben den wirtschaftsräumlichen Aktionsradius für Unternehmen zusätzlich erweitert.

- Der **technologische Wandel**, insbesondere die Entstehung und Diffusion innovativer Informations- und Kommunikationsformen, bietet Unternehmen neue Möglichkeiten zur räumlichen Konfiguration der Unternehmensaktivitäten.

Diese Entwicklungen haben einen entscheidenden Beitrag zum Prozess der Globalisierung der Wirtschaft geleistet.

2.2 Globalisierung als richtungsweisender Forschungsgegenstand der Wirtschaftsgeographie

Auch wenn im vorangegangenen Kapitel gezeigt werden konnte, dass globale, d.h. weltumspannende Handels- und Unternehmensaktivitäten eine lange geschichtliche Tradition haben, ist der Begriff „Globalisierung" noch relativ jung. In Lexika erscheint er erstmals 1962 in einem englischsprachigen Werk als „globalization", im wissenschaftlichen Kontext wird er erst seit Mitte der 1980er Jahre diskutiert. Dies liegt daran, dass sich die Rahmenbedingungen für internationale wirtschaftliche Aktivitäten in den letzten Jahrzehnten so stark verändert haben, dass sich die heutigen globalen Verflechtungen von denen in früheren Epochen in vier zentralen Punkten unterscheiden (vgl. KNOX/MARSTON 2008, S. 99f.):

Globale Interaktionen – gestern und heute

- Erstens laufen sie mit einer wesentlich höheren Geschwindigkeit ab als je zuvor.
- Zweitens finden sie in einem so allumfassenden Maßstab statt, dass ihr Einfluss bis in peripherste Regionen vordringt.
- Drittens beinhaltet das Spektrum globaler Verflechtungen heute nicht nur wirtschaftliche, sondern auch politische, kulturelle und soziale Vorgänge.
- Und viertens fällt der Anstieg gerade der wirtschaftlichen Austauschprozesse aufgrund des veränderten qualitativen und quantitativen Charakters internationaler Wirtschaftsaktivitäten in den letzten 30 Jahren überproportional stärker aus als in der weiter zurückliegenden Vergangenheit.

2.2.1 Globalisierung als entgrenztes wirtschaftliches Handeln – Eine begriffliche Eingrenzung

Der Globalisierungsbegriff ist längst ein fester, nicht mehr wegzudenkender **Bestandteil der Alltagswelt** unserer Zeit geworden, denn es existieren heute kaum noch Lebensbereiche, die nicht in ein Geflecht globaler Beziehungen und Abhängigkeiten eingebunden sind: „Wer sich um die Gesundheit seiner Kinder sorgt, wird sich mit der Herstellung von bleihaltigem Spielzeug in China auseinandersetzen. Wer in der Vorweihnachtszeit Lieferengpässe für Computer beklagt, könnte auf den Brand in einer indischen

Globalisierung aller Lebensbereiche

Chipfabrik verwiesen werden. Der Preisanstieg für Spargel ist eine Folge von Lohnerhöhungen in Polen, dessen Erntehelfer nunmehr auf die Saisonarbeit in Deutschland verzichten. Der Preis für ein warmes Wohnzimmer wird durch politische Konflikte zwischen Russland und der Ukraine mitbestimmt." (Praxis Wirtschaft 2008, S. 4).

Catchword
Globalisierung

Somit ist der Globalisierungsbegriff allgegenwärtig geworden und findet gleichzeitig in ökonomischen, kommunikationstechnischen, arbeitsorganisatorischen, kulturellen und zivilgesellschaftlichen Kontexten Verwendung. Aufgrund dieses inflationären Gebrauchs und der inhaltlichen Beliebigkeit ist Globalisierung „sicher das am meisten gebrauchte – missbrauchte – und am seltensten definierte, wahrscheinlich missverständlichste, nebulöseste und politisch wirkungsvollste (Schlag- und Streit-)Wort der letzten, aber auch der kommenden Jahre" (Beck 1997, S. 42). Globalisierung gilt als **„Schlüsselbegriff der Gegenwartsanalyse und (…) Epochenetikett des ausgehenden 20. Jahrhunderts"** (Fäßler 2007, S. 29).

Negativimage

In der **politischen Diskussion** wird der Globalisierungsbegriff insbesondere dann eingesetzt, wenn es darum geht, nach den Ursachen für eine wirtschaftlich, sozial oder ökologisch beunruhigende Situation in Ländern, Regionen und Gesellschaften zu suchen. Globalisierung wird dann zu einem mit negativen Konnotationen aufgeladenen Begriff, den viele Menschen mit **kritischen Entwicklungen** assoziieren. Dies gilt insbesondere für die Bereiche Arbeit (Globalisierung der Niedriglöhne), Steuern (Steuerschlupflöcher, Steuerungerechtigkeit, Unterversorgung mit öffentlichen Gütern), Soziales (Absenkung gewohnter Sozialstandards), Umwelt (Ökodumping), politische Autonomie (Schwächung nationalstaatlicher Souveränität) und Sicherheit (Globalisierung der Kriminalität und des Terrorismus) (vgl. Walter 2006, S. 202).

Begriffliche
Merkmale

Jenseits polemischer oder ideologischer Verwendung besteht unter Wissenschaftlern aber keine Übereinstimmung darin, was unter dem Begriff Globalisierung zu verstehen ist. Um ihn sinnvoll einsetzen zu können, erscheint es deshalb hilfreich, die **unterschiedlichen Inhalte**, die durch ihn kommuniziert werden, und die **verschiedenen Dimensionen**, die er beinhaltet, kurz darzustellen.

Der Globalisierungsbegriff findet für alle Facetten internationaler Verknüpfungen Verwendung. Globalisierung ist als Prozess zu verstehen, in dem sich soziale Verflechtungen über immer weitere Räume ausdehnen **(Expansion)**, mehr und mehr dichter werdende Interaktionsnetzwerke diese Räume durchziehen **(Netzwerkverdichtung)**, aus denen sich globale Wechselwirkungen ergeben **(Reziprozität)**, die den strukturellen Umbau der daran beteiligten Gesellschaften **(Transformation)** beschleunigen (vgl. Fäßler 2007, S. 30).

Allgemein ist Globalisierung im Spannungsfeld **zweier Phänomene** angesiedelt:

- **Entgrenzung** meint die Herauslösung von Handlungszusammenhängen aus territorialen Bezügen und ihre zunehmende Loslösung aus dem physischen Raum (vgl. Bathelt/Glückler 2002, S. 263). Ökonomisch gesehen bedeutet dies die Erhöhung von Standortunabhängigkeit bzw. die Vervielfachung der Reichweite der räumlichen Koordinationsfähigkeit wirtschaftlicher Akteure. Globalisierung entfaltet sich daher nicht in spezifischen nationalstaatlichen, sondern in globalen Formen. Der Entgrenzung stehen „traditionelle" lokalisierte, d.h. an konkrete Standorte gebundene Ökonomien (z.B. Lagerstätten für Rohstoffe, weiterverarbeitende Industrien) gegenüber.

- Mit **Beschleunigung** sind zeitliche Veränderungen durch die Zunahme von Transaktionsgeschwindigkeit und -intensität sowie das Erreichen von Echtzeitkommunikation bei der globalen Informationsübermittlung gemeint (vgl. OSSENBRÜGGE 2007, S. 836f.).

Durch das **Zusammenwirken von Entgrenzung und Beschleunigung** ergibt sich eine Zeit-Raum-Kompression („time-space-compression"), womit die zunehmenden Möglichkeiten gemeint sind, den Raum in immer kürzerer Zeit zu überwinden und damit soziale und ökonomische Strukturen und Prozesse tendenziell immer weiter räumlich ausdehnen zu können. Möglich wird dieses „Grenzloswerden alltäglichen Handelns" (BECK/LANGE 2005, S. 8) insbesondere durch Innovationen in der Verkehrstechnik (Container, Flugzeug) sowie der Informations- und Kommunikationstechnik (Satellitentechnik, Glasfaserkabel, Internet etc.) (vgl. Kap. 4.3 und DICKEN 2003, S. 89f.). Unter Zugrundelegung der Zeit-Raum-Kompression kann man Globalisierung als **verändertes Verhältnis von Zeit und Raum** begreifen und definieren als „Intensivierung weltweiter sozialer Beziehungen, durch die entfernte Orte in solcher Weise miteinander verbunden werden, dass Ereignisse an einem Ort durch Vorgänge geprägt werden, die sich an einem viele Kilometer entfernten Ort abspielen, und umgekehrt" (GIDDENS 1996, S. 85).

Zeit-Raum-Kompression

Im Gegensatz zu dieser sehr allgemeinen, sozialwissenschaftlichen Definition, die offen lässt, um welche Ereignisse und Vorgänge es sich handelt, und damit bewusst impliziert, dass damit jegliche sozialen Phänomene gemeint sein können, steht hier stärker die ökonomische Perspektive im Vordergrund. Globalisierung bedeutet die Zunahme von Volumen und Frequenz des grenzüberschreitenden Austausches von Gütern, Kapital, Menschen und ihren Ideen und lässt sich demnach verstehen als „Prozess der weiträumigen Ausdehnung und Verknüpfung von Aktivitäten, der u.a. in einer wachsenden, regionale und nationale Grenzen überschreitenden Bewegung von Gütern, Kapital und Menschen zum Ausdruck kommt" (KRÄTKE 1995, S. 208). Zu den wichtigsten Indikatoren der Globalisierung zählen daher das Wachstum von Außenhandel und Direktinvestitionen (vgl. Kap. 4.1 und Kap. 4.2).

Ökonomische Dimension von Globalisierung

Durch die Globalisierung entsteht ein geographisch weltweit verortetes Geflecht wirtschaftlicher Wertschöpfung, das als dynamisches Netzwerk flexibel interagiert. Dabei sind vor allem drei Elemente anzusprechen: Die wirtschaftliche **Integration** von Ländern durch die Verdichtung der **weltweiten Marktverflechtungen** und die Intensivierung der **internationalen Faktormobilitäten** (Arbeitskräfte, Sach- und Humankapital) (vgl. WALTER 2006, S. 202). Dadurch werden nationale Ökonomien sukzessive aufgelöst und wirtschaftliche Teilsysteme zu einer Weltökonomie verknüpft. Als treibende Kräfte dafür lassen sich **multinationale Unternehmen** (vgl. Kap. 2.4) und ihr Interesse an günstigen Produktionsbedingungen und einem freien Handel identifizieren.

Ebenen der ökonomischen Globalisierung

Die ökonomische Dimension der Globalisierung spielt sich auf den Ebenen des **Handels**, der **Finanzwirtschaft** und der **Produktion** ab. Wie stark die dabei geschaffenen ökonomischen und finanzwirtschaftlichen Abhängigkeiten mittlerweile sind und wie schnell sich insbesondere krisenhafte Entwicklungen ausbreiten, zeigt die im Herbst 2008 einsetzende weltweite Finanz- und Wirtschaftskrise (vgl. Kap. 2.2.2).

Messung von Globalisierung

Ökonomische Globalisierung kann man auf zweierlei Weise messen. Der **Globalisierungsgrad** beschreibt das bestehende Verhältnis zwischen Auslands- und Inlandsaktivitäten. Typische Kennzahlen sind z. B. die Außenhandelsquote (Anteil der Ex- und Importe am BIP), der Anteil ausländischer an den gesamten Beschäftigten in einer Volkswirtschaft, der ausländische Anteil am Eigenkapital, der Produktion oder des Umsatzes etc. Der **Globalisierungsprozess** ergibt sich durch den Vergleich der Wachstumsraten in- und ausländischer Aktivitäten und vermittelt ein dynamisches Bild von Globalisierung. Indikatoren wären hier z. B. das Wachstum der Außenhandelsquote oder der ausländischen Direktinvestitionen, die Entwicklung der Auslandsbeschäftigtenquote, der ausländischen Umsätze am Gesamtumsatz oder grenzüberschreitender Unternehmenskooperationen (vgl. KOCH 2000, S. 6).

Globalisierung versus Internationalisierung

Obwohl die Begriffe Globalisierung und Internationalisierung häufig gleichgesetzt werden, sind sie nicht als Synonyme zu verstehen. Als Internationalisierung gilt die geographische Ausdehnung ökonomischer Aktivitäten über nationale Grenzen hinaus. Unter Globalisierung wird eine weitergehende und **komplexere Form der Internationalisierung** im Sinne einer **gesteigerten funktionalen Integration** zwischen international dispersen ökonomischen Aktivitäten verstanden. Globalisierung ist quasi als **fortgeschrittene Phase des Internationalisierungsprozesses** zu begreifen (vgl. ZELLER 2001, S. 8; BATHELT/GLÜCKLER 2002, S. 265). Umgekehrt gilt die Internationalisierung damit als **Vorstufe bzw. Interimszustand zur Globalisierung**.

Es lässt sich aber auch die Sichtweise vertreten, dass die Internationalisierung die Globalisierung als **weitreichende Spezialform** mit einschließt (vgl. KUTSCHKER/SCHMID 2006, S. 166). Globalisierung lässt sich damit als die „geographisch weitreichendste Form internationalen Marktengagements im Sinne einer ganzheitlichen Betrachtung des Weltmarkts" (WELGE et al. 1998, S. 1) betrachten.

Nicht-ökonomische Dimensionen von Globalisierung

Auch wenn die ökonomische Dimension der Globalisierung als weltweite Vernetzung wirtschaftlicher Aktivitäten und Entgrenzung der Märkte in diesem Lehrbuch im Vordergrund steht, ist zu beachten, dass sämtliche Lebensbereiche von der Globalisierung tangiert werden. Sie stellt damit einen **gesamtgesellschaftlichen Querschnittsprozess** dar, der alle gesellschaftlichen Partialsysteme erfasst (vgl. FÄßLER 2007, S. 30). Neben der ökonomischen Dimension sind daher vor allem folgende Bereiche von Bedeutung (vgl. WENDT 2007, S. 329f.; BECK/LANGE 2005, S. 9ff.; OSSENBRÜGGE 2003, S. 164):

Kulturelle Dimension von Globalisierung

Durch die kulturelle Dimension der Globalisierung kommt es zu einer **„Entörtlichung" von Kultur**, d.h. zur Lockerung ihrer Bindungen an einen Raum oder fixen Ort. Demokratie, Menschenrechte, Geschlechtergerechtigkeit, Umweltstandards etc. entwickeln sich zu universell akzeptierten Werten. Lebensstile, Ernährungsgewohnheiten, Mode und Musik orientieren sich mehr und mehr an westlichen Standards (McDonaldisierung, CocaColaisierung, Kalifornisierung). Da dies in fremden Kulturen aber auch als Bedrohung wahrgenommen wird und auf kompromisslose Ablehnung stoßen kann, markiert die kulturelle Globalisierung gleichzeitig die zentralen zukünftigen Konfliktlinien der Weltgesellschaft.

Im Bereich der sozialen Dimension der Globalisierung erzeugen Migrationen, d.h. die Wanderungen von Menschen zu potenziellen Arbeitsplätzen oder die Flucht vor schlechten Lebensbedingungen, die Loslösung von Kulturkreisen und sozialem Umfeld und damit eine **Veränderung von Gesellschaftsstrukturen**. **Multikulturalisierung** lässt den Stellenwert ethnischer Abstammung und nationaler Zugehörigkeit zurückgehen.

Soziale Dimension von Globalisierung

Durch die politische Dimension der Globalisierung werden **neue Formen politischer Regulation und Partizipation** geschaffen. Ausgehend von der Ebene des Nationalstaates, kommt es einerseits zu einer Bedeutungsverschiebung in Richtung globaler Steuerungsmechanismen (**„Global Governance"**), andererseits der subnationalen Ebene durch Aufwertung von politikgestaltenden Prozessen im **regionalen Kontext** (vgl. Kap. 2.5).

Politische Dimension von Globalisierung

2.2.2 Exkurs: Wie aus der US-Finanz- eine Weltwirtschaftskrise wurde

Die sich im Herbst 2008 auf den internationalen Finanzmärkten ausbreitende Krise ist ein sehr anschauliches Beispiel dafür, wie im Zeitalter der Globalisierung aus vermeintlich lokal begrenzten Problemen weltweite Krisen von kaum erwartetem Ausmaß erwachsen können.

Globalisierung von Krisen

Ursache war das sich bereits im Frühjahr 2007 abzeichnende Platzen der Spekulationsblase auf dem US-amerikanischen Immobilienmarkt. Jahrelang erschienen Hypotheken auf Wohnimmobilien aufgrund der positiven Wertentwicklung als sicheres Investment und so vergaben Hypothekenbanken auch an Kunden mit schlechter Bonität Kredite, so genannte **„Subprime Loans"**. Das **hohe Ausfallsrisiko** dieser unsicheren Kredite ließen sich die Hypothekenverkäufer durch hohe Zinsen abgelten.

Krise auf dem US-Immobilienmarkt

Viele Subprime-Kredite unterliegen **hohen Zinsänderungsrisiken**, da sie neben einer fixen auch eine variable Zinskomponente enthalten. Als die US-Notenbank 2004 begann, die Leitzinsen schrittweise anzuheben, verteuerten sich die Immobilienkredite. Damit wuchs die Anzahl von uneinbringlichen Krediten und Zwangsversteigerungen, was wiederum zu einem rapiden **Verfall der Immobilienpreise** führte. Im Jahr 2008 nahm die Krise endgültig ihren Lauf, da der größte Teil der anfänglichen Niedrigzinsphasen für Subprime-Darlehensnehmer auslief und sich für diese der Schuldendienst zum Teil verdoppelte.

Die Hypothekenanbieter ihrerseits haben sich das für die Kredite nötige Kapital von Banken besorgt. Diese kauften die einzelnen Hypotheken auf, verbrieften sie als forderungsbesicherte Wertpapiere und verkauften sie weiter an Investoren, darunter viele Großbanken. Die Subprime-Kredite wurden damit in **komplizierte Finanzpakete** verpackt, deren tatsächliches Risiko für den Käufer nur schwer ersichtlich ist und durch Ratingagenturen falsch eingeschätzt wurde.

Als Konsequenz der Abwärtsspirale aus sinkenden Immobilienpreisen

Abwärtsspirale und gegenseitiges Misstrauen

und Kreditausfällen verloren nun auch die verbrieften Forderungen massiv an Wert. Den Banken blieb nichts anderes übrig, als sie abzuschreiben, was große Verluste in den Bilanzen hinterließ. Da nicht nur Banken und Anleger aus den USA, sondern weltweit Investoren in die Kreditpakete investiert hatten, zog die Krise immer weitere Kreise und erfasste schließlich das **weltweite Finanzsystem**. Große US-Investmentbanken wie Bear Stearns, Lehman Brothers und Merril Lynch gingen bankrott oder konnten nur durch **staatliche Milliardenhilfen** oder **konzertierte Notverkäufe** gerettet werden. Auch europäische und deutsche Kreditinstitute und Immobilienfinanzierer (z.B. Northern Rock, IKB, Hypo Real Estate, Sachsen-, West- und Bayern-LB) gerieten in extreme finanzielle Schieflagen. Die Konsequenz daraus ist, dass sich die Banken gegenseitig misstrauen und sich untereinander kaum mehr Geld zu leihen bereit sind, mit der Folge, dass auch wirtschaftlich gesunde Banken insolvent werden können.

Rettungspakte   Seit Herbst 2008 schnüren die Regierungen der Industrieländer milliardenschwere Rettungspakte (z.B. USA: 700 Mrd. US-$, Deutschland: 500 Mrd. Euro), um die Banken zu stützen und das Finanzsystem am Laufen zu halten. Dabei hat die Krise längst auch auf die Realwirtschaft übergegriffen. So ist im vierten Quartal 2008 der Weltwirtschaftsklimaindikator des Ifo Instituts auf den tiefsten Stand seit 1988 abgesackt.

Übergriff auf die Realwirtschaft   Die Auswirkungen der Finanzkrise auf die Realwirtschaft, die sich in einer weltweiten Rezession äußert, sind vielfältiger Natur. Zentrale Ursache liegt sicherlich in der strengeren Kreditvergabe sowie höheren Zinsen, welche die Banken im Zuge der Finanzkrise zum Schutz des eigenen Überlebens eingeführt haben. Zu dieser Verknappung von (Investitions-)Kapital gesellen sich pessimistische Zukunftserwartungen, abnehmende Konsumausgaben (z.B. im wichtigsten Konsummarkt USA), Belastungen aus den Verflechtungen zwischen Industrieunternehmen und Finanzinstituten und nicht zuletzt verschleppte strukturelle Probleme in einigen Industriezweigen, v.a. der Automobilindustrie.

So haben z.B. mehrere **Automobilkonzerne** Produktionsstopps eingelegt bzw. sind quasi bankrott. In der Folge gehen auch die Auftragsvolumina in der **Stahlindustrie** zurück, was mit Kurzarbeit und Sparprogrammen beantwortet wird. Dies wiederum führt dazu, dass auch in der **Bergbauindustrie** Projekte zurück gestellt und Investitionen gestoppt werden. Auch die Chemische Industrie und Logistikanbieter sind betroffen, Konsumgüterindustrie und Handel folgen. Gleichzeitig nimmt die Arbeitslosigkeit zu. In den USA z.B. gingen alleine im November 2008 mehr als eine halbe Million Arbeitsplätze verloren, womit die Arbeitslosenquote auf den höchsten Stand seit 1993 kletterte. Dass all diese Effekte nicht lokal begrenzt bleiben, sondern global durchgereicht werden, ist u.a. die Folge globaler Wertschöpfungsketten (vgl. TRAMPE 2007; SZ 2007; WAS 2008a und 2008b; FAS 2008b; FAZ 2008a und 2008b; HANDELSBLATT 2008a).

2.2.3 Abwertung oder Aufwertung der Geographie?

Ende der Geographie   Ausgelöst durch die weit reichenden Fortschritte in der Informations-, Kommunikations- und Transporttechnologie kommt es im Zuge der Globalisierung zu einer **Zeit-Raum-Kompression** (vgl. Kap. 2.2.1), welche zu einem Bedeutungsverlust **natürlicher Barrieren** und **räumlicher Distanzen** führt und auf die Abwertung regionaler und distanzspezifischer Aspekte sowie räumlicher Besonderheiten schließen lässt. In diesem Zusammenhang stellte der Finanzökonom O'Brien 1992 die These vom Ende des Faches Geographie auf. Angesichts der weltweiten Integration der Finanzmärkte spiele ein spezifischer Standort für die Entwicklung der Wirtschaft keine Rolle mehr. Niederschlag findet dieser Zusammenhang im Begriff der **Ubiquitifizierung**, der darauf hindeutet, dass durch die Senkung von Transport- und Transaktionskosten (= Kosten für die Anbahnung, Durchsetzung und Kontrolle von Verträgen) Unternehmensressourcen (u. a. Wissen Technologien, Kapital) theoretisch weltweit verbreitet und verfügbar sind (vgl. Glückler 2007, S. 844).

Dieser Auffassung ist entgegenzuhalten, dass gerade in der Globalisierungsdebatte der räumlichen Komponente und vor allem der länderspezifischen bzw. regionalen Differenzierung doch ein ganz erhebliches Gewicht zukommt. Denn auch im Zeitalter der Globalisierung gibt es vielfach geographische Faktoren, welche die räumliche Ordnung der Wirtschaft strukturieren. Unverzichtbarkeit räumlicher Faktoren

Erstens ist für die Abwicklung wirtschaftlicher Transaktionen – erscheinen sie räumlich auch noch so grenzenlos – immer eine physische Infrastruktur erforderlich, welche den Transport materieller Güter und die Übermittlung von Informationen ermöglicht. Dies macht infrastrukturelle Investitionen in erheblichem Umfang notwendig. Flug- und Seehäfen, Hochgeschwindigkeitsnetze für Züge, Schnellstraßen und digitale Knoten werden benötigt. Sie machen deutlich, dass die **„Abwertung von Raum"** mit einer spezifischen **„Aufwertung von Raum"** einhergeht, welche Interaktionen zwischen Standorten überhaupt erst ermöglicht und strukturiert (vgl. Ossenbrügge 2007, S. 834; Kap. 4.3). Physische Infrastruktur

Zweitens korrespondiert die Globalisierung wirtschaftlicher Aktivitäten eben nicht – wie häufig vermutet – mit einem Bedeutungsverlust regional-lokaler Wirkungszusammenhänge (vgl. Krätke 1995, S. 211). Denn in der heutigen Zeit sind nachhaltige unternehmerische Wettbewerbsvorteile in einem immer größeren Ausmaß gerade auf der **regionalen Maßstabsebene** verortet. Sie liegen in Kenntnissen, Fähigkeiten und informellen Beziehungen, die räumlich entfernte Wettbewerber nicht aufweisen. Immer häufiger wird in der wirtschaftsgeographischen Forschung daher der Bildung **regionaler Unternehmenskonzentrationen**, wie z. B. Cluster, Industriedistrikte, kreative Milieus oder Innovationsnetzwerke, Aufmerksamkeit gewidmet, da diese einen maßgeblichen Einfluss auf die regionale Wettbewerbsfähigkeit ausüben (vgl. Kiese/Schätzl 2008; Fromhold-Eisebith 1995; Kirchner 2001; Arndt 2001; Porter 1999, S. 207 ff.; Schamp 2000). Regionale Unternehmenskonzentrationen

Drittens benötigt die vor allem auf der wirtschaftlichen, arbeitsorganisatorischen und kommunikationstechnischen Ebene voranschreitende Intensivierung des Globalisierungsprozesses, aus der eine räumliche und sektorale Zersplitterung des Produktionsprozesses resultiert, **Knotenpunkte zur Kontrolle und Koordination**. Während sich die ausführenden Produktionsaktivitäten global agierender Unternehmen auf immer größer werdende geographische Distanzen verteilen, konzentriert sich die Steuerung der globa- Global Cities len Investitions- und Handelsströme auf wenige **strategisch bedeutsame Orte**, sog. Global Cities. Diese lassen sich als räumlich angesiedelte Verankerung globaler Kontroll- und Koordinationsaktivitäten weltweiter ökonomischer Aktivitäten umschreiben (vgl. Kap. 3.4).

Globale Produktionsnetzwerke

Neben dem Global-City-Ansatz bilden sog. Globale Produktionsnetzwerke im Zeitalter der Globalisierung einen weiteren wichtigen geographischen Forschungsansatz. Sie dienen der Erfassung der **raumzeitlichen Dynamik unternehmerischer Aktivitäten** sowie der Analyse der sich daraus ergebenden **wirtschaftlichen Beziehungsgeflechte** unter Berücksichtigung ihrer **Einbettung in politische und ökonomische Zusammenhänge** (vgl. HENDERSON et al. 2002; COE et al. 2004).

Steigende Raumüberwindungskosten

Viertens kommt es aufgrund der in der jüngeren Zeit stark **angestiegenen Sprit- und Energiekosten** zu einer gewissen Renaissance der Bedeutung der lange Zeit als nebensächlich eingeschätzten geographischen Distanzen, deren Überwindung immer teurer wird. Noch vor wenigen Jahren als unerheblich eingestuft, erwachsen sich die Transportkosten wieder zu einer bedeutenden Handelsbarriere mit der Konsequenz, dass über weite geographische Entfernungen komparative Kostenvorteile unterminiert und nahgelegene, ehedem als nicht mehr wettbewerbsfähig geltende Produktionsstandorte wieder aufgewertet werden (vgl. Kap. 3.3 und Kap. 4.3).

Fazit

In der Gesamtschau werden räumliche Faktoren und Prozesse durch die Globalisierung mehr auf- denn abgewertet und die Geographie scheint gut gerüstet, „um eine offensive (…) Auseinandersetzung um die räumlichen Auswirkungen der Globalisierung mit der Ökonomie und anderen Sozialwissenschaften zu führen" (OSMANOVIC 2000, S. 253).

2.3 Triebkräfte der Globalisierung

Die Globalisierung ist das Ergebnis einschneidender Umbrüche und Veränderungen der politischen, technisch-wirtschaftlichen sowie soziokulturellen Rahmenbedingungen. Diese können sowohl als Auslöser wie auch als Verstärker des Globalisierungsprozesses verstanden werden (vgl. im Folgenden KOCH 2000, S. 7ff.; SCHARRER 2001, S. 30ff.).

2.3.1 Änderung politischer Rahmenbedingungen

Liberalisierung, Deregulierung, Privatisierung

Die Versuche vieler Länder, durch den **Abbau von Hemmnissen im grenzüberschreitenden Handels- und Finanzverkehr** sowie wettbewerbsbeeinträchtigender Regulierungen (Liberalisierung) ihre Stellung im internationalen Wettbewerb zu verbessern, senkt die ökonomische Bedeutung nationaler Grenzen und beschleunigt die volkswirtschaftlichen Verflechtungen. Besonders hervorzuheben gilt es den Prozess der Deregulierung, zu verstehen als **Rückzug des Staates aus der Wirtschaft** durch den Abbau unnötiger Bestimmungen und Bürokratie auf den Arbeits-, Güter- und Finanzmärkten mit dem Ziel, die Marktkräfte zu stimulieren und die wirtschaftliche Effizienz zu steigern. Eng damit verbunden ist die Privatisierung staatlicher Unternehmen (u.a. in den Bereichen Energiewirtschaft, Telekommunikation, Infrastruktur), wodurch **neue Märkte für private Anbieter** unter Wettbewerbsverhältnissen geschaffen werden.

Der Prozess von Liberalisierung und Deregulierung wird auch von internationalen Organisationen und Abkommen vorangetrieben. Im Güter- und Dienstleistungsverkehr sind vor allem die Bemühungen von **GATT und WTO** (vgl. Kap. 4.1.3) zur Expansion des Handels und der Investitionen zu nennen. Durch den Abbau von Handels- und Investitionshemmnissen stehen Arbeitnehmer weltweit miteinander in Konkurrenz. Im Finanzbereich sind die Tätigkeiten von **Internationalem Währungsfonds** und **Weltbank** zur Schaffung einer effizienten, globalen Finanzarchitektur anzuführen.

> Internationale Organisationen und Abkommen

Auch die Bildung von regionalen Integrationsräumen bzw. **Handelsblöcken** (Regionalisierung) begünstigt die Interdependenz wirtschaftlicher und gesellschaftlicher Teilsysteme, setzt Impulse zur Öffnung nationaler Märkte frei und intensiviert multilaterale Freihandelsbemühungen.

> Regionale Integrationsräume

Schließlich erweitern die **Entwicklung von Schwellenländern**, insbesondere in Asien und Lateinamerika, zu sog. Wachstumsmärkten („Emerging Markets"; vgl. Kap. 3.1), der ökonomische Transformationsprozess in vormals sozialistischen Staatshandelsländern sowie der zunehmende Wohlstand in diesen Regionen maßgeblich den Aktionsradius und das Marktvolumen international agierender Unternehmen.

> Wachstumsmärkte

2.3.2 Änderung technisch-wirtschaftlicher Rahmenbedingungen

Ausgelöst oder verstärkt wird der Globalisierungsprozess auch durch zahlreiche technologische Innovationen. Die Fortschritte in der Informations- und Kommunikationstechnologie (Internet und Intranet, Mobilfunk, Online-Dienste, Video Conferencing etc.) gestatten eine **weltumspannende Kommunikation in Echtzeit**, erhöhen die Informationsgeschwindigkeit und senken die Kommunikationskosten um ein Vielfaches (vgl. Kap. 4.3.3). Leistungsfähige Rechner und Telekommunikationssysteme, welche es erlauben, auf die Veränderung internationaler Rahmenbedingungen schnellstmöglich zu reagieren, begünstigen ferner die Ausbreitung spekulativer Finanzgeschäfte.

> Informations- und Kommunikationstechnologie

Der Einsatz moderner Transporttechnologien (z.B. Großraumflugzeuge, Containerschiffe, Frachter für Massen- und Stückgüter) und deren Kombination begünstigt indes die **Mobilität** von Personen und Gütern, indem die Transportzeiten abnehmen. Auch die Transportkosten haben sich durch diese Innovationen im Vergleich zu früheren Zeiten verringert. Dazu beigetragen hat auch die Einführung des genormten Containers, welche vom Versender bis zum Empfänger eine geschlossene Transportkette ohne teures und langwieriges Umladen der Ware in Form von Einzelstücken ermöglicht (vgl. Kap. 4.3.2). Im Rahmen der modernen Verkehrstelematik erlauben moderne Steuerungs- und Informationssysteme die automatische Auswahl günstiger Routen und geeigneter Verkehrsmittel (vgl. KLOHN 2008, S. 27; NUHN 2008, S. 51 f.).

> Transporttechnologie

Die allgemein erleichterte Beförderung von Gütern, Personen und Informationen lässt, in Verbindung mit der Öffnung von Märkten, geographische Grenzen tendenziell an Bedeutung verlieren (vgl. Kap. 2.2.3). Fest steht allerdings, dass die modernen Informations-, Kommunikations- und Transporttechnologien multinationalen Unternehmen (vgl. Kap. 2.4) die Möglichkeit eröffnen, Produktionsprozesse räumlich aufzuspalten und geographisch getrennte Wertschöpfungsprozesse besser miteinander zu koordinieren. So können Mitarbeiter eines Unternehmens in verschiedenen Erdteilen gleichzeitig an ein und demselben Projekt arbeiten. Gepaart mit standardisierten Fertigungsprozessen, lässt sich die Wertschöpfungskette in kleinere Einheiten zerlegen und global optimieren. „Das Produkt wird in seine Komponenten zerlegt, man schaut nach Produktionsorten für die effektivste Produktion jedes Elementes, erkundet, in welchem Land oder in welcher Region die Produktion am besten möglich ist, und bringt dann die Komponenten zur endgültigen Zusammenführung (…) zusammen" (REHBEIN/SCHWENGEL 2008, S. 180). Einzelne Produktbausteine, aber auch Arbeitsschritte werden also dort beschafft bzw. erledigt, wo es bei entsprechender Qualität global am günstigsten ist (**„Global Sourcing", „Basar-Ökonomie", „Teile-Tourismus"**), wie folgende Beispiele belegen:

- Die **Barbie-Puppe** wird in kalifornischen Designerstudios entworfen. Ihre Haare stammen aus Japan, die Plastikarme aus Taiwan, Gesichtsfarbe und Verpackungskartons aus den USA. Die Kleidchen werden in China gefertigt, der Zusammenbau der Figur erfolgt in Indonesien und Malaysia. Die abschließende Qualitätskontrolle der Puppen findet wiederum in Kalifornien statt, von wo aus die Puppen weltweit verschickt werden.
- Für eine **Jeans** der Marke **Lee Cooper** kommt die Baumwolle für den Jeansstoff aus Benin und für die Innentaschen aus Pakistan. Die Reißverschlusszähne stammen aus Japan, Kupfer und Zink für Nieten und Knöpfe aus Namibia und Australien, der Bimsstein für das Stonewashing aus der Türkei, die Polyesterbänder aus Frankreich und das Nähgarn aus Nordirland. Gefärbt wird die Jeans mit aus Deutschland stammendem synthetischem Indigo in Italien, die eigentliche Fertigung findet in Tunesien statt.
- Bei der elektronischen **Zahnbürste Sonicare Elite 7000** der Firma Philips stammen die einzelnen Teile der Energiezelle aus Frankreich, China und Japan, die Platine aus China ebenso wie die Kupferspulen. Die Transistoren und Widerstände auf der Platine kommen aus Malaysia und werden auf den Philippinen aufgelötet und getestet. Die Kunststoff-Gussteile und die vorgeschnittenen Stahlblätter stammen aus Österreich, der notwendige Spezialstahl aus Schweden. Montage (i.d.R. Löt- und Klebevorgänge) sowie Verpackung der Zahnbürste erfolgen in der Nähe von Seattle in den USA.
- **Nordseekrabben** aus dem schleswig-holsteinischen Büsum werden über Holland, Frankreich und Spanien über tausende Kilometer nach Marokko transportiert, um sie von billigen Arbeitskräften dort puhlen und schälen zu lassen (vgl. FAZ 2008c; FAS 2008a; KNOX/MARSTON 2008, S. 13; HOPPE 2005; FÄSSLER 2007, S. 11).

Auch die Inanspruchnahme sämtlicher Formen unternehmensbezogener Dienstleistungen, z.B. Informationsverarbeitung, Abrechnungserstellung,

Buchhaltung, aber auch die Entwicklung von Marketing- oder Vertriebs-konzepten lässt sich im globalen Maßstab weltweit verteilen. In bestimm-ten Branchen sind Beschaffung und Produktion räumlich so stark zergliedert, dass sich für ein Produkt kein Herkunftsland à la „made in …", sondern nur mehr das Ursprungsunternehmen à la „made by …" angeben lässt.

Insgesamt ist die Zerlegung der Herstellung in einzelne Komponenten und ihre Verteilung auf die Standorte mit den günstigsten Produktionsbe-dingungen ein elementarer Bestandteil einer globalisierten Wirtschaft (vgl. REHBEIN/SCHWENGEL 2008, S. 179). Diese **Modularisierung** der Wertschöp-fung lässt lokalisierte, intersektoral und international vernetzte Produkti-onsstrukturen entstehen. Die inner- und außerbetrieblichen Leistungs- und Ressourcenflüsse, welche für die Erstellung von Produkten und Dienstleis-tungen von Bedeutung sind, lassen sich räumlich in sog. **Wertschöpfungs-netzwerken** konfigurieren (vgl. VON TUCHER 1999, Kap. 5.3).

Vernetzte Produktions-strukturen

Zu den Veränderungen der technisch-wirtschaftlichen Rahmenbedin-gungen gehört schließlich auch ein zunehmender internationaler Wettbe-werb zwischen Unternehmen. Dieser kommt in einem immer **schärfer werdenden Kampf um Marktanteile**, einer ständig wachsenden Zahl von Innovationen sowie der permanenten Verkürzung von Innovations-, Pro-dukt- und Designzyklen zum Ausdruck.

Zunehmender internationaler Wettbewerb

2.3.3 Änderung soziokultureller Rahmenbedingungen

Gesellschaften, deren Zusammenhalt früher auf der engen Verbundenheit von Religion, Brauchtum und lokaler Geschlossenheit beruhte, büßen unter der Einwirkung der wirtschaftlichen und technologischen Veränderungen sowie global vermittelter Verhaltensweisen ihr Bindungs- und Normset-zungsvermögen ein. Die Menschen werden hinsichtlich regionaler Traditio-nen bindungsloser und aufgeschlossener gegenüber globalen Einflüssen. Dies wird zum einen als **Verlust kultureller und regionaler Identität** be-klagt, zum anderen im Sinne eines **Zusammenwachsens** zu einer großen, weltumspannenden Gemeinschaft, für die der kanadische Medientheoreti-ker Marshall McLuhan bereits 1964 den Begriff „Global Village" prägte, be-grüßt. Daraus resultieren eine Angleichung von Lebensstilen und eine Ho-mogenisierung des Kaufverhaltens (vgl. LEVITT 1983; Kap. 2.2.1).

Global Village

2.4 Multinationale Unternehmen als Träger der ökonomischen Globalisierung

Multinationale Unternehmen (MNU) gelten als wesentliche Antriebskräfte des **ökonomischen Globalisierungsprozesses**. Im UN-Sprachgebrauch ist dann von einem MNU die Rede, wenn dieses in mehr als zwei Staaten Ver-mögenswerte kontrolliert (vgl. UNDESA 1973, S. 5). Für die Zuordnung eines MNU zu einem einzelnen Land ist der **Hauptsitz des Mutterunter-**

Multinationale Unternehmen

nehmens ausschlaggebend. Nach Definition der UNCTAD (United Nations Conference on Trade and Development) kontrolliert ein Mutterunternehmen Teile eines ausländischen Unternehmens. Für diese Kontrolle ist – je nach Unternehmensform – eine **Beteiligung von mindestens 10% der Stammaktien oder der Stimmrechte** erforderlich (vgl. BPB 2008).

Transnationale
Unternehmen

Anstelle von multinationalen wird häufig auch von internationalen oder globalen Unternehmen gesprochen. Mit dem Begriff transnationales Unternehmen (TNU) ist dagegen eine **Form der geographischen Unternehmensorganisation** gemeint, die nicht bei allen international tätigen, grenzüberschreitend in mehreren Ländern operierenden Unternehmen vorausgesetzt werden kann. Während in MNU die Tochtergesellschaften in punkto Produktion, Beschaffung und Absatz vor Ort weitgehend autonom agieren,

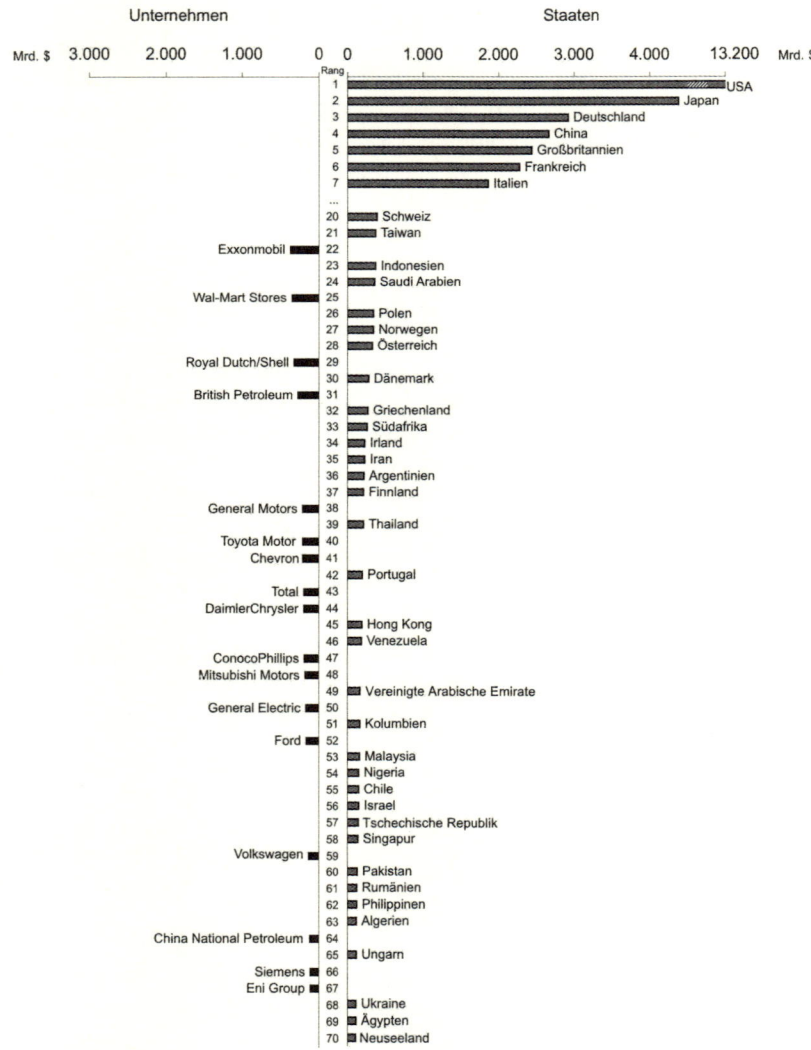

Abbildung 2-1: Umsätze multinationaler Unternehmen versus Bruttoinlandsprodukte von Ländern im Jahr 2006 (UNCTAD 2008a; IWF 2008).

steht der Begriff TNU für eine **geographisch gestreute Netzwerkorganisation**. In dieser legt die Unternehmensleitung die teilautonomen Tochtergesellschaften auf strategische Unternehmensziele fest. Die Tochtergesellschaften übernehmen in den verschiedenen Ländern unterschiedliche funktionale Aufgaben. Die Produkte sind weitgehend an nationalen Erfordernissen ausgerichtet, beruhen aber auf gemeinsam konzipierten Basismodulen sowie gemeinschaftlichen Forschungs- und Entwicklungsaktivitäten (vgl. BPB 2008). Im Folgenden werden die Begriffe MNU und TNU synonym verwendet. Sie stehen für solche Firmen, die über die Macht verfügen, Aktionen in mehr als einem Land zu tätigen und zu kontrollieren.

Im Jahr 2004 gab es rund 70 000 MNU mit 690 000 Tochterunternehmen. Zusammen beschäftigten die größten 100 MNU, von denen 85 innerhalb der Triade (vgl. Kap. 3.1) und davon 22 in den USA ihren Hauptsitz haben, im Jahr 2006 rund 15,4 Mio. Menschen (mehr als die Bevölkerung Belgiens und Irlands zusammen). Der Umsatz der weltweit 100 größten MNU betrug im Jahr 2006 rund 9239 Mrd. US-$, was ca. 17% des weltweiten BIP ausmachte (vgl. BPB 2008; UNCTAD 2008a und 2008b). Besonders deutlich wird die immense ökonomische Bedeutung von MNU, wenn man ihre Wertschöpfung mit der von ganzen Volkswirtschaften vergleicht. Abb. 2-1 zeigt einen Vergleich der Umsätze der weltweit größten MNU mit den Bruttoinlandsprodukten einzelner Länder. Beispielsweise überragte der Jahresumsatz von ExxonMobil im Jahr 2006 mit ca. 365 Mrd. US-$ knapp das jährliche BIP von Indonesien (ca. 364 Mrd. US-$) und deutlich das von Norwegen (ca. 337 Mrd. US-$).

Multinationale Unternehmen in Zahlen

Tabelle 2-1: Vorteile und Merkmale multinationaler Unternehmen
          (in Anlehnung an FÄSSLER 2007, S. 193f.)

Organisationsvorteile	Reibungslose Zusammenarbeit auf Grund der Zugehörigkeit von Partnern zum selben Unternehmen, erleichterte Planung und klare Weisungsbefugnisse
Privilegierter Kapitalzugang	Wegen internationaler Positionierung verbesserter Zugang zu nationalen Kreditmärkten
Economies of Scale	Steigerung des Auslastungsgrades durch Auftragsvergabe von eigenen, im Ausland sitzenden Betrieben
Synergieeffekte bei Forschung und Entwicklung	Amortisation hoher Investitionen durch Nutzen für alle Unternehmensteile
Räumliche Aufteilung der Wertschöpfungskette	Wahl von Standorten mit den jeweils günstigsten Produktionsbedingungen
Ausschaltung von Handelshemmnissen	Umgehung von Importbeschränkungen und Zöllen durch Errichtung ausländischer Fertigungsstandorte
Standortkonkurrenz	Angebot von Ansiedlungsanreizen (Subventionen, Steuervorteile, Zollfreiheit, günstige Darlehen, billige Flächen) durch strukturschwache Regionen und Länder
Marktnähe	Anpassung von Produkten und Design an jeweiliges kulturelles Umfeld („think global, act local")

Der ökonomische Erfolg von MNU beruht auf zahlreichen Gründen bzw. Vorteilen (vgl. Tab. 2-1). Vornehmlich dient die internationale Expansion der Unternehmenstätigkeit der Erweiterung und Sicherung des Absatzes oder der Verbesserung der Produktionsprozesse durch Effizienzsteigerungen und Kostenersparnisse. Im Zuge des schärfer werdenden globalen Wettbewerbs gilt es in diesem Zusammenhang einzelne Standorte miteinander abzuwägen. Die Orientierung an bestimmten Ansprüchen – einerseits an den niedrigsten Lohnkosten, den geringsten Steuersätzen sowie den schwächsten Umweltstandards, andererseits an der größten Innovationsfähigkeit, der höchsten Flexibilität sowie der besten Qualität – bedingt innerhalb eines MNU eine spezifische räumliche Arbeitsteilung.

Funktional-räumliche Arbeitsteilung

In einem **räumlich gegliederten Produktionssystem** sind die ausführenden Teilfertigungsschritte weltweit verstreut: Humankapitalintensive Prozesse befinden sich in den Agglomerationszentren der Industrieländer, sachkapitalintensive in den Peripherien höher entwickelter Länder, arbeitsintensive in Ländern mit niedrigen Lohnkosten (meist Entwicklungsländer) und umweltintensive in Staaten mit geringen Auflagen. Dagegen sind die strategisch-dispositiven Einheiten wie Management und Steuerung in den

Tabelle 2-2: Funktionale Raumspezialisierung eines multinationalen Unternehmens (KULKE 2005a, S. 6, verändert)

Einheit	Funktion	Standort
Headquarter	Strategische Entscheidung	Zentren hoch entwickelter Länder (z. B. Global Cities)
Operational Headquarters	Koordination und Kontrolle von Teileinheiten in Großregionen	Zentren von großräumiger Bedeutung
Forschung und Entwicklung	Weiterentwicklung von Produkten, Prozessen, Organisation	Agglomerationen mit spezifischen Standortvorteilen (z. B. in Nähe zu Universitäten)
Endmontage	Endfertigung des Produkts	Agglomerationen mit guten Verkehrsverbindungen
Teilfertigung		
• wissensintensiv		Zentren hoch entwickelter Länder
• sachkapitalintensiv	Produktion	Zentren höher entwickelter Länder
• arbeitskostenintensiv		Länder mit niedrigen Lohnkosten
• umweltintensiv		Länder mit niedrigen Auflagen
Marketing	Werbung	Agglomerationen
Vertrieb	Verkauf der Endprodukte	weltweit gestreut

Zentren der hoch entwickelten Ländern (Global Cities, vgl. Kap 3.4), Forschungs- und Entwicklungsaktivitäten meist in Zentren mit innovativem Umfeld (Nähe zu Universitäten, Forschungseinrichtungen und hoch qualifizierten Arbeitskräften) angesiedelt (vgl. KULKE 2005a, S. 6; 2005b, S. 7). In der Gesamtschau stellt ein MNU damit einen **„Global Player"** dar, „der über das Potenzial verfügt, die gesamte Erdkugel als sein Spielfeld zu nutzen" (FÄßLER 2007, S. 190; Tab. 2-2).

Ein wichtiger Bestandteil der räumlichen Arbeitsteilung innerhalb von MNU sind „Outsourcing" und „Offshoring". **Outsourcing** ist ein Prozess, bei dem ursprünglich unternehmensinterne Wertschöpfungsaktivitäten extern ausgelagert werden. **Offshoring** hingegen steht allgemein für die Verlegung einzelner Wertschöpfungsaktivitäten in andere Länder, meist zur Nutzung von absoluten Lohnkostenunterschieden, gegebenenfalls aber auch zur Umgehung von Einfuhrbarrieren, zur Anpassung der Produkte an lokale Verbrauchererfordernisse oder aus absatzpsychologischen Gründen (Herkunfts-Goodwill). Werden dabei Ressourcen genutzt, die außerhalb des Verantwortungsbereichs des Unternehmens liegen, spricht man von **„Offshore Outsourcing"**. Damit ist die Verlagerung von Arbeitsprozessen an externe Anbieter, meist lokale Unternehmen, durch Zulieferverträge gemeint. Werden die Tätigkeiten dagegen in Eigenregie durch ein Tochter- oder Partnerunternehmen, d.h. innerhalb eines MNU, erledigt, spricht man von **„Captive Offshoring"** (vgl. ESCHELBECK 2009, S. 10ff.). Outsourcing und Offshoring

Ziel dieser Maßnahmen ist die Reduzierung der Leistungstiefe, mit der Unternehmen einen neuen Grad an Spezialisierung auf ihre Kernkompetenzen suchen und Wettbewerbsvorteile erlangen wollen. Dabei sind neben der standardisierten Lohnarbeit im Produzierenden Gewerbe auch sog. Back-office-Dienstleistungen (technischer Support, Lohn- und Gehaltsabrechnungen, Callcenter, Dateneingabe und -verwaltung, Telemarketing, Websitegestaltung etc.) Gegenstand dieser Entwicklung geworden. Auch hoch qualifizierte und gut bezahlte Tätigkeiten in der Industrie lassen sich mittlerweile an andere Standorte verlagern.

Beispiele für Offshoring bieten die Lufthansa und der Technologiekonzern Infineon, die Teile ihres Rechnungswesens nach Polen bzw. Portugal verlagert haben. Der Touristikanbieter TUI hat IT-Tätigkeiten nach Indien verlegt, ebenso die Deutsche Bank einen Teil ihres Zahlungsverkehrs. Die am Frankfurter Flughafen sitzende Deutschlandzentrale des Computerherstellers Dell unterhält ihr Callcenter für deutschsprachige Privatkunden in Bratislava. Teile der Personalverwaltung der in Hamburg ansässigen Europazentrale des Mineralölkonzerns ExxonMobil sitzen in Bangkok, während die automatischen Preistafeln an den Tankstellen von Mitarbeitern in Belgien gesteuert werden.

In Deutschland könnten einer Studie des Kieler Instituts für Weltwirtschaft zufolge rund 42% aller Arbeitsplätze von Offshoring-Prozessen bedroht sein, wobei vor allem Tätigkeitsbereiche mit gut qualifizierten Arbeitskräften leicht verlagerbar sind. Tab. 2-3 zeigt den Grad der Verlagerbarkeit ausgewählter Berufsgruppen.

Insgesamt beeinflussen Outsourcing und Offshoring nicht nur die organisatorischen Arrangements von Unternehmen, sondern intensivieren aus räumlicher Perspektive die Standortvernetzung und stärken die Bedeutung

Tabelle 2-3: Grad der Verlagerbarkeit ausgewählter Berufsgruppen
(Quelle: WAS 2009b)

leicht verlagerbar	verlagerbar	kaum verlagerbar	gar nicht verlagerbar
fachlicher Datenverarbeiter	Chemiker/ Chemieingenieur	Architekt/ Bauingenieur	Dachdecker
Buchhalter	Drucker	Brauer/Mälzer	Feuerwehrmann
Datentypist	Fertigungs- ingenieur	Elektroinstallateur	Förster/Jäger
Graphiker	Elektrogeräte- monteur	Lager-/ Transport- arbeiter	Gymnasiallehrer
Natur- wissenschaftler	Kunststoff- verarbeiter	Landmaschinen- instandsetzer	Kranken- schwester/-pfleger
Schriftsetzer	Fischverarbeiter	Raumausstatter	Landwirt
technischer Zeichner	Maschinenbau- techniker	Stauer/Möbel- packer	Maurer
Telefonist	Oberbekleidungs- näher	Rohrinstallateur	Pförtner
Übersetzer	Speditionskauf- mann	Straßenwart	Tankwart
Vervielfältiger	Werkzeugmacher	Wirtschaftsprüfer	Verkäufer
Insgesamt: 26 Berufsgruppen	**Insgesamt: 154 Berufsgruppen**	**Insgesamt: 56 Berufsgruppen**	**Insgesamt: 128 Berufsgruppen**

vormals weniger integrierter Standorte in globalen Wertschöpfungszusammenhängen (vgl. GLÜCKLER 2007, S. 846; 2008, S. 36f.; KULKE 2005a, S. 6; GAEBE 2008, S. 103; WAS 2009b).

Rückverlagerung von Standorten   Alleine in Deutschland gehen durch Produktionsverlagerungen jährlich 74 000 Arbeitsplätze verloren. Dennoch kommt es aufgrund von Flexibilitäts-, Qualitäts-, Koordinations- sowie Kommunikations- oder Infrastrukturdefiziten an Niedriglohnstandorten immer häufiger auch zur Rückverlagerung von Standorten, was als **„Insourcing"** bezeichnet wird. Innerhalb eines Zeitraums von fünf bis sechs Jahren verlagert jedes vierte bis sechste Unternehmen seine Produktion oder Teile davon wieder zurück (vgl. FRAUNHOFER ISI 2006). Ein Beispiel stellt das Unternehmen Steiff dar, das 2008 beschloss, die Produktion von Stofftieren von China nach Deutschland zurückzuholen. Als Gründe dafür waren ausschlaggebend, dass chinesische Firmen für die Herstellung von Kuscheltieren mit kompliziertem Schnitt nicht geeignet seien und China wegen der Produktion von gesundheitsgefährdendem Spielzeug in Verruf geraten ist. Als großes Problem stellten sich auch die langen Transportzeiten nach Deutschland von bis zu drei Monaten heraus.

2.5 Bildung neuer Maßstabsebenen und „Politics of Scale"

Mit dem fortschreitenden Globalisierungsprozess geht eine entsprechende Schwächung nationalstaatlichen Einflusses einher. Während der letzten Jahrhunderte waren nationale Entwicklungsprozesse für die Gesellschaften prägend. Der Nationalstaat repräsentierte die gültige Form politisch-gesellschaftlicher Organisation, während die nationale Volkswirtschaft eine logische und integrierte Wirtschaftsform darstellte. Nationale Märkte als ökonomische Eckpfeiler dieser Volkswirtschaften haben im Zuge der Globalisierung jedoch zunehmend zugunsten einer **wachsenden Bedeutung des Weltwirtschaftsraumes** an Relevanz verloren. Der Nationalstaat bildet heute nicht mehr den alleinigen Bezugsraum für die wirtschaftlichen Akteure: Gewinne fallen z.B. nur noch dort an, wo die Steuersätze niedrig sind. Umweltintensive Produktionsverfahren finden sich in Ländern, in denen geringe Auflagen bestehen. Arbeitsintensive Produktionsschritte werden bei Tariferhöhungen verlagert **(job export)**. Aufgrund dieser **Standortunabhängigkeit** von Unternehmen sind einzelne Staaten immer weniger fähig, ihr Territorium nach eigenen Maßstäben und Vorgaben zu gestalten (vgl. Kulke 2005b, S. 7; Ossenbrügge 2007, S. 836).

> Schwächung der Nationalstaaten

Mit der vermeintlichen Entmachtung der Ebene souveräner Staaten geht gleichzeitig eine Aufwertung anderer Maßstabsebenen einher **(Reterritorialisierung)**, wenn man berücksichtigt, in welche Richtungen sich der Nationalstaat „verflüchtigt" bzw. auflöst. Es findet ein umfassender Prozess der **Verlagerung politischer Steuerungskapazitäten** weg von nationalstaatlichen Institutionen hin zu anderen Maßstabsebenen statt – sowohl nach „oben" (Global Governance und Regionalisierung) als auch nach „unten" (Lokalisierung). Man bezeichnet diese Aufwertung von anderen Maßstabsebenen jenseits des Nationalstaates als „Politics of Scale" (vgl. Ossenbrügge 2003, S. 164; 2007, S. 838).

> „Politics of Scale"

Globale Themen wie Klimawandel, Biodiversität, Epidemien, internationale Finanzarchitektur, multilateraler Handel, Rechte an geistigem Eigentum, Terrorismus, Frieden und Sicherheit etc. gewinnen immer mehr an Bedeutung. Im Gegensatz zu konventionellen Politikfeldern, die sich entweder auf ein einzelnes Land erstrecken oder die außenpolitischen Beziehungen zwischen einzelnen Nationalstaaten betreffen, haben sie einen **global-grenzüberschreitenden** Charakter und bedürfen daher einer **umfassenden Politikgestaltung** („Governance") bzw. Harmonisierung über Grenzen hinweg (vgl. Kaul 2008, S. 146). Über der Ebene des Nationalstaates kommt es daher zur Entwicklung oder zum Ausbau globaler Steuerungsmechanismen („Global Governance"). Im wirtschaftlichen Bereich sind hier Organisationen wie Weltbank, Internationaler Währungsfonds oder Welthandelsorganisation (vgl. Kap. 4.1.3) zu nennen, welche die Aufgabe haben, den ökonomischen Globalisierungsprozess zu steuern und die Entfesselung der Märkte politisch zu kontrollieren. Im sozialen und ökologischen Bereich sind v.a. NGOs (Non Governmental Organizations) sowie Internationale Umwelt- und Sozialabkommen und die daraus entstandenen Organisationen (z.B. ILO – International Labour Organisation) anzuführen (vgl. Kap. 4.6.2).

> „Global Governance"

Regionalisierung

Eine weitere Entwicklung, welche die angestammte Rolle einzelner Staaten als gesellschaftlicher und wirtschaftlicher Handlungsrahmen in Frage stellt, ist die Regionalisierung, d. h. die Integration von Ländern zu **Handels- und Wirtschaftsblöcken** bzw. supranationalen Zusammenschlüssen. Beispiele dafür sind etwa die Vollendung des Europäischen Binnenmarktes oder die Entwicklung des nordamerikanischen Wirtschaftsraumes zur Freihandelszone NAFTA (vgl. Kap. 3.5.2). Bei diesem Prozess übernehmen gemeinsame Organe sukzessive Entscheidungsgewalt und Gestaltungsaufgaben, die bis dahin nur auf nationalstaatlicher Ebene umgesetzt wurden (vgl. HAAS/NEUMAIR 2006, S. 382).

Lokalisierung

Die nach „oben" weisenden Veränderungen werden durch solche ergänzt, die nach „unten" gerichtet sind. So zeigen sich vermehrt Tendenzen einer stärkeren **regional-lokalen Orientierung von Politik und Wirtschaft**. In der EU z. B. drückt sich dies durch die zunehmende Eigenständigkeit der Regionen in der Forschungs-, Technologie-, Bildungs- und Entwicklungspolitik aus. In föderal organisierten Staaten wie Deutschland kommt es zu Kompetenzverlagerungen auf die Bundesländer (vgl. OSSENBRÜGGE 2003, S. 164). Gleichzeitig stellt Lokalisierung aber auch den „Prozess der relativ kleinräumigen territorialen Integration und Vernetzung von Aktivitäten, der häufig mit einer Wiederaufwertung besonderer regionaler Qualitäten und Beziehungsgefügen verbunden ist" (KRÄTKE 1995, S. 207), dar. Dies drückt sich in Standortkonzentrationen und kleinräumigen Netzwerkbildungen wie Clustern und Industriedistrikten aus.

Glokalisierung

Das insgesamt sehr komplexe Zusammenspiel und Nebeneinander unterschiedlicher Maßstabsebenen und ihre nicht hierarchisch strukturierten Beziehungen untereinander kommen im Begriff der Glokalisierung, einer begrifflichen Synthese aus Globalisierung und Lokalisierung, zum Ausdruck (vgl. HESS 1998; OSSENBRÜGGE 2007, S. 839).

2.6 Globalisierung versus Fragmentierung

Nord-Süd-Konflikt

Die Globalisierung verändert die Weltgeographie durch eine Kette von Transformationsprozessen, welche auf der Intensivierung grenzüberschreitender Transaktionen und einer Verschärfung der Wettbewerbsverhältnisse basieren (vgl. MÜLLER-MAHN 2007, S. 853). In den bisherigen Ausführungen konnte der Eindruck entstehen, dass es sich dabei um einen homogenen Prozess handelt, der alle Regionen und Orte in ähnlicher Art und Weise beeinflusst. Tatsächlich sind von dieser Entwicklung aber ganze Raumeinheiten abgeschnitten. Am deutlichsten kommt dies im globalen Verhältnis zwischen Arm und Reich oder allgemein zwischen **Industrie- und Entwicklungsländern** (vgl. Kap. 3.1) zum Ausdruck, was als Nord-Süd-Konflikt bezeichnet wird. Dieser verschärft sich eben durch den räumlich sehr ungleichgewichtig verlaufenden ökonomischen Globalisierungsprozess.

Globale Gegensätze

Zurzeit leben mehr als 6 Mrd. Menschen auf der Erde, fast 80% davon in den Entwicklungsländern, d. h. nur jeder fünfte Mensch lebt in einem Industrieland. Jährlich nimmt die Weltbevölkerung um ca. 80 Mio. zu, wovon

99% auf die Entwicklungsländer, insbesondere im subsaharen Afrika, und nur 1% auf die Industrieländer entfallen. Genau umgekehrt verhält es sich mit der Aufteilung der Wirtschaftsleistung: Mehr als 80% des weltweiten Bruttosozialproduktes entfallen auf die Industrieländer, nur ca. 17% auf die Entwicklungsländer (vgl. Abb. 2-2 und Abb. 2-3).

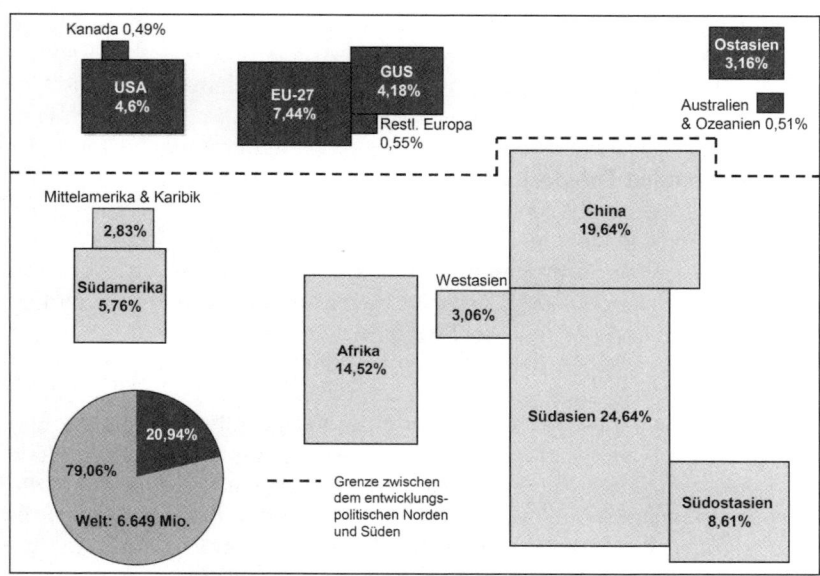

Abbildung 2-2: Weltbevölkerung nach Ländern und Regionen in % der Weltbevölkerung 2007 (MÜLLER-MAHN 2002, S. 9, aktualisiert)

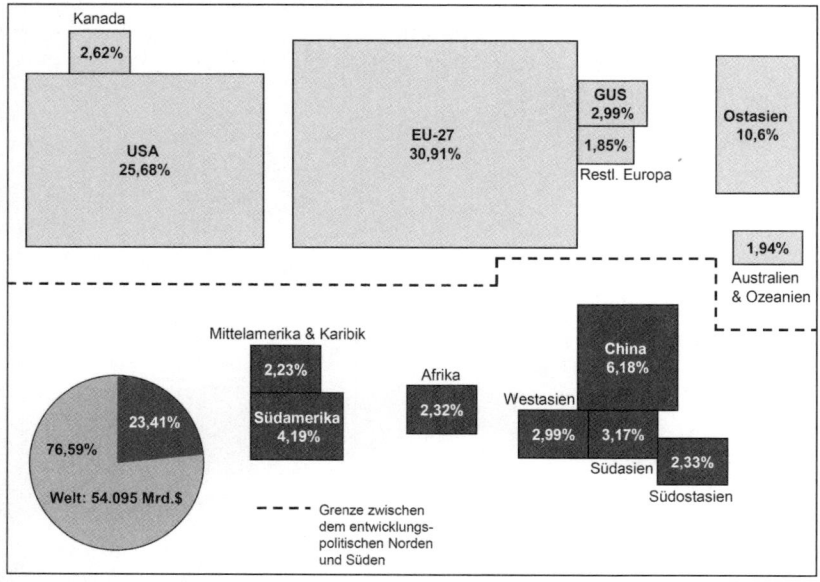

Abbildung 2-3: Bruttosozialprodukt (BSP) nach Ländern und Regionen in % des Welt-BSP 2007 (MÜLLER-MAHN 2002, S. 9, aktualisiert)

Zwischen Industrie- und Entwicklungsländern klaffend fällt auch der Unterschied in der Nutzung und dem Zugang zur internationalen Informations- und Kommunikationsinfrastruktur, einem der wichtigsten Treiber des Globalisierungsprozesses, aus (Digital Divide; vgl. Kap. 4.3.3).

Fragmentierung

Diese Entwicklungen verleiten zur Annahme, dass ausschließlich die die Triade der Weltwirtschaft (vgl. Kap. 3.1) bildenden Industrieländer am Prozess der Globalisierung partizipieren, während das Gros der Entwicklungsländer davon abgeschnitten ist. In Wahrheit greift diese Annahme aber zu kurz. Denn die Grenze zwischen Reich und Arm sowie entwickelt und unterentwickelt verläuft tatsächlich wesentlich differenzierter, als es die Unterscheidung zwischen Industrie- und Entwicklungsländern impliziert. Dieses Phänomen wird mit dem Begriff der Fragmentierung bzw. der These der **fragmentierenden Entwicklung** (vgl. SCHOLZ 2002, 2007, 2004, S. 215 ff.) zum Ausdruck gebracht. Sie besagt, dass am globalen Wettbewerb und seinen Wohlfahrtseffekten nie Länder und deren Bevölkerung als Ganzes, sondern immer nur bestimmte Orte, wie z. B. Global Cities (vgl. Kap. 3.4) in den Industrieländern oder Exportenklaven in den Ländern der Dritten Welt, und auch dort nur Teile der Bevölkerung teilhaben.

Auflösung bekannter entwicklungsökonomischer Raumkategorien

Die Grenze zwischen dem „reichen Norden" und dem „armen Süden" verschwimmt daher zusehends. Denn auch in den Industrieländern bilden sich von der dynamischen Entwicklung der Wirtschaft abgekoppelte und verarmte Bevölkerungsschichten heraus, die von der Wirtschaft, welche aus Konkurrenz- und Renditeerwägungen gezwungen ist, dort Standorte aufzugeben und weltweit nach günstigeren Produktionsbedingungen zu suchen, zurückgelassen werden. Gleichzeitig sind auch in den Entwicklungsländern einzelne Wirtschaftssegmente und Eliten (z. B. freie Exportzonen, Standorte der Billiglohn- und Massenproduktion, der Rohstoffförderung sowie des Freizeit- und Tourismusgewerbes) in das globale Netzwerk der Weltökonomie integriert. Dadurch kommt es zu einer Pluralisierung von Entwicklungspfaden und zur Auflösung alt bekannter entwicklungsökonomischer Raumentitäten (vgl. FUCHS 2006, S. 5; SCHOLZ 2007, S. 104; MÜLLER-MAHN 2007, S. 853).

3. Strukturelle Erfassung des Weltwirtschaftsraums

Im Mittelpunkt einer Geographie der internationalen Wirtschaft steht der Weltwirtschaftsraum. Wie bei allen Typen von Wirtschaftsräumen geht es der Wirtschaftsgeographie um die Erforschung der Relationen zwischen ökonomischen und anthropogenen Elementen mit dem Ziel der Erfassung und Erklärung räumlicher Ordnungssysteme und Organisationsformen – hier auf der internationalen bzw. globalen Ebene. Eine strukturelle Erfassung des Weltwirtschaftsraumes erstreckt sich sowohl auf ökonomische Ordnungssysteme der Weltwirtschaft wie Ländertypen und -gruppen, regionale Integrationsräume und Städte als Knotenpunkte globaler wirtschaftlicher Prozesse als auch auf die zwischen ihnen stattfindenden funktionalen Verflechtungen in Form internationaler Wirtschaftsbeziehungen bzw. Arbeitsteilung.

3.1 Ländertypen und -gruppen

Nach dem Weltsystemkonzept des amerikanischen Soziologen WALLERSTEIN (1974) entwickelte der **Kapitalismus der Neuzeit** vor dem Hintergrund der immer intensiver werdenden wirtschaftlichen Verflechtungen von Ländern seit dem 17. Jh. ein allumfassendes Weltsystem, welches traditionelle, vormals ökonomisch und politisch unabhängige Gesellschaften immer mehr vernetzt. Die Staaten und deren Eliten organisierten sich dabei in einer **internationalen Arbeitsteilung**, welche zwischen Orten und Regionen **spezifische Strukturen** herausbildete. Innerhalb des Weltsystems werden nach Wallerstein drei Regionen unterschieden (vgl. KNOX/MARSTON 2008, S. 71; FUCHS/APFELTHALER 2008, S. 18ff.):

Weltsystem

- Die **Kernregionen**, in denen Macht und Wissen konzentriert sind, zeichnen sich durch hochentwickelte Technologien und diversifizierte Ökonomien aus. Sie sind Knotenpunkte wichtiger internationaler Handelsbeziehungen, deren politische Vorherrschaft sowie Wissens- und Technologievorsprung auf einem Kolonialismus über andere Regionen beruhen, die systematisch ausgebeutet werden.
- Diese **peripheren Regionen** charakterisieren sich durch ökonomische Abhängigkeit, ungünstige Handelsbeziehungen, rückständige Technologien, geringe Produktivität, unzureichende Humanressourcen sowie einen geringen wirtschaftlichen Diversifikationsgrad mit einer häufig einseitigen Spezialisierung auf Rohstoffe.
- **Semiperiphere Regionen** beuten wiederum periphere Regionen aus, sind selbst aber gleichzeitig ein Ausbeutungsobjekt der Kernregionen. Sie haben ihre einstige Zugehörigkeit zu unterentwickelten, peripheren Regionen überwunden, sind jedoch vom wirtschaftlichen Fortschritt in den Kernregionen weit entfernt und in ihrer Entwicklung nach wie vor von diesen abhängig.

Die Überlegungen Wallersteins lassen sich – in abgeschwächter und modifizierter Form – auf die heute gängige Einteilung des Weltwirtschaftsraums in Industrie-, Entwicklungs- und Schwellenländer übertragen.

Industrieländer Als Industrieländer gelten Länder mit einem **bedeutenden Anteil der Verarbeitenden Industrie** am gesamten Wirtschaftsaufkommen, einer **lang andauernden Tradition industrieller Produktion**, einem weit **entwickelten technologischen Niveau** sowie einer **hohen Effizienz des wirtschaftlichen Systems** (vgl. GABLER WIRTSCHAFTSLEXIKON 2004, S. 1453). Während der Agrarsektor, was seinen Beitrag sowohl zum Bruttosozialprodukt als auch zur Erwerbstätigkeit angeht, eine zu vernachlässigende Rolle spielt, nimmt in dieser Ländergruppe die Bedeutung des Dienstleistungssektors ständig zu, so dass die Industrie, auch in den Industrieländern, längst nicht mehr der ökonomisch bedeutende Wirtschaftszweig ist und häufig auch von **Dienstleistungsgesellschaften** die Rede ist. Eine Ursache dafür liegt im Prozess des sektoralen Strukturwandels, d.h. einerseits in der steigenden Mechanisierung und Automatisierung der industriellen Fertigung, andererseits in der zunehmenden wirtschaftlichen Bedeutung von Dienstleistungen, ausgelöst u.a. durch die Verbesserung bei der Informations- und Kommunikationstechnik.

Triade Die wirtschaftliche Bedeutung der Industrieländer kommt v.a. in dem Konzept der **Dreierordnung der Weltwirtschaft (Triade)** sowie der Triadisierung als Prozess der **regionalen Konzentration weltweiter Wirtschaftskraft** auf drei Erdräume zum Ausdruck. Auf die Triade im engeren Sinn (USA, EU-15 und Japan) entfallen etwa 70% des Weltsozialproduktes. Wird der Begriff auf die Makroumgebung der Kernmärkte ausgedehnt, so dass die nordamerikanische Freihandelszone NAFTA (USA, Kanada, Mexiko), Westeuropa sowie Ostasien (Japan und die Tigerstaaten) herangezogen werden, so ergibt sich ein noch deutlicheres Bild. Auf die so abgegrenzte Triade entfallen rund 85% des Weltsozialproduktes, 85% der Weltexporte, ca. 75% der weltweiten Direktinvestitionsbestände, aber nur 17% der Weltbevölkerung (vgl. HAAS/NEUMAIR 2008, S. 113). Wird Ost- und Südostasien nicht als einheitlicher Wirtschaftsblock mit Japan als Zentrum angesehen, spricht man auch von der **Quadriga** mit China als weiterem Zentrum.

Entwicklungsländer Den entwicklungsökonomischen Gegenpol zu den Industrieländern bilden die Entwicklungsländer. Entwicklungsland ist der international gebräuchlichste und von den UN-Organisationen offiziell verwendete Begriff für Länder mit **geringem Entwicklungsniveau** und **materieller Rückständigkeit**. Der Begriff „Entwicklungsland" verdeckt allerdings, dass sich auch die Industrieländer – und zwar mit viel höherer Geschwindigkeit als die Entwicklungsländer – weiterentwickeln und impliziert damit ein Wachsen der Entwicklungslücke zwischen Industrie- und Entwicklungsländern. Der sprachliche Gegensatz zu „Entwicklungsländern" wäre daher **Rückschritts- oder Stagnationsländer** – zwei Begriffe, die aus diplomatischen Gründen aber abzulehnen sind (vgl. HEMMER 2002, S. 7). Weitere Begriffe für unterentwickelte Länder sind nicht weniger problematisch: Der Begriff **„Südländer"** ignoriert die Tatsache, dass sich auch auf der Südhalbkugel der Erde reichere Länder (z.B. Australien, Neuseeland, Südafrika), im Norden dagegen auch ärmere Länder (z.B. Länder der ehemaligen Sowjetunion oder in

Süd- und Osteuropa) befinden. Der Begriff **„Dritte Welt"** ist als überholt anzusehen, da die Unterteilung in „Erste Welt" (marktwirtschaftliche Industriestaaten), „Zweite Welt" (planwirtschaftliche organisierte Volkswirtschaften des ehemaligen Ostblocks bzw. Staatshandelsländer) und „Dritte Welt" (restliche Staaten, v.a. Entwicklungsländer) seit dem wirtschaftlichen und politischen Zusammenbruchs des Ostblocks obsolet ist. Problematisch an diesem Begriff ist ferner, dass er eine strikte Homogenität unterentwickelter Länder unterstellt. Die über 130 Entwicklungsländer der Erde differieren nämlich ganz erheblich in geographischer Lage, Größe, Bevölkerungszahl, Rohstoffausstattung, Bildung, Kultur und Politik. Das „typische" Entwicklungsland gibt es somit nicht. Auch existiert keine einheitliche, international verbindliche Liste von Entwicklungsländern (vgl. KOCH/CZOGALLA 2004, S. 387f.).

Eine besondere Gruppe unter den Entwicklungsländern sind die **Least Developed Countries (LDC)**, die als ärmste Länder der Welt folgende Merkmale aufweisen:

- Bruttosozialprodukt/Kopf (Dreijahresdurchschnitt unter 750 US-$),
- „Human-Assets-Index" (Anteil der unterernährten Bevölkerung, Kindersterblichkeit, Einschulungsrate und Alphabetisierungsgrad der erwachsenen Bevölkerung) unterhalb des 75%-Perzentils der Entwicklungsländer,
- „Economic-Vulnerability-Index" (Bevölkerungsgröße, Weltmarktabgeschiedenheit, Ausfuhrorientierung der Wirtschaft, Anteil der Land- und Forstwirtschaft sowie Fischerei am Bruttoinlandsprodukt, Obdachlosigkeit aufgrund von Naturkatastrophen, Instabilität der landwirtschaftlichen Produktion sowie Instabilität der Exporte von Waren und Dienstleistungen) unterhalb des 25%-Perzentils der Entwicklungsländer,
- Bevölkerungsanzahl von max. 75 Mio. (Ausnahme: Bangladesch).

In den ca. 50 LDC, die sich überwiegend in Afrika, insbesondere Schwarzafrika, sowie Süd- und Südostasien befinden, leben ca. 750 Mio. Menschen (ca. 10% der Weltbevölkerung), die aber nur 0,5% des weltweiten Bruttosozialproduktes erwirtschaften.

Zu beachten ist, dass die Entwicklung in den der Gruppe der Entwicklungsländer angehörigen Staaten seit Mitte des 20. Jh. sehr unterschiedlich und disparitätisch verlaufen ist. Während einige Staaten (insbesondere in Südostasien) durch industrielles Wirtschaftswachstum zu **Schwellenländern** aufstiegen, hat sich die Entwicklungsdisparität zwischen den ärmsten und reichsten Ländern verschärft. Dagegen stieg die Gruppe der **ölexportierenden Länder** wegen der Verknappung der Erdölreserven, der Verhandlungsmacht des OPEC-Kartells sowie steigender Erdölpreise zumindest zeitweilig in die Länder mit dem höchsten Pro-Kopf-Einkommen auf, oft ohne aber strukturelle Merkmale von Unterentwicklung überwunden zu haben. Denn der teils beachtliche Entwicklungsfortschritt basiert auf den Gewinnen (Renten) des Erdöl- bzw. Erdgasexports und weniger auf einem dynamischen gesamtgesellschaftlichen und -wirtschaftlichen Entwicklungsprozess (vgl. HAAS/NEUMAIR 2006, S. 113; ENGELHARD 2008, S. 1).

Von der Gruppe der Industrie- und Entwicklungsländer zu unterscheiden sind die sog. Schwellenländer bzw. **Newly Industrialized Countries (NIC)**,

Least Developed Countries

Differenzierter Entwicklungsverlauf

Schwellenländer

welche einst Entwicklungsländer waren und sich im Übergang zur Gruppe der Industrieländer befinden. Als typische Merkmale gelten ein hohes industrielles Wachstum, eine fortgeschrittene Diversifizierung der Wirtschaftsstruktur, wachsende Weltmarktintegration, die ausreichende Befriedigung von Grundbedürfnissen sowie ein steigendes Pro-Kopf-Einkommen. Schwellenländer entfalten damit eine erhebliche wirtschaftliche Eigendynamik, die es ihnen gestattet, die für Entwicklungsländer typischen Strukturmerkmale Schritt für Schritt zu überwinden. Allerdings setzt die Veränderung der Wirtschaftsstrukturen **gesellschaftliche Umwälzungen** in Gang. Soziale Entwicklungsindikatoren und ökologische Belange hinken dem ökonomischen Fortschritt häufig hinterher. Zudem charakterisieren sich Schwellenländer oft durch einen ausgeprägten Dualismus zwischen armen und reichen Bevölkerungsschichten, welcher mit der fortschreitenden Industrialisierung aber wieder abnehmen kann.

Tiger- bzw. Drachenstaaten

Erstmals beschrieben wurden Schwellenländer Anfang der 1970er Jahre am Beispiel der **ostasiatischen Tiger- bzw. Drachenstaaten** (Südkorea, Taiwan, Singapur, Sonderwirtschaftsgebiet Hong Kong), die heute zur Gruppe der Industrieländer gehören. Ihr industrieller Charakter hat sich im Zeitablauf stark verändert. Wich der anfängliche Schwerpunkt arbeitsintensiver Produktion zunehmend sachkapitalorientierten Herstellungen, sind heute ein Übergang zu humankapital- und technologieintensiven Prozessen sowie eine starke Ausbreitung des Dienstleistungssektors zu beobachten. Zu den heutigen Schwellenländern zählen vor allem die zweite (u.a. Thailand, Malaysia, Indonesien) und dritte Generation (u.a. China und Vietnam) der Tigerstaaten, Indien sowie große südamerikanische Länder wie Brasilien und Argentinien.

Newly Industrializing Economies

Länder, welche dem Entwicklungskonzept der NIC erfolgreich nacheifern, aber noch nicht deren wirtschaftliches Niveau erreicht haben, wie z.B. die **Jaguar-Staaten** in Lateinamerika (vor allem Mexiko und Chile), werden als **Newly Industrializing Economies (NIE)** bezeichnet (vgl. KINDER 2006, S. 4ff.; HAAS/NEUMAIR 2006, S. 115f.).

Transformationsländer

Einen Sonderfall von Schwellenländern stellen die Transformationsländer des zusammengebrochenen kommunistischen Länderblocks dar. Aufgrund der **Systemtransformation** sind sie mit **spezifischen wirtschaftlichen Anpassungsproblemen** konfrontiert, die mit denen der typischen Entwicklungsländer nichts mehr zu tun haben (z.B. ost- und südosteuropäische Länder). Die Länder Ostmitteleuropas haben – spätestens seit ihrem EU-Beitritt 2004 – den Transformationsprozess dagegen weitgehend erfolgreich abgeschlossen. Die zentralasiatischen und transkaukasischen Transformationsstaaten (GUS-Staaten) zeigen dagegen eine deutliche Ähnlichkeit mit den Entwicklungsländern (vgl. KINDER 2006, S. 8). Russland selbst gehört wegen seiner Mitgliedschaft in den G-8-Staaten der Gruppe der Industrieländer an.

Merkmale von Emerging Markets

Synonym zum Begriff Schwellenländer wird häufig auch von **Wachstumsmärkten** bzw. **Emerging Markets** gesprochen. Die internationale Wirtschaftszeitschrift Economist fasst unter diesem Begriff weltweit 28 Länder zusammen, unter denen sich neben Ländern wie Brasilien, Mexiko, Thailand oder Südafrika die meisten Transformationsländer Ostmitteleuropas sowie vor allem China und Indien befinden, die schon wegen ihrer Größe (zusammen 2,4 Mrd. Menschen) besondere Marktpotenziale aufweisen. Zu den Grundmerkmalen von Wachstumsmärkten gehören (vgl. HAAS/NEUMAIR 2006, S. 325f.):

- eine dynamische Wirtschaftsentwicklung mit stetig wachsender Kaufkraft und starkem Nachfragesog,
- ein rasches Voranschreiten der industriellen Wertschöpfung,
- deutliche Wachstumsraten des Bruttoinlandsprodukts,
- ein starkes Wachstum des Exportsektors,
- schnelle und flexible Anpassung der länderspezifischen Rahmenbedingungen an Erfordernisse des globalen Wettbewerbs durch engen Kontakt der politischen Führung zu den Akteuren der nationalen Wirtschaft,
- hohe Kapitalbildung,
- Schaffung vieler Arbeitsplätze in kurzer Zeit bei niedrigem Lohnniveau,
- steigende Produktivität und komparative Kostenvorteile gegenüber den Industrieländern,
- aufgrund des dynamischen Wirtschaftswachstums inländische Versorgungsengpässe bei bestimmten Roh-, Bau-, Grund- und Werkstoffen (z.B. Stahl, Zement, Kohle, Erdöl) mit spürbaren Auswirkungen auf den Weltmarkt (z.B. durch Preisanstieg),
- abseits bevorzugter Wirtschaftsstandorte (Hafenstädte, Hauptstädte, Verkehrsleitlinien) schlechte infrastrukturelle Ausgangsbedingungen mit der Folge eines deutlichen Entwicklungsgefälles zwischen infrastrukturell besser ausgestatteten Verdichtungsräumen und ländlichen (peripheren) Regionen,
- Tendenz zu Deregulierung und Liberalisierung sowie Entstehen eines an internationalen Standards orientierten Rechtssystems.

Die dynamische Wirtschaftsentwicklung, vor allem der Boom des Finanzsektors, der viele Investoren aus den Industrieländern mobilisiert hat, führte in den Emerging Markets seit Mitte der 1990er Jahre zu **Entwicklungsproblemen durch ungebremstes Wachstum**. Die erweiterten Investitionsmöglichkeiten, die sich in den aufstrebenden Märkten in den letzten Jahrzehnten ergeben haben, sind an eine Erhöhung des **Länderrisikos** (vgl. Kap. 4.5) gekoppelt. Dieses steigt mit zunehmenden Entscheidungsfreiheiten von Investoren und Spekulanten, aber auch mit dem wachsenden Bestand an kurzfristig mobilisierbarem und damit unsicherem Kapital, das vermehrt zur Schließung der wachsenden Finanzierungslücken in den Wachstumsmärkten eingesetzt wird. Solange die Wirtschaften der Emerging Markets einen mittelfristig tragbaren Wachstumskurs beibehalten, spielt diese erhöhte Empfindlichkeit keine größere Rolle. Wenn sich jedoch turbulente Krisenherde bilden, dabei das Finanzsystem brüchig wird und sich im nationalen Markt strukturelle Ungleichgewichte entwickeln, kommt es in diesen Ländern leicht zu einer raschen **Destabilisierung des gesamten Wirtschaftssystems** (abnehmende Wettbewerbsfähigkeit, zunehmende Inflationsraten, rückläufige Binnenkonjunktur, nachlassende Zahlungsmoral, Verfall inländischer Vermögenswerte, Bankenprobleme etc.). Wachstumsmärkte sind von derartigen Krisen, die meist über die **Finanzmärkte** initiiert werden, besonders betroffen, wie die Beispiele der Mexikokrise (1994/95), Asienkrise (1997/98), Russland- und Brasilienkrise (1998) sowie

Emerging Markets und Krisen

Argentinienkrise (2001/02) zeigen (vgl. Haas/Neumair 2006, S. 327ff.; Neumair/Rehner 2009, S. 36).

Auch die sich 2008 ausbreitende **globale Finanz- und Wirtschaftskrise** trifft die Wachstumsmärkte mit voller Wucht. Durch eine nachlassende Nachfrage in Nordamerika und Europa trübt sich das Exportgeschäft, insbesondere in China und Indien, ein. Die Wachstumsraten der industriellen Produktion beginnen zu schmelzen, Energieproduktion und Bautätigkeit lassen nach und die Kreditkrise droht auf den Ausbau der Infrastruktur durchzuschlagen (vgl. Kap. 2.2.2). Ferner stützte sich in wichtigen Schwellenländern wie Brasilien, Indien und China, aber auch dem zu den Industrieländern zu rechnenden Russland das Wachstum großer Unternehmen auf den bis 2008 andauernden Rohstoffboom, weshalb durch den Ende 2008 einsetzenden Rohstoffpreisverfall ein Absturz droht. Viele Schwellenländer befinden sich daher in einer schweren Rezession. In China z.B. fiel im Jahr 2008 zum ersten Mal seit 2003 der Anstieg des Bruttoinlandsproduktes nur einstellig aus (vgl. FAZ 2008d; NZZ 2008; Handelsblatt 2008g und 2008k).

Ankerländer

Eine besondere Gruppe von Schwellen- und Entwicklungsländern sind die sog. Ankerländer, welchen alleine wegen ihrer Größe und Bevölkerungszahl eine zentrale Rolle für die **wirtschaftliche Entwicklung** und **politische Stabilisierung ihrer Region** zufällt. Als Beispiele lassen sich u.a. China, Indien, Indonesien, Thailand, Iran, Saudi-Arabien, Pakistan, Russland, Türkei, Ägypten, Nigeria und Südafrika anführen (vgl. Kinder 2006, S. 8; Altenburg/Leininger 2008).

OECD-, G8-, G-20-
und G77-Staaten

Karte 3-1 gibt – mit Ausnahme der Ankerländer – einen Überblick über die einzelnen Ländergruppen, wobei es sich um eine politische Einteilung

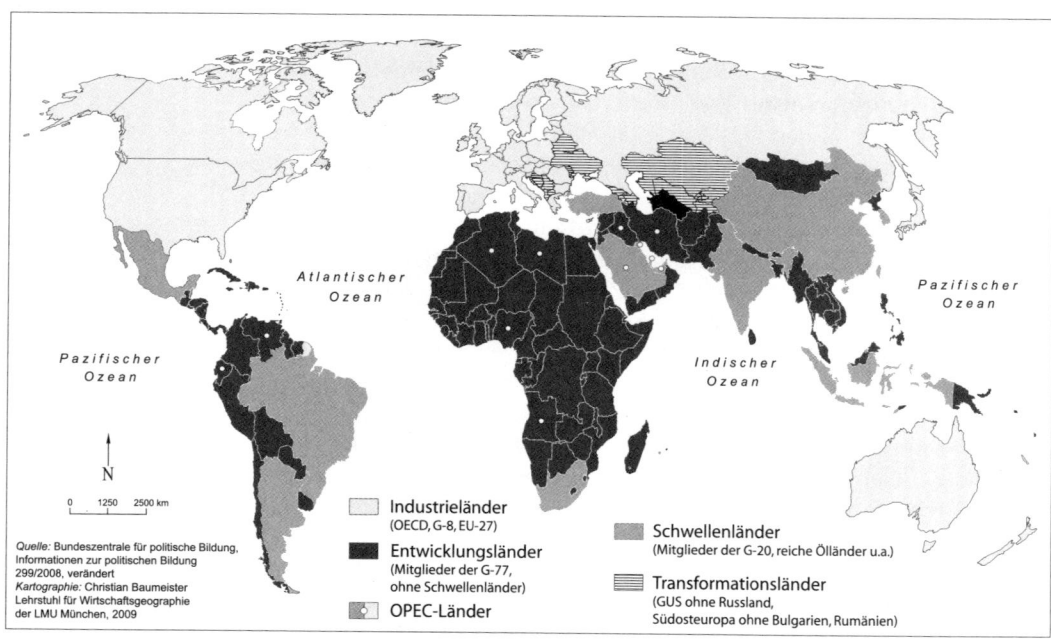

Karte 3-1: Die Welt nach Ländergruppen

handelt, bei der es teilweise Überlappungen gibt. Zu den **Industrieländern** rechnen die Mitglieder der OECD (Organisation for Economic Co-Operation and Development) und der EU-27 sowie die G-8-Staaten, d.h. die sieben wichtigsten Industrieländer inklusive Russlands. Den **Entwicklungsländern** gehören die Mitglieder der Gruppe der 77 (G-77) an, einem informellen Gremium von zunächst 77 (1964) und heute über 130 Entwicklungsländern, das als Sprachrohr der Entwicklungsländer bei internationalen Verhandlungen sowie als Interessenvertretung gegenüber den Industrieländern fungiert. Die Gruppe der **Schwellenländer** umfasst vor allem die Mitglieder der G-20-Staaten, denen die zwanzig wichtigsten Entwicklungs- und Schwellenländer angehören (in der Karte ohne Entwicklungsländer). Zu den **Transformationsländern** rechnen die Staaten der GUS ohne Russland sowie die südosteuropäischen Länder. Bestimmte Schwellen- und Entwicklungsländer gehören schließlich der Organisation Erdöl exportierender Länder an **(OPEC-Länder)**, womit dem Sonderstatus des Erdölreichtums Rechnung getragen wird.

3.2 Entwicklung versus Unterentwicklung

Vor dem Hintergrund der Globalisierung der Wirtschaft, der voranschreitenden Vernetzung der Welt durch Waren-, Informations- und Kapitalströme sowie des Wandels von Wertesystemen und Lebensstilen stellt sich auch die Frage nach dem Entwicklungsbegriff neu. Zwar gefährden weltweite Migrationsströme sowie Deregulierungs- und Flexibilisierungsprozesse auch in den Industrieländern soziale Errungenschaften und machen Armut sicht- und spürbar, wodurch die einst klaren Grenzen zwischen Industrie- und Entwicklungsländern zumindest teilweise verschwimmen. Dennoch bestehen nach wie vor klaffende, teils sich verschärfende **Wohlfahrtsdisparitäten** zwischen entwickelten und unterentwickelten Ländern, welche in einem Nord-Süd-Gegensatz zum Ausdruck kommen (vgl. Kap. 2.6).

Nord-Süd-Gegensatz

Was genau unter dem Begriff **„Entwicklung"** zu verstehen ist, stellt einen großen Teil der Entwicklungsproblematik selbst dar. Entwicklung ist ein in den unterschiedlichsten Zusammenhängen angewandter, vieldeutiger und definitorisch nur **schwer fassbarer Begriff**. In ihn gehen unterschiedliche Vorstellungen über die wünschenswerte Richtung gesellschaftlicher Veränderungsprozesse, Theorien über die Gründe von Unterentwicklung, Aussagen über die Träger und den Ablauf sozioökonomischer Transformationsprozesse sowie Entscheidungen über Maßnahmen zur Überwindung von Unterentwicklung bzw. zur Aufrechterhaltung eines erreichten Entwicklungsniveaus ein.

Entwicklungsbegriff

Mit dem magischen Fünfeck lassen sich fünf wesentliche Bestandteile von Entwicklung darstellen (vgl. NUSCHELER/NOHLEN 1993, S. 64ff.):

Magisches Fünfeck

- **Wachstum**: Entwicklungskonformes Wachstum besteht nicht nur in der rein quantitativen Vermehrung von Gütern, sondern ist zusätzlich an qualitative Voraussetzungen (Beitrag zur gesamtgesellschaftlichen Wohlstandserhöhung, Nichtgefährdung der natürlichen Lebensgrundlagen) gebunden.

- Gesamtgesellschaftlich ist **Arbeit** eine Entwicklungsressource, die in ärmeren Gesellschaften reichlich vorhanden ist und genutzt werden kann. Sie stellt eine Existenzgrundlage dar, mit der Menschen ihre Armut überwinden, elementare Bedürfnisse befriedigen und sich selbst entfalten können.
- Das Postulat der **Gleichheit bzw. Gerechtigkeit** ist das qualitative Regulativ zu einem rein quantitativen Wachstum, um ein Wachstum ohne Entwicklung zu vermeiden, d.h. die gerechte Verteilung des gesamtgesellschaftlichen Mehrproduktes zu gewährleisten.
- **Partizipation** fordert die Achtung der sozialen und politischen Menschenrechte, Demokratie durch Wahlen, eine pluralistische Organisationsfreiheit sowie die Anerkennung der Mitwirkung politischer Gruppierungen an einer „Entwicklung von unten".
- **Unabhängigkeit bzw. Eigenständigkeit** ist als Ausweg aus politischer, wirtschaftlicher und sozialer Unterdrückung zu begreifen.

Unterentwicklung – Begriff und Symptome

Entwicklung und Unterentwicklung sind als Gesamtsyndrom zu verstehen und daher sachlogisch nicht voneinander zu trennen. Semantisch betrachtet stellt Unterentwicklung „einen Zustand der Entwicklung unterhalb einer Norm" (HEMMER 2002, S. 3) dar. Vereinfacht wird darunter ein **Bündel endogen und exogen bedingter Strukturdefizite** verstanden, welche zur **unzureichenden Entfaltung der Produktivkräfte** und damit zur ungenügenden Versorgung großer Bevölkerungsschichten mit für das Überleben notwendigen Gütern und Dienstleistungen führt (vgl. COY 2005, S. 737). Als **Symptome für Unterentwicklung** gelten Hunger, mangelhafte Gesundheitszustände, ein schlechter Bildungsstand, hohe Arbeitslosigkeit sowie die Zerstörung von Umwelt und natürlichen Ressourcen (vgl. HAAS/NEUMAIR 2006, S. 105f.).

Unterentwicklung als koloniales Erbe

Unterentwicklung ist keineswegs ein naturgegebenes oder mentalitätsbedingtes Phänomen. Sie hängt vielmehr direkt mit der Entwicklung der heutigen Industrieländer zusammen. Denn von wenigen Ausnahmen abgesehen, waren alle Entwicklungsländer früher Kolonien, die von den europäischen Kolonialmächten erobert, beherrscht, manchmal besiedelt und hinsichtlich ihrer **Rohstoffe** meistens ausgebeutet wurden. Nur wenige Länder mit kolonialer Geschichte haben eine selbständige Entwicklung durchmachen können. Landwirtschaft, Handel, Handwerk, Kultur und Sprache haben sich nicht so entfalten können, wie es ohne **Kolonialismus** (vgl. Kap. 2.1.3 und 2.1.4) möglich gewesen wäre. Je weitgehender die erfahrene Deformierung, desto ausgeprägter war der Versuch, das koloniale Erbe abzustreifen (vgl. LACHMANN 2004, S. 252).

Doch auch nach Entlassung in die politische Unabhängigkeit konnten die meisten ehemaligen Kolonien die Abhängigkeiten von den ehemaligen Kolonialmächten nicht überwinden. Denn die traditionellen Führungseliten der Entwicklungsländer verdanken ihre Stellung größtenteils der Zusammenarbeit mit den ehemaligen Kolonialherren und streben daher ein ungespanntes Verhältnis zu den Industrieländern an. Die Aufrechterhaltung der Wirtschaftsbeziehungen zu den ehemaligen Kolonialmächten durch

Tabelle 3-1: Strukturmerkmale unterentwickelter Gesellschaften
(HAAS/NEUMAIR 2006, S. 107f.)

ökonomische Merkmale	enormer Unterschied zwischen Bevölkerungsanteilen und wirtschaftlicher Leistung
	geringe Spar- und Investitionsquoten
	geringe Kapitalausstattung und Arbeitsproduktivität
	niedriger Industrialisierungs- und Verarbeitungsgrad
	niedriger Diversifizierungsgrad in der Produktions- und Exportstruktur
	Monostrukturen im Exportsektor
	außenwirtschaftliche Verwundbarkeit durch Schwankungen der Rohstoffnachfrage und der Rohstoffpreise
	hohe Agrarquote und Subsistenzwirtschaft
	hohe offene und verdeckte Arbeitslosigkeit
gesellschaftliche und soziale Merkmale	weit überdurchschnittliches Bevölkerungswachstum mit der Tendenz zur Verschärfung der Armutsstrukturen
	Slumbildung wegen Migrationsdrucks und eingeschränkter Aufnahmekapazität des Agrarsektors
	stark voranschreitende Verstädterung
	ungenügende hygienische und Gesundheitsverhältnisse
	schlecht ausgestattetes Bildungswesen mit hoher Analphabetenquote
	überwiegend traditionelle Verhaltens- und Lebensweisen der Bevölkerung
	geringfügiges Ausmaß an sozialer Mobilität und kultureller Dynamik
	schwach ausgeprägte politische Partizipation der Bevölkerung und Legitimation der politischen Elite bei insgesamt starker politischer Instabilität
	geringe Autorität und institutionelle Steuerungsfähigkeit einer häufig für Korruption anfälligen Administration
	Deformation durch koloniale Vergangenheit
	unabgeschlossener Prozess des „Nationbuilding" und geringe internationale politische Bedeutung
	gewaltsame zwischen- und innerstaatliche Konflikte
sonstige Merkmale	mangelhafte verkehrsinfrastrukturelle Erschließung abseits der an den Weltmarkt angeschlossenen Rohstoffenklaven
	Ungleichheit in der Nutzung und dem Zugang zur internationalen Kommunikationsinfrastruktur
	unbefriedigende Faktorausstattung: Mangel an Rohstoffen oder wirtschaftlich nutzbarem Land, ungünstige ökologische Voraussetzungen (Gefahr von Dürre, Desertifikation, Versalzung u.a.)
	ökologische Probleme (z.B. Desertifikation, Regenwaldzerstörung etc.)

Förderung des Rohstoffexportes und gleichzeitigen Verzicht auf Importhemmnisse scheint für diese Herrschaftsklasse ein gangbarer Weg zur Machterhaltung zu sein (vgl. LACHMANN 2004, S. 232).

Strukturmerkmale von Unterentwicklung

Weitgehende Einigkeit besteht darin, dass Entwicklungs- im Vergleich zu Industrieländern wirtschaftlich und sozial als rückständig gelten. Zur **Klassifizierung von Entwicklungsländern** und zu ihrer Unterscheidung von Industrieländern (vgl. Kap. 3.1) lässt sich Unterentwicklung in einen Katalog von Strukturmerkmalen aufspalten, die für unterentwickelte Gesellschaften typisch sind (vgl. Tab. 3-1).

Indikatoren zur Messung von Unterentwicklung

Zur konkreten Messung von Unterentwicklung existieren zahlreiche fassbare Indikatoren. Dabei lassen sich zwei grundsätzliche Formen unterscheiden: **Partialindikatoren** erfassen jeweils nur einen einzelnen Aspekt von Entwicklung, während sich **Totalindikatoren** aus der Aggregierung und möglichen Gewichtung einzelner Indikatoren ergeben (vgl. HAAS/NEUMAIR 2006, S. 110ff.). Die verschiedenen politischen und wirtschaftlichen Institutionen ziehen zudem unterschiedliche Kriterien bzw. Indikatoren heran. Am bekanntesten ist das mit Kaufkraftstandards gewichtete **Pro-Kopf-Einkommen**, wie es z.B. von der Weltbank verwendet wird. Andere Institutionen, wie z.B. der Internationale Währungsfonds oder das UN-Entwicklungsprogramm, integrieren zusätzlich **sozioökonomische Merkmale** wie Alphabetisierungsrate oder Lebenserwartung.

Pro-Kopf-Einkommen

Einer der am häufigsten verwendeten Partialindikatoren, der auch zur Einordnung von Ländern in einzelne Ländergruppen verwendet wird, ist das **Bruttosozialprodukt (BSP) pro Kopf** (Pro-Kopf-Einkommen). Es stellt einen grundlegenden Indikator dar, der das Ausmaß der Befriedigung elementarer Grundbedürfnisse der Mitglieder einer Gesellschaft reflektiert. Obwohl das

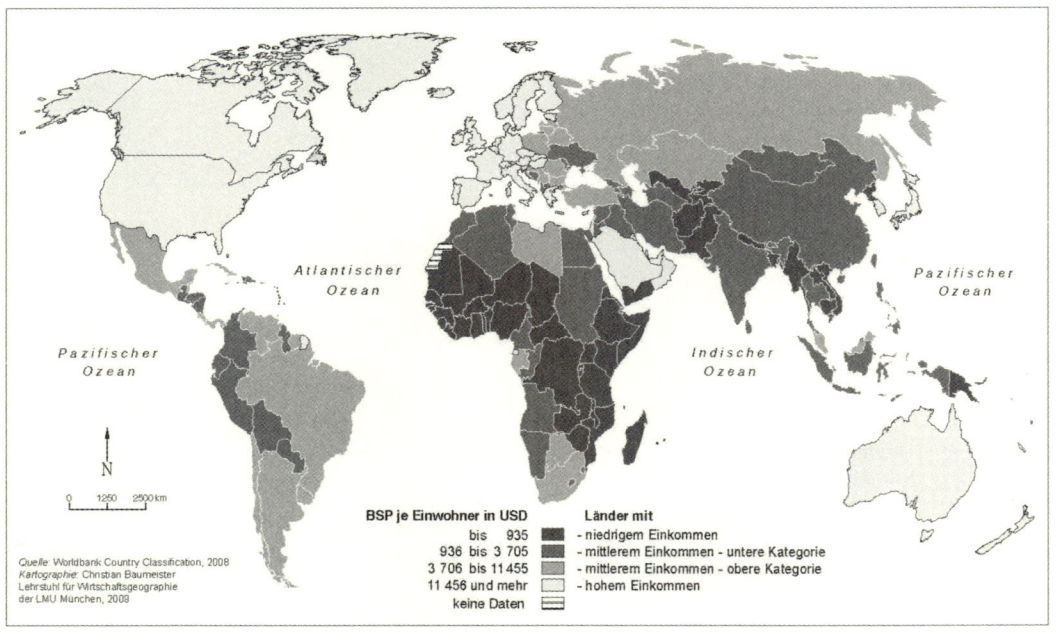

Karte 3-2: Ländereinteilung der Weltbank 2008

BSP/Kopf als Indikator für Unterentwicklung einer Reihe von Kritikpunkten ausgesetzt ist (u.a. Ausblendung des informellen Sektors, Vernachlässigung jenseits von Marktwerten gehandelter, nicht-materieller Güter, Verbergen innergesellschaftlicher Wohlfahrtsgefälle hinter Durchschnittswerten, Vernachlässigung von Verteilungsaspekten), gilt es aufgrund seiner bestechenden Einfachheit als Instrument zur Messung des Entwicklungsniveaus und der leichten Verfügbarkeit der Daten als Schlüsselindikator.

Die Weltbank teilt jedes Land einer der folgenden Klassen zu: Länder mit niedrigem, mittlerem (obere/untere Kategorie) und hohem Einkommen, wobei die genauen Zuordnungswerte von Jahr zu Jahr variieren können (vgl. Karte 3-2). Als unterentwickelt gelten alle Länder mit niedrigem oder mittlerem Einkommen.

Bei diesem Konzept gilt es zu beachten, dass – abhängig von der nationalen Einkommensverteilung – auch bei gleich hohem durchschnittlichen Einkommen der Bevölkerungsanteil, der unter einer als minimal geltenden Einkommensgrenze (absolute Armut) lebt, stark schwankt. Daher ist es angebracht, eine sog. Armutsgrenze festzulegen und dann den Anteil derer zu ermitteln, die sich unterhalb dieser befinden. Die Armutsgrenze der Weltbank liegt bei ca. 1 US-$ pro Tag und Person. Insgesamt leben ca. 1,2 Mrd. Menschen unter dieser Grenze, der Großteil davon in Südasien, gefolgt von Afrika südlich der Sahara und Ostasien/Pazifik. **Armutsgrenze**

Neben dem Einkommen gibt es für einzelne Teilaspekte von Entwicklung weitere Einzelindikatoren: **Ernährung** (Kalorienverbrauch pro Kopf), **Gesundheit** (Lebenserwartung bei Geburt, Todesfälle infolge von Seuchen und Infektionen pro 100000 Einwohner, Ärzte pro 100000 Einwohner, Säuglingssterblichkeit pro 1000 Lebendgeburten), **Bildung** (Alphabetisierungsrate) etc. **Weitere Partialindikatoren**

Ein Beispiel für einen Totalindikator ist der vom Entwicklungsprogramm der Vereinten Nationen (UNDP) jährlich neu berechnete Human Development Index (HDI). Dieser in der Zwischenzeit etablierte **Index für die menschliche Entwicklung** ergibt sich aus der gewichteten Aggregierung dreier Partialindikatoren (Lebenserwartung in Jahren, Alphabetisierungsrate in % und Bruttoinlandsprodukt/Einwohner in US-$) und liegt auf einer Skala zwischen 0 und 1 (vgl. Tab. 3-2). **Human Development Index**

Ein weiteres Kennzeichen der Unterentwicklung liegt paradoxerweise im Rohstoffreichtum vieler Entwicklungsländer. Die daraus resultierende **hohe Exportabhängigkeit** erweist sich als gravierendes Entwicklungshemmnis bei der Diversifizierung der Wirtschaftsstruktur. Zudem hinterlässt der Abbau mineralischer Rohstoffe vielfach **große Einschnitte in die Natur- und Kulturlandschaft**, ohne dabei aber notwendige Entwicklungsimpulse in Gang zu setzen. Die **Expansion von Monokulturen** in Form von Plantagen ist als ökologisch verheerend zu werten (vgl. HAAS/SCHLESINGER 2007, S. 85f. und 100f.). **Rohstoffe als Entwicklungshemmnis**

Die hohe Exportabhängigkeit liegt darin begründet, dass trotz der weit reichenden Veränderungen seit den 1960er Jahren Rohstoffe immer noch die wichtigsten Exportgüter der Entwicklungsländer darstellen. So setzen sich ca. 60% der Ausfuhren der 49 ärmsten Länder der Welt aus unverarbeiteten Rohstoffen mit geringer Wertschöpfung zusammen. Für den hohen Rohstoffanteil an den Exporten vieler Entwicklungsländer zeichnen **Rohstofflastigkeit des Exports**

Tabelle 3-2: Die 10 ärmsten Länder nach dem Human Development Index (UNDP 2008)

Land	Index-Wert 2005	Lebenserwartung in Jahren[1] 2005	Alphabetisierungsrate in Prozent[2] 1995–2005[4]	BIP pro Kopf in US-\$[3] 2005
Sierra Leone	0,336	41,8	34,8	806
Burkina Faso	0,370	51,4	23,6	1213
Niger	0,374	55,8	28,7	781
Guinea-Bissau	0,374	45,8	k.A.	827
Mali	0,380	53,1	24,0	1033
Zentralafrikan. Rep.	0,384	43,7	48,6	1224
Mosambik	0,384	42,8	38,7	1242
Tschad	0,388	50,4	25,7	1427
Äthiopien	0,406	51,8	35,9	1055
DR Kongo	0,411	45,8	67,2	714
Entwicklungsländer (alle)	0,691	66,1	76,6	5282
Industrieländer (OECD)	0,916	78,3	ca. 99	29197
Welt	0,743	68,1	78,6	9543

[1]bei Geburt, [2]älter als 15 Jahre, [3]BIP in Kaufkraftparität, [4]Erhebungen zwischen 1995–2005

mehrere Ursachen verantwortlich (vgl. KOCH 1997, S. 59; NUSCHELER 2004, S. 315 f.):

- Der Rohstoffreichtum der Entwicklungsländer weckte **koloniale Begehrlichkeiten**. Ihnen wurde eine Exportstruktur aufgebürdet, die sich ausschließlich an der Rohstoffversorgung der Industrieländer orientierte und dadurch andere Entwicklungsoptionen mit der einsetzenden Dekolonialisierung zunächst blockiert und später entscheidend beeinträchtigt hat. Bis heute werden durch diese kolonialzeitliche Bürde viele Entwicklungsländer als Rohstofflieferanten der Industrieländer an ihrer Weiterentwicklung gehindert.
- Auf die nach dem Ende des Zweiten Weltkrieges sich zunächst erhöhenden Rohstoffpreise und den steigenden Bedarf an Devisen zur Bezahlung ihrer Importe reagierten die Entwicklungsländer mit einer **Expansion ihrer Rohstoffgewinnung**.
- Der kontinuierlich zunehmende Import von Konsum- und Investitionsgütern in den Entwicklungsländern bewirkte infolge des explosionsartigen Anstiegs der Erdölpreise in den 1970er und 1980er Jahren eine **wachsende Auslandsverschuldung**. Dies wiederum erhöhte den Druck auf die Entwicklungsländer, durch eine weitere Ausdehnung der Rohstoffexporte Devisen zum Abbau der Verschuldung zu erzielen. Eine notwendige wirtschaftliche Umstrukturierung oder Diversifizierung blieb dadurch aus.

Bedeutung von Exporterlösen

Die Erlöse aus dem Rohstoffexport stellen für Entwicklungsländer meist die wichtigste Einnahmequelle dar. Durch diese verdienen sie einen Großteil ihrer Devisen, welche sie zu Importfinanzierung und Schuldendienst aufwenden. Der Außenhandel trägt über Zölle und sonstige Abgaben ferner wesentlich zu den Einnahmen der Staatshaushalte bei (vgl. LACHMANN 2004, S. 212).

Die Höhe der Einnahmen aus dem Rohstoffexport wird durch mehrere Faktoren stark beeinträchtigt. Hierzu rechnet in erster Linie die **Instabilität der Rohstoffpreise**. Während bis zum Beginn des neuen Jahrtausends der langfristige Trend der Rohstoffpreise nach unten wies, setzte 2002/03 eine Trendwende ein (vgl. HAAS/SCHLESINGER 2007, S. 94 und 118). Der exorbitante Rohstoffbedarf aufstrebender Schwellenländer wie China und Indien ließ angesichts knapper Kapazitäten – unterstützt durch Preisspekulationen – die Preise vieler Rohstoffe in ungeahnte Höhen schnellen. Dieser Trend setzte sich bis Mitte 2008 fort. Seitdem wirkt sich die internationale Finanzkrise (vgl. Kap. 2.2.2) auch auf den Rohstoffsektor aus. Aufgrund von Nachfragerückgängen infolge von Rezessionsängsten bei gleichzeitigem Überangebot auf vielen Märkten sowie des Kapitalabzugs von Rohstoffspekulanten wie Hedgefonds, befinden sich viele Rohstoffpreise in freiem Fall. Ein besonders markantes Beispiel ist der Ölpreis. Kostete ein Barrel Anfang Juli 2008 noch rund 147 US-$, waren es Ende Dezember 2008 weniger als 40 US-$ (vgl. HANDELSBLATT 2008h und 2008i).

Neben instabilen Preisen machen die **Transport- und Transportnebenkosten** bei Rohstoffen einen erheblichen Teil des Importpreises aus. Da die Entwicklungsländer aber meist nicht über die nötigen Beförderungskapazitäten verfügen, können sie aus dem Transport ihrer Rohstoffe selbst keine Deviseneinnahmen erzielen. Ferner reduzieren die **Handelsspannen des Groß- und Einzelhandels** den Anteil der Entwicklungsländer am Endverbrauchspreis der Rohstoffe. Bei bestimmten Rohstoffen wird der Markt von wenigen Großkonzernen dominiert, deren Marktmacht deutliche Differenzen zwischen Export- und Endverbrauchspreis der Rohstoffe verursacht (vgl. WAGNER/KAISER 1995, S. 110).

Neben der hohen Rohstoffabhängigkeit und den Problemen des Rohstoffhandels ist mittlerweile auch die These vom sog. Fluch der Rohstoffe verbreitet, welche den Rohstoffreichtum für **Demokratiedefizite** und **extreme Korruption** in Entwicklungsländern verantwortlich macht und als Hemmnis beim Streben nach wirtschaftlicher Prosperität erscheinen lässt. Meist handelt es sich dabei um **strategische Rohstoffe**, d.h. Energieträger (z.B. Erdöl, Erdgas, Kohle, Uran) oder industriell genutzte Rohstoffe, welche existenziell für die Funktionsfähigkeit der Volkswirtschaften von Industriegesellschaften sind (z.B. Kupfer, Kobalt, Platin, Mangan, Coltan), aber auch um gewinnträchtige Minerale wie Diamanten, Edelsteine, Gold und mit Abstrichen wertvolle Tropenhölzer. Aufgrund ihres **Beutecharakters** werden derartige Rohstoffe zu einer bedeutenden Einnahmequelle für einflussreiche Eliten. Die Gewinne aus dem Rohstoffhandel fließen nur zum Teil in die Entwicklung des jeweiligen Landes, sondern auch in die Errichtung und Aufrechterhaltung klientelistischer Herrschaftssysteme. Nicht selten kommt es – wie das Beispiel „Blutdiamanten" in Westafrika zeigt – zu kriegerischen Auseinandersetzungen und demzufolge zu dauerhaften politischen und wirtschaftlichen Instabilitäten (vgl. HAAS/SCHLESINGER 2007, S. 85f.).

Probleme des
Rohstoffhandels

Fluch der Rohstoffe

3.3 Formen und Entwicklung weltwirtschaftlicher Arbeitsteilung

Die in vorherigen Kapiteln dargestellten weltweiten Entwicklungsunterschiede zeigen, dass die Produktion von Gütern und Dienstleistungen in weltwirtschaftlicher Arbeitsteilung erfolgt, in deren Mittelpunkt die Frage steht, auf welche Güter und Dienstleistungen sich Länder spezialisieren.

Alte internationale Arbeitsteilung

In der Kolonialzeit (vgl. Kap. 2.1.3) exportierten Entwicklungsländer Rohstoffe und Industrieländer Fertigwaren. Durch diese **Nord-Süd-Arbeitsteilung** zwischen Entwicklungs- und Industrieländern ist die alte internationale Arbeitsteilung überwiegend **horizontal** bzw. **sektoral** ausgerichtet.

Neue Internationale Arbeitsteilung

Mit den seit 1950 stark anwachsenden Direktinvestitionen multinationaler Unternehmen (vgl. Kap. 4.2) verschob sich der Fokus des globalen Handels vom intersektoralen Austausch hin zu einem **intrasektoralen Handel**, der auch als Neue Internationale Arbeitsteilung oder „**New International Division of Labor"** **(NIDL)** bezeichnet wird (vgl. FRÖBEL et al. 1977, S. 62). Die wesentlichen Ursachen für diese Veränderung weltwirtschaftlicher Beziehungen sind:

- In den Entwicklungsländern hat sich im Laufe der Zeit ein enormes Potenzial an Arbeitskräften herausgebildet, wobei die **Arbeitskosten** weit unter denen in den entwickelten westlichen Staaten liegen.
- Die weitreichende **Fragmentierung des Produktionsprozesses** erlaubt die Übertragung insbesondere standardisierter Produktionsprozesse auf gering qualifizierte, angelernte Arbeitskräfte.
- Entwicklungen in der **Transport- und Kommunikationstechnik** schließlich reduzieren die Raumüberwindungskosten (vgl. Kap. 4.3), so dass sich die Reichweite von Unternehmen deutlich erhöht und eine weltweite Standortwahl erlaubt.

Hierarchisierung der Arbeitsteilung

In der Folge entsteht eine dreiteilige Hierarchie der **unternehmensinternen Arbeitsteilung**, die sich aus mehreren Funktionen zusammensetzt:

- Unternehmerisches Management, Kontrollfunktionen und wissensintensive Forschungs- und Entwicklungsaufgaben an der Spitze (i.d.R. in Industrieländern),
- gefolgt von Produktionsschritten, welche eine mittlere bis hohe Qualifikation erfordern (z.B. in den Peripherien der Industrieländer) und
- als unterste Stufe standardisierte und arbeitsintensive Produktionsaufgaben ohne besondere Ausbildungsanforderungen im Rahmen von Prozessen der Lohnveredelung (i.d.R. in Entwicklungsländern).

Nach dem NIDL-Modell entspricht jeder Stufe dieser funktionalen Pyramide ein bestimmter Produktionsraum, der die vorteilhafteste Faktorausstattung aufweist und internationale Standortentscheidungen nachvollziehbar macht.

Triadisierung

Jüngere Entwicklungen internationaler Produktionsverflechtungen zeigen jedoch, dass die **ökonomischen Zentren** bzw. Industrieländer den Großteil der Weltwirtschaft beherrschen. Deutlichste Ausprägung dieses Aspekts der weltweiten Arbeitsteilung ist die Triadisierung und die damit verbundene räumliche Schwerpunktsetzung der Weltwirtschaft auf die drei Kernräume Nordamerika, Europa sowie Ost- und Südostasien (vgl. Kap. 3.1).

Die Gründe für die Konzentration von Standorten auf die Triade liegen darin, dass Arbeitskosten einer arbeitsintensiven Massenproduktion in vielen Sektoren der Industrie keineswegs mehr einen dominierenden Einfluss ausüben. Im Rahmen des **technologischen Fortschritts** wird Arbeit durch Kapital ersetzt, woraus Produktivitätssteigerungen resultieren. Steigende **Qualitätsanforderungen** an die Produktion, **kundenorientierte Anpassungen** der Produkte sowie **Servicedienstleistungen** bedingen die Nähe zum Endabnehmer, wie sie im Rahmen der zuvor dargestellten Neuen Internationalen Arbeitsteilung aufgrund der erheblichen räumlichen Distanzen zwischen Industrie- und Entwicklungsländern nicht möglich war. Mangelnde Produktionsqualitäten in unterentwickelten Ländern sowie die Notwenigkeit qualifizierter Arbeitskräfte für High-tech-Produktionen können ebenfalls für Standorte innerhalb der Triade sprechen.

Abnehmende Bedeutung der Arbeitskosten

Auch die bis Mitte 2008 **steigenden Energiepreise** machten den früher als preiswert geltenden weltweiten Transport von Gütern zunehmend unattraktiv und können in Industrieländern zur punktuellen Reanimierung von einstmals aus Kostengründen stillgelegten Produktionskapazitäten sowie zu Rückverlagerungen von Produktionsschritten führen. Waren hohe Transportentfernungen und damit verbundene Flexibilitätsverluste bei preiswerten Transportkosten sowie günstigen Produktionsbedingungen durchaus in Kauf zu nehmen, wurden diese Faktoren bis Mitte 2008 zunehmend hinfällig. So lag der Rohölpreis im Jahr 2000 bei durchschnittlich ca. 20 US-$/Barrel, die Kosten für den Transport eines 40-Fuß-Containers von Shanghai an die US-Ostküste bei ca. 3000 US-$. Wegen des bis Mitte 2008 auf ca. 150 US-$/Barrel gestiegenen Ölpreises kletterte der Transportpreis auf ca. 10000 US-$. Bei einer Höhe von 200 US-$/Barrel – der nach überstandener Wirtschafts- und Finanzkrise (vgl. Kap. 2.2.2) danach durchaus denkbar wäre – könnte er auf bis zu 15000 US-$ steigen. Gleichzeitig nehmen in solchen Regionen, die man lange Zeit aufgrund sehr günstiger Arbeitskosten als Standort arbeitsintensiver Produktions- und Veredelungsprozesse nutzte (z.B. China und andere Teile Ostasiens), sukzessive die Löhne zu. In einer solchen Situation schlagen die Transportkosten besonders zu Buche – dies noch umso mehr, wenn es sich um Produkte von geringem Wert und/oder mit hohem Gewicht handelt. Wettbewerbsvorteile von Standorten in Niedriglohnländern gehen damit verloren mit der Konsequenz, dass Standorte in Industrieländern mit der Nähe zum Endabnehmer – trotz der vergleichsweise noch immer hohen Lohnkosten – wieder eine Aufwertung erfahren. So hat z.B. der Möbelhersteller IKEA 2008 eine neue Produktion in Virginia (USA) errichtet und in den USA ansässige Stahlproduzenten verzeichneten im selben Jahr Umsatzsteigerungen von bis zu 30% bei gleichzeitig um bis zu 15% fallenden Importen – vor allem aus dem asiatischen Raum (vgl. LYNCH 2008).

Rückverlagerungen durch steigende Energiepreise

Weltwirtschaftliche Arbeitsteilung kann anschaulich durch Außenhandelstheorien erklärt werden, welche das Verständnis für Handels- und Standortfragen theoretisch unterstützen. Im Kern beschäftigen sie sich mit Fragen des Im- und Exports von Gütern, den Wirkungen des Außenhandels für die beteiligten Länder und Akteure sowie den spezifischen und regionalen Bestimmungsgründen der Außenhandelsstruktur (vgl. HAAS/NEUMAIR 2006, S. 189ff.; Kap. 4.1).

Außenhandelstheorien

Nichtverfügbarkeit von Gütern

Ein Ausgangspunkt zur Erklärung des Außenhandels liegt in der Nichtverfügbarkeit von Gütern, d.h. **Importe** sind nötig, um das Nichtvorhandensein bestimmter Güter, die im Inland entweder gar nicht, nicht in der ausreichenden Menge oder nicht in der gewünschten Qualität vorhanden sind, zu kompensieren. Der Nichtverfügbarkeit diametral entgegengesetzt können **Exporte** durch **Kapazitätsreserven und Überschüsse** erklärt werden. In einzelnen Ländern bestehende Überschusskapazitäten fließen durch den Export als Überschussventil ab.

Komparative Kostenvorteile

Einer der Hauptgründe weltwirtschaftlicher Arbeitsteilung liegt in **Preisunterschieden zwischen verschiedenen Ländern**, die sich durch Kostenvorteile erklären lassen. Wenn in einer Situation ohne Außenhandel (Autarkie) ein Land ein Gut kostengünstiger herstellen kann als ein anderes Land, der inländische Preis also geringer ist, besitzt dieses Land bei betrachtetem Gut einen komparativen Kostenvorteil. Nach RICARDO (1821) lassen sich derartige Kostenvorteile mit **Unterschieden in der Produktivität des Faktors Arbeit** erklären. Beim Übergang zum Außenhandel spezialisieren sich Länder auf solche Produkte, bei denen sie komparative Kostenvorteile haben und exportieren sie. Im Gegenzug importieren sie solche Güter, bei denen andere Länder komparative Vorteile besitzen, sie selbst also komparative Nachteile aufweisen. Die **Spezialisierung** führt langfristig zu **Faktorwanderungen**, in dem die Produktionsfaktoren dort eingesetzt werden, wo sie den größten Beitrag zur Zielerreichung des Unternehmenserfolgs liefern.

Faktorproportionstheorem

Nach dem Faktorproportionstheorem von HECKSCHER (1949) und OHLIN (1931) beruhen komparative Kostenunterschiede nicht wie bei RICARDO auf Produktivitätsunterschieden, sondern auf **unterschiedlichen Faktorausstattungen**. Diese sind ausschlaggebend dafür, welche Güter ein Land optimal erzeugt. Demnach werden diejenigen Güter produziert und exportiert, für deren Produktion relativ reichliche und somit billige Produktionsfaktoren zur Verfügung stehen. Entwicklungsländer spezialisieren sich z.B. auf die Produktion und den Export arbeitsintensiver Produkte, Industrieländer auf die Herstellung und die Ausfuhr kapitalintensiver Erzeugnisse. Durch Spezialisierung und Außenhandel steigt die Nachfrage nach den jeweils preisgünstigeren Gütern. In der Folge werden die benötigten Produktionsfaktoren knapper und dadurch teurer. Somit kommt es durch den Außenhandel zur Angleichung der Faktorpreise zwischen den jeweiligen Ländern, auch wenn die Produktionsfaktoren selbst immobil sind (z.B. Böden und Flächen). Sind sie dagegen mobil, erfolgt der zwischenstaatliche Ausgleich über entsprechende Faktorwanderungen. Bietet also ein ausländischer Standort komparative Kostenvorteile aufgrund seiner Faktorausstattung, wird ein Unternehmen die Unterschiede in der Faktorausstattung durch Außenhandel ausnutzen (bei immobilen Produktionsfaktoren, wie z.B. den Bodenpreisen oder Umweltkosten) oder Kapazitäten an diesen ausländischen Standort verlagern (bei mobilen Produktionsfaktoren). Zu beachten ist, dass bei der Bewertung der Faktorausstattung nicht nur die **Arbeitskosten**, sondern auch **Arbeitsproduktivität** und -**qualität** von Bedeutung sind (vgl. HAAS/NEUMAIR 2009, S. 60f.).

Konzept der technologischen Lücke

Eine weitere Außenhandelstheorie stellt das Konzept der technologischen Lücke von POSNER (1961) dar. Diese beruht auf der Annahme, dass sich komparative Kostenvorteile für ein Land durch **Fortschritte in der**

Technologie (Produktivitätsvorsprünge) ergeben. Es existiert ein technologisch führendes Land und die restlichen Länder können dessen jeweiligen Technologiestand erst nach einer gewissen Zeit erreichen. Somit besitzt das führende Land einen komparativen Vorteil gegenüber den übrigen Ländern in denjenigen Industrien mit dem größten technologischen Fortschritt. Analog hängen die komparativen Vorteile der anderen Länder von der jeweiligen technologischen Lücke und den Fortschrittsraten ihrer Industrien ab. Dieser technologische Vorsprung wird so lange exportiert, bis andere Länder den Vorsprung aufgeholt oder übertroffen haben. In diesem Falle sind wiederum die komparativen Kostenvorteile für den Produktionsstandort entscheidend.

Die auf VERNON (1966) zurückgehende Produktlebenszyklustheorie erklärt Standortverlagerungen aufgrund der sich im Zeitablauf wandelnden Produktionsanforderungen. Demnach durchlaufen Produkte verschiedene Phasen, die von **unterschiedlichen Standortanforderungen** (charakteristische Merkmale hinsichtlich Faktorstruktur, Marktnähe, Wettbewerb etc.) geprägt sind. Grob eingeteilt, folgt nach einer **Innovations-** eine **Wachstums-** und schließlich eine **Schrumpfungsphase**, die den Produktlebenszyklus abschließt. Durch Produktanpassungen (z.B. Variation des Produktdesigns oder Substitutionen) lassen sich die einzelnen Phasen verlängern. Während des Produktlebenszyklus kommt es gemäß den sich wandelnden Produktionsanforderungen zu Standortverlagerungen, welche sich an den Wettbewerbsvorteilen unterschiedlicher Regionen orientieren. Bezogen auf eine internationale Arbeitsteilung haben Industrieländer bei der Entwicklung und Herstellung neuer Produkte (Innovations- bzw. Wachstumsphase) komparative Vorteile. Diese liegen in der Verfügbarkeit qualifizierter Arbeitskräfte, der guten Ausstattung an wissenschaftlichen Einrichtungen, organisatorischen und technischen Erfahrungen sowie der Nähe zum Kunden. Entwicklungsländer weisen dagegen Vorzüge bei standardisierten Produkten auf, die ein hoher Anteil unqualifizierter Arbeitskraft auszeichnet und die sich daher in der Wachstums- bzw. Schrumpfungsphase befinden. Entsprechend den verschiedenen Phasen erfolgt Außenhandel zwischen den beteiligten Ländern zum **phasenspezifischen Angebots- und Nachfrageausgleich**. Da sich auch Standortverlagerungen während des Produktlebenszyklus erklären lassen, kann die Theorie ferner die Tätigung von **Direktinvestitionen** (vgl. Kap. 4.2) begründen (vgl. HAAS/NEUMAIR 2008: 55ff.).

Produktlebenszyklustheorie

Weitere Ansätze zur Erklärung der weltwirtschaftlichen Arbeitsteilung liegen in **Größen- bzw. Skalenvorteilen (economies of scale)** sowie ggf. auch in **Verbundvorteilen (economies of scope)**. Unternehmen profitieren hierbei durch die Zusammenlegung bzw. Zentralisierung ihrer Produktion (z.B. in einem Land), da so u.a. Vorteile in der Logistik und Beschaffung, eine höhere Auslastung von Produktionskapazitäten bzw. durch gemeinsam zu nutzende Anlagen oder aber Lernkurveneffekte durch effiziente und fehlerfreie Organisation zu erreichen sind.

Größen- bzw. Skalen- sowie Verbundvorteile

Insgesamt sind die stattfindenden Verlagerungen weltwirtschaftlicher Arbeitsteilung als Prozess einer ständigen Veränderung der globalen Rahmenbedingungen zur Verwertung von Kapital, aber auch von Nachfragebedingungen zu verstehen. Eine besondere Bedeutung kommt hierbei den Global Cities (vgl. Kap. 3.4) zu, treffen hier viele der erwähnten Standort-

Kernräume weltwirtschaftlicher Arbeitsteilung

vorteile in einem solchen Agglomerationsraum aufeinander. Förderlich auf die Standortattraktivität wirken sich zudem regionale Integrationsräume (vgl. Kap. 3.5) durch ihre Tendenz zur Angleichung der wirtschaftlichen Rahmenbedingungen aus.

3.4 Städte als Knotenpunkte globaler wirtschaftlicher Prozesse

Zentralisierung wirtschaftlicher Aktivitäten

Die Globalisierung wirtschaftlicher Aktivitäten korrespondiert – wie häufig vermutet – nicht mit einem Bedeutungsverlust lokaler und regionaler Wirkungszusammenhänge. Insbesondere in großen Städten werden Kontrolle und Steuerung räumlich getrennter wirtschaftlicher Aktivitäten zentralisiert.

Weltweites Städtenetzwerk

Vor allem mit der **Global City** entwickelt sich ein neuer Typ von Metropole, welcher sich aus dem nationalen Städteverbund deutlich hervorhebt und besonders intensive internationale Verflechtungen aufweist. Der **Global-City-Ansatz** stellt den Zusammenhang zwischen der Entwicklung von Städten und globalen weltwirtschaftlichen Prozessen dar. Insbesondere beruht er auf der These, dass das sich mit der Globalisierung ausbreitende System von Produktion und Märkten räumlich in Form eines weltweiten Städtenetzwerks zum Ausdruck kommt. Globale Unternehmensexpansions- und Wertschöpfungsprozesse benötigen **geographische Knotenpunkte zur Kontrolle und Koordination** (vgl. BRONGER 2004, S. 144; PAESLER 2008, S. 64ff.).

Global-City-Begriff

Diese Funktion erfüllen Global Cities und verweisen damit auf **„die Bedeutung des Raums als Zentrum wirtschaftlicher Macht"** (ELLGER 1997, S. 74). Sie lassen sich definieren als „zentrale Standorte für hochentwickelte Dienstleistungen und Telekommunikationseinrichtungen, wie sie für die Durchführung und das Management globaler Wirtschaftsaktivitäten erforderlich sind. In ihnen konzentrieren sich tendenziell auch die Konzernzentralen insbesondere von Unternehmen, die in mehr als einem Land tätig sind" (SASSEN 1996, S. 39). Vor diesem Hintergrund hat sich eine weltumspannende Städtehierarchie, angeführt von **New York, London und Tokio**, herauskristallisiert.

Global Cities in der internationalen Arbeitsteilung

Maßgeblich zur Entwicklung von Global Cities hat die **Neue Internationale Arbeitsteilung** (vgl. Kap. 3.3) beigetragen, bei der die alte, sektorale Stratifizierung der Weltwirtschaft (Rohstoffe aus den Kolonien bzw. der Peripherie, Weiterverarbeitung in den Industrieländern) durch eine funktionale Arbeitsteilung ersetzt wird. Während die einfache Produktion von Gütern in den Niedriglohnländern lokalisiert ist, begannen sich Management, Finanzwesen und Verwaltungsstrukturen auf **Kernräume** zu konzentrieren, in welchen gleichzeitig die Bevölkerungsmigration stark zunimmt. So gewinnen einzelne Städte immer mehr an Bedeutung, da bei ihnen die Fäden wirtschaftlicher und politischer Entscheidungsprozesse zusammenlaufen (vgl. GERHARD 2004, S. 4f.). Sie fungieren als **bedeutende Standorte und Märkte führender Wirtschaftsbranchen**, insbesondere des Finanz- und Dienstleistungsgewerbes, sowie als **Standort für die Produktion unternehmerischer Innovationen** (vgl. SASSEN 1996, S. 20).

Nach FRIEDMANN (1986, S. 72) zeichnet sich eine Global City durch mehrere Strukturmerkmale aus:

- Sitz der Zentralen transnationaler Unternehmen,
- bedeutendes Finanzzentrum,
- Standort eines schnell wachsenden Sektors unternehmensorientierter Dienstleistungen,
- Sitz internationaler Organisationen,
- wichtiger Knotenpunkt von Transport- und Verkehrslinien,
- Zentrum industrieller Produktionsstätten,
- bedeutende Einwohnerzahl (i. d. R. mehrere Millionen).

Strukturmerkmale von Global Cities

Aus diesem Kriterienkatalog wird deutlich, dass Global Cities neben Standorten transnationaler Unternehmen auch Zentralen politischer Aktivitäten sein können. Häufig sind in Global Cities sowohl **Regierungsorganisationen** (z. B. UN, WTO, Weltbank, Internationaler Währungsfonds, OPEC, Europäische Zentralbank etc.) als auch **Nichtregierungsorganisationen** (z. B. Greenpeace, Amnesty International, Oxfam etc.) angesiedelt.

Zentralen politischer Aktivitäten

Zudem weisen Global Cities als bedeutende Verkehrsknotenpunkte eine **günstige Verkehrslage** mit großem Anteil am nationalen und internationalen Verkehrsaufkommen auf. **International bedeutende Flug- und Überseehäfen** spielen dabei eine besondere Rolle. Während früher sowohl im Luftverkehr als auch bei Container-Transporten direkte Verbindungen zwischen einzelnen Städten bestanden, werden die internationalen Verkehrsverbindungen heute durch **Hub-and-Spoke-Systeme** dominiert. Global Cities erfüllen dabei die Hub-Funktion als Drehscheiben mit Umlade- bzw. Umsteigefunktion im internationalen Verkehr, in der die Speichen als zubringender Personen- und Güterverkehr zusammenlaufen (vgl. KULKE 2008, S. 270).

Bedeutende Verkehrsknotenpunkte

Multinationale Konzerne und Großunternehmen benötigen für die Durchführung ihrer Aufgaben die zentralörtliche Verfügbarkeit bestimmter Dienstleistungen. Derartige unternehmensorientierte Dienstleistungen, wie sie in Global Cities angeboten werden, bezeichnet man auch als **Wirtschaftsdienste**, die sich nach STAUDACHER (1992, S. 45) u. a. in folgende Formen differenzieren lassen:

Unternehmensorientierte Dienstleistungen

- **strategisch dispositive Wirtschaftsdienste:** Banken und Kreditinstitute, Forschungseinrichtungen, Finanzberatungen, Kreditvermittlungen, Treuhandfirmen, Unternehmens- und Wirtschaftsberatungen, Rechtsanwälte und Notare, Ingenieurbüros, Architekten, technische Büros, Steuerberater, Wirtschaftsprüfer, Sachverständige, Gutachter;
- **dispositive Verwaltungsdienste:** Dienste der öffentlichen Verwaltung, Versicherungen, Versicherungsmakler und -vertreter, EDV-Dienste, Rechenzentren, Marktforschung und Werbung;
- **operative Bürodienste:** Groß- und Einzelhandel, Handelsmakler und -agenturen, Import- und Exporthandel, Auskunfteien und Adressvermittlungen, Druckereien, Übersetzungsbüros;
- **operative Anlagendienste:** Service und Wartung, Bewachungsdienste, Wäschereien, Gebäudereinigungen und Entsorgung, Realitätenwesen, Leasing und Vermietung, Lagerung und Kellereien, Verkehrsdienste, Speditionen.

Wissensintensive Dienstleistungen

Eine besondere Rolle im Dienstleistungssektor spielen sog. wissensintensive Dienstleistungen (z.B. Forschung und Entwicklung, Datenverarbeitung und Datenbanken, Korrespondenz und Nachrichtenübermittlung, Markt- und Meinungsforschung, Konstruktions- und Architekturdienstleistungen etc.). Sie weisen **hohes Potenzial für Beschäftigung und Wertschöpfung** auf, sind wichtige **Träger des sektoralen Strukturwandels**, zeichnen sich durch eine – im Vergleich zu anderen Dienstleistungssegmenten – **hohe Produktivität** aus und stellen einen **bedeutenden Wettbewerbsvorteil im globalen Standortwettbewerb** dar (vgl. HAAS/LINDEMANN 2003, S. 2).

FIRE-Sektor

Räumlich besonders stark agglomeriert und konzentriert treten in Global Cities Dienstleistungsunternehmen des FIRE-Sektors auf. Dieser steht für die stark wachsenden Branchen **Finance** (Banken und Börsen), **Insurance** (Versicherungen) sowie **Real Estate** (Immobilienunternehmen).

Bedeutung räumlicher Nähe

Die Zentralen großer Unternehmen lassen sich in unmittelbarer Nähe zu solchen unternehmensorientierten Dienstleistungskomplexen nieder, die den **funktionalen Kern einer Global City** bilden. Die Ursache dafür ist, dass die benötigten Dienstleistungen meist unter erheblichem zeitlichem Druck, hochspezifisch und in den unterschiedlichsten Kombinationen benötigt werden (vgl. MEYER 1997, S. 201). Vor allem **die strategisch-dispositiven Dienste** sind mittlerweile so komplex, dass sie von immer mehr Großunternehmen an hochspezialisierte Dienstleistungsfirmen ausgelagert werden. Besondere Bedeutung kommt der **räumlichen Nähe** unter den Akteuren zu. Diese ermöglicht den Austausch aktueller und persönlicher Informationen, welche bei komplexen, mit hohen Risiken und Unbeständigkeiten behafteten Transaktionen eine wichtige Rolle spielen. Im Gegensatz zu allgemeinen Informationen, die sich durch moderne Medien in Sekundenschnelle weltweit verbreiten lassen, sind Wissen, Erfahrung und Kreativität immer an Personen oder Institutionen gebunden. Persönliche, auf räumlicher Nähe basierende Beziehungen ermöglichen zeitliche Vorteile sowie eine rasche und zuverlässige Beurteilung von Risiken.

Steuerungszentralen

Ein Begriff, von dem man im Zusammenhang mit Global Cities immer wieder hört, sind Steuerungszentralen. Diese sind Standorte, von denen aus andere Orte und Regionen Entscheidungsimpulse, Handlungsanweisungen und Informationen erhalten und deren Entwicklung kontrolliert wird. Nach REBITZER (1995, S. 45 ff.) lassen sich folgende Typen von Steuerungszentralen unterscheiden:

- **Steuerungssysteme der Weltproduktion** für das Management der Güterproduktion: Träger dieses Systems sind die Firmenzentralen internationaler produktionssteuernder Konzerne, die zur Durchführung ihrer Aufgaben hochrangige unternehmensorientierte Dienstleistungen in Anspruch nehmen.
- **Steuerungssysteme der Weltfinanz** für das Management der Kapitalströme: Hierzu rechnen internationale Banken, Versicherungen und Wertpapierhäuser, ferner internationale Institutionen (z.B. Internationaler Währungsfonds, Weltbank). Zentralen internationaler Konzerne sind ebenfalls Träger dieses Systems, indem sie als die Kunden globaler Finanzinstitutionen auftreten.
- **Steuerungssysteme von Welthandel, -verkehr und -kommunikation** für das Management nicht-monetärer Ströme, insbesondere Güter-, Informa-

tions- und Datenströme: Akteure dieses Systems sind die Zentralen internationaler Handels-, Verkehrs- und Kommunikationsunternehmen, ferner Warentermin- und spezielle Dienstleistungsbörsen (z.B. Frachten- und Versicherungsbörsen) sowie bedeutende Messen. Auch hier gelten internationale Institutionen (z.B. die Welthandelsorganisation WTO oder die Kontrollbehörde für den zivilen Luftverkehr IATA) als Bestandteile des Systems. Nicht zu vernachlässigen sind auch multinationale Unternehmen, deren firmeninterner Handel einen beträchtlichen Teil des Welthandelsvolumens ausmacht.

- **Steuerungssysteme der Weltpolitik** für das Management des wirtschaftspolitischen Umfelds: Diesem Bereich gehören die zwischenstaatlichen Organisationen (z.B. die UNO und ihre Tochterorganisationen) an, welche die wirtschafts-, währungs- und außenpolitischen Beziehungen von Staaten regeln. Auch private Lobbyverbände, Gewerkschaften und Nichtregierungsorganisationen (z.B. Umweltschutzverbände) sowie die Regierungen der Nationalstaaten sind Träger dieses Systems. Letztlich gehören ihm auch Kirche und Vatikan an, weil sie als religiöse Steuerungszentralen betrachtet werden können.

Vom Global-City-Begriff abzugrenzen ist die **Megastadt** bzw. **Megacity**. Sie ist ein **ökonomisches und politisches Zentrum** mit **subglobal ausgeprägtem Bedeutungsüberschuss**, das Fixpunkt von Informations- und Verkehrsströmen ist und – nach Definition der UN – mindestens acht Mio. Einwohner aufweist. Megastädte sind vor allem **Riesenstädte in Entwicklungsländern** (z.B. Mexiko-City, São Paulo, Kairo, Lagos, Karachi, Bombay, Kalkutta, Dhaka etc.). Aus der **exorbitant hohen Einwohnerzahl** (z.B. Mexiko City: 8,7 Mio. Einwohner, Agglomeration Mexico City: 19,4 Mio. Einwohner) leitet sich eine auf die nationale Maßstabsebene beschränkte Vormachtstellung ab, aus der sich wiederum eine Überkonzentration an ökonomischen, politisch-administrativen, sozialen und kulturell-wissenschaftlichen Funktionen ergibt. Nicht abreißende Migrationsströme und ein explodierendes natürliches Bevölkerungswachstum verdoppeln innerhalb von 15–20 Jahren die Bevölkerung einer Megastadt, womit die Bereitstellung von Arbeitsplätzen, Wohnraum und Infrastruktur nicht mithalten kann. Typisch ist daher ein hoher Bevölkerungsanteil, der in **Hüttensiedlungen** (squatter camps) und **Slums** lebt und sein Auskommen im **informellen Sektor** erwirtschaftet. Neben Armut und Arbeitslosigkeit sind Korruption, Kriminalität, Rassenkonflikte und Umweltverschmutzung weitere typische Problemfelder (vgl. Heineberg 2003, S. 306; Kraas et al. 2002, S. 28; Taubmann 1996, S. 4; Borsdorf/Zehner 2005, S. 324).

> Megacity

3.5 Blockbildung und regionale Integrationssysteme

Neben den Knotenpunkten der Weltwirtschaft in Form von Global Cities zählen regionale Handels- und Wirtschaftsblöcke zu den deutlichsten geographischen Ausprägungen des Weltwirtschaftsraumes. Sie sind das Ergebnis der zunehmenden **ökonomischen und politischen Integration** einzelner Staaten und eine maßgebliche Ursache für die Konzentration des Welthandels.

Für die seit Ende des Zweiten Weltkriegs stark zunehmenden Handelsbeziehungen (vgl. Kap. 4.1.1) lassen sich zwei unterschiedliche Tendenzen ausmachen. Einerseits wurden durch das Allgemeine Zoll- und Handelsabkommen GATT bzw. die Welthandelsorganisation WTO (vgl. Kap. 4.1.3) sowie die erfolgreichen wirtschaftspolitischen Deregulierungs- und Liberalisierungsmaßnahmen (vgl. Kap. 2.3.1) die notwendigen Voraussetzungen für ein multilaterales Welthandelssystem geschaffen. Andererseits kommt es durch die zunehmende **ökonomische und politische Integration** einzelner Staaten immer häufiger zur geographischen Konzentration des Welthandels und damit zur Schaffung **regionaler Integrationsräume.**

3.5.1 Motive, Effekte und Formen regionaler Integrationen

Begriff regionaler Integrationen

Unter regionalen Integrationen versteht man „die Zusammenarbeit von zwei oder mehr Ländern auf dem Gebiet ihrer gemeinsamen Wirtschaftsbeziehungen oder – darüber hinausgehend – den Zusammenschluss von zwei oder mehr Ländern zu einem gemeinsamen Wirtschaftsraum" (DIECKHEUER 2001, S. 193). Das übergeordnete Ziel einer regionalen Integration liegt in der **Förderung der internationalen Arbeitsteilung** innerhalb des Integrationsraumes, um damit die Wohlfahrt der teilnehmenden Länder zu erhöhen. Häufig wird die Kooperation auf **wirtschaftlichem Gebiet** auch als Vorstufe einer weiter reichenden Integration bis hin zum **politischen Zusammenschluss** gewertet.

Entwicklung regionaler Integrationen

Fast jeden Monat werden in den verschiedenen Teilen der Welt neue Projekte zur Schaffung, Ausdehnung oder Vertiefung regionaler Integrationen ins Leben gerufen, und es gibt nur wenige Länder, die keinem regionalen Integrationsraum angeschlossen sind. Die Abkommen reichen von bilateralen Handelsvergünstigungen benachbarter Länder bis hin zu weit gespannten, überregionalen und subglobalen Vertragssystemen mit teilweise sich überlappenden Mitgliedschaften (Freihandelszonen, Zollunionen, Binnenmärkte). Während 1980 erst 21 dieser Abkommen gezählt wurden, waren 2009 bereits 179 in Kraft (vgl. WTO 2009a). Zahlreiche weitere sind beschlossen, aber noch nicht ratifiziert, befinden sich in Planung oder Verhandlung.

Motive regionaler Blockbildung

Für das Eingehen regionaler Integrationen kommen mehrere Motive in Frage (vgl. SHIELLS 1995, S. 28f.; BARTH 1999, S. 3):
- ökonomische Vorteile durch **effiziente Produktionsstrukturen** (Verteilung fixer Kosten über größere regionale Absatzmärkte) und eine Stimulierung des wirtschaftlichen Wachstums durch Anziehen ausländischer Direktinvestitionen, Lerneffekte sowie Forschung und Entwicklung;
- **außerökonomische Vorteile** wie die Vertiefung politischer Beziehungen oder die Bewältigung von Migrationsproblemen;
- für kleinere Länder die Sicherung des **Zugangs zu den Märkten** größerer Länder;

- **Absicherung einseitiger innenpolitischer Reformen**, indem durch die vertragliche Vereinbarung gemeinsamer Ziele und die Festlegung von Sanktionsmöglichkeiten im Falle des Verstoßes gegen diese ein Abbruch begonnener Reformen erschwert wird;
- **Stärkung der Verhandlungsposition** bei multilateralen Verhandlungen, z.B. vor dem GATT bzw. der WTO, oder Missbilligung des zähen Vorankommens dieser Verhandlungen.

Wichtigste Voraussetzung für die Schaffung einer regionalen Integration ist, dass sich die Partnerländer ökonomisch ergänzen. Ausschlaggebend sind die **Komplementarität der Wirtschaftsstruktur** ihrer Mitglieder im Allgemeinen und die ihrer **Außenhandelsstruktur** im Besonderen. Hinzu kommt das Erfordernis gesellschaftspolitischer Übereinstimmungen, des Verständnisses für gemeinsam zu bewältigende Probleme sowie stabiler politischer Systeme. Je nach Integrationstiefe und Geltungsbereich lassen sich unterschiedliche Stufen einer regionalen Integration unterscheiden (vgl. HAAS/NEUMAIR 2006, S. 269ff.). *[Voraussetzungen zur Schaffung regionaler Integrationen]*

Die Präferenzzone ist die schwächste Form einer regionalen Integration. Zwei oder mehr Länder kommen in bi- oder multilateralen Verträgen dazu überein, sich für den Außenhandel mit bestimmten Gütergruppen **Handelsvergünstigungen**, meist in Form von – im Vergleich zur Ausgangsbasis – niedrigeren Zöllen oder höheren Quoten, einzuräumen. Abgeschlossen werden Präferenzabkommen häufig zwischen Industrie- und Entwicklungsländern. *[Präferenzzone]*

Die Anwendung von Handelspräferenzen setzt **Ursprungsregeln** voraus. Diese legen den Wertschöpfungsanteil an einem Produkt fest, der mindestens im Präferenzraum erbracht werden muss, damit eine aus dem Präferenzland eingeführte Ware die vereinbarte Vorzugsbehandlung erfährt.

Ein bedeutendes Beispiel für Handelspräferenzen bilden die **Abkommen von Lomé und Cotonou** zwischen der **EU** und den **AKP-Staaten** (Afrika, Karibik, Pazifik) sowie die **„Everything-but-arms"-Initiative**, die den 50 am wenigsten entwickelten Ländern für sämtliche Produkte außer Waffen den zoll- und quotenfreien Zugang zum Gemeinschaftsmarkt der EU verschafft. Für sensible Agrarprodukte (z.B. Zucker, Reis, Bananen) und bestimmte Textilien gelten Übergangsfristen. Zu nennen sind auch die Handelspräferenzen der EU gegenüber ausgewählten Mittelmeeranrainer- sowie bestimmten asiatischen Staaten.

In einer Freihandelszone kommt es zu einer engeren handelspolitischen Kooperation, indem die Handelshemmnisse unter den Mitgliedsländern im Idealfall bei allen Produktkategorien abgebaut werden. Es existiert jedoch **kein gemeinsamer Außenzoll**, so dass die Mitglieder der Freihandelszone gegenüber Drittstaaten ihre **außenhandelspolitische Autonomie** wahren. Die Anbieter aus Drittländern könnten daher versuchen, ihre Exporte in ein beliebiges Land der Freihandelszone über das Mitgliedsland abzuwickeln, dessen Außenzölle am niedrigsten sind. Um dies zu verhindern, bedarf es der Anwendung von **Ursprungsregelungen**. Freie Güterbewegungen innerhalb der Freihandelszone müssen durch Ursprungszertifikate belegt werden (vgl. Tab. 3-3). *[Freihandelszone]*

Wie bei der Freihandelszone kommt es auch bei der Zollunion zum Abbau zwischenstaatlicher Handelshemmnisse. Zusätzlich vereinbaren die *[Zollunion]*

Tabelle 3-3: Beispiele für Freihandelszonen und Zollunionen
(eigene Zusammenstellung)

Freihandelszonen	
AFTA	**Asean Free Trade Area** Brunei, Indonesien, Malaysia, Philippinen, Singapur, Thailand (seit 2003 unvollständig im Kraft)
APEC	**Asia Pacific Economic Cooperation** 21 Staaten des asiatischpazifischen Wirtschaftsraums, darunter USA, Japan, China und Russland (seit 1989, Umsetzung der Freihandelszone bis 2020 geplant)
CAFTA	**Central American Free Trade Agreement** USA, Costa Rica, El Salvador, Honduras, Nicaragua, Dominikanische Republik (seit 2005)
EFTA	**European Free Trade Association** Island, Liechtenstein, Norwegen, Schweiz (seit 1960)
EWR	**Europäischer Wirtschaftsraum** EU- und EFTA-Staaten ohne die Schweiz (seit 1994)
FTAA	**Free Trade Area of the Americas** 34 nord- und lateinamerikanische sowie karibische Staaten mit Ausnahme Kubas (tatsächliches Datum der Umsetzung offen)
NAFTA	**North American Free Trade Agreement** USA, Kanada, Mexiko (seit 1994)
SAFTA	**South Asian Free Trade Area** Bangladesch, Bhutan, Indien, Malediven, Nepal, Pakistan, Sri Lanka (seit 2006)
Zollunionen	
Anden-gemeinschaft	Bolivien, Ecuador, Kolumbien, Peru (seit 1969)
Mercosur	**Mercado Común del Cono Sur** Argentinien, Brasilien, Paraguay, Uruguay, Venezuela (seit 1991)
SACU	**Southern African Customs Union** Südafrika, Botswana, Lesotho, Namibia, Swasiland (seit 1969)
EU-Türkei-Zollunion	Türkei und EU (seit 1996)

Mitglieder aber einen **einheitlichen Außenzolltarif**, d.h. ein **gemeinsames Zollgebiet**, wodurch Ursprungsregelungen gegenüber Drittstaaten obsolet werden. Die Zolleinnahmen werden gemäß einem vereinbarten Schlüssel aufgeteilt (vgl. Tab. 3-3).

Gemeinsamer Markt   Während Freihandelszonen und Zollunionen nur den Abbau von Handelshemmnissen zwischen den Mitgliedsstaaten vorsehen, gewährt der Gemeinsame Markt **vier zentrale Freiheiten:**

- **Freier Warenverkehr:** Abschaffung von Grenzkontrollen, Abbau von tarifären und nichttarifären Handelshemmnissen, Harmonisierung des Steuersystems (vor allem Mehrwert- und Verbrauchsteuern);
- **Freier Dienstleistungsverkehr:** Liberalisierung des Finanzdienstleistungssektors, des Verkehrssektors, des Telekommunikations- und Informationsdienstleistungsmarktes, Öffnung des öffentlichen Auftragswesens;
- **Freier Personenverkehr:** Abschaffung von Personenkontrollen an den Grenzen, Freizügigkeit für Arbeitnehmer, Niederlassungsfreiheit für Unternehmen, Aufenthaltsrecht für Nichterwerbstätige, Harmonisierung der Asyl- und Einreisegesetze;
- **Freier Kapitalverkehr:** Beseitigung devisenrechtlicher Hemmnisse, Freiheit für Geld- und Kapitalbewegungen, Freigabe des Wertpapierverkehrs.

Bedeutendstes Beispiel für einen funktionierenden Gemeinsamen Markt ist der seit 1993 bestehende **Europäische Binnenmarkt**. Doch auch in Lateinamerika und Westafrika gibt es auf die Errichtung Gemeinsamer Märkte zielende Integrationsbestrebungen. Beispiele sind **ALADI** (Asociación Latinoamericana de Integración), **CARICOM** (Caribbean Community and Common Market) und **ECOWAS** (Economic Community of West African States). Diese Zusammenschlüsse sind aufgrund fortdauernden, wechselseitigen Protektionismus, unterschiedlicher, teils instabiler politischer Systeme und starker Verflechtungen mit Drittstaaten aber nur wenig erfolgreich.

Die Integrationsbestrebungen einer Wirtschaftsunion gehen über den Gemeinsamen Markt hinaus, indem es zur weitgehenden Vereinheitlichung der wirtschaftlichen Prozess- und Ordnungspolitik und so zur **Angleichung der ökonomischen Rahmenbedingungen** kommt. Durch eine gemeinsame Strukturpolitik sollen ferner die Lebensbedingungen innerhalb des Integrationsraumes konvergieren. Die Harmonisierung wird – wie das Beispiel EU zeigt (vgl. Kap. 3.5.2.4) – zuvorderst durch Schaffung **supranationaler Entscheidungsgremien** erreicht. | Wirtschaftsunion

Die Wirtschaftsunion kann neben der güterwirtschaftlichen auch eine monetäre Integration, d.h. – wie im Falle des Euro – **einheitliche Geldmarktbedingungen** vorsehen (**Währungsunion**), welche ein möglichst inflationsfreies Wachstum ermöglichen und wechselkursbedingte Wettbewerbsverzerrungen zwischen den Mitgliedern ausschließen sollen. | Monetäre Integration

Die **Wirkungen regionaler Integrationen** lassen sich in statische und dynamische Effekte unterscheiden. Als statische Effekte sind Handelsschaffung und Handelsumlenkung einzustufen. Eine wohlfahrtssteigernde **Handelsschaffung** liegt vor, wenn die bisherige relativ teure Inlandserzeugung zugunsten kostengünstiger Einfuhren aus Ländern des Integrationsraumes eingestellt und eine Spezialisierung gemäß komparativer Kostenvorteile erreicht wird. Im Gegensatz dazu wirkt sich die **Handelsumlenkung** wohlfahrtsmindernd aus, da Importe aus Drittländern durch weniger wettbewerbsfähige Importe aus Mitgliedsländern der Integration verdrängt werden, wenn der Zollnachteil des Drittlandes seinen Kostenvorteil gegenüber dem günstigsten Integrationsmitglied überwiegt. Insgesamt ist eine Integration dann als positiv zu werten, wenn die Handelsschaffung die Handelsumlenkung überwiegt. | Statische Integrationseffekte

Dynamische
Integrationseffekte

Zu den dynamischen Effekten zählen u.a. **Skaleneffekte** („economies of scale"), die aus größeren Stückzahlen infolge vergrößerter Absatzräume bei gleichzeitig sinkenden Durchschnittskosten resultieren. Der zunehmende Wettbewerbsdruck zwingt zur Verbesserung der technischen und organisatorischen Effizienz und induziert **Preis- und Innovationseffekte**. Ferner stellen sich **Spillover-Effekte** durch Technologietransfers innerhalb des Integrationsraumes und eine allgemeine Verbesserung des Investitionsklimas ein. Insgesamt erhöhen sich die volkswirtschaftliche Leistungs- und internationale Wettbewerbsfähigkeit. Voraussetzung ist, dass die Mitglieder der Integration ihre protektionistischen Schranken nach außen dergestalt anpassen, dass sich das Volumen des Handels mit Drittstaaten nicht zu stark verändert (vgl. HAUSER/ZIMMERMANN 2001, S. 4; BARTH 1999, S. 4; BERTHOLD 1996, S. 64).

Kosten regionaler
Integrationen

Die Verwirklichung aller ökonomischen Gewinnmöglichkeiten erfolgt jedoch keinesfalls automatisch, stets müssen spezifische Kosten in die Nutzenkalkulation einer regionalen Integration miteinbezogen werden. Die durch intensiveren Wettbewerb und veränderte Produktionsbedingungen hervorgerufenen Integrations- und Freihandelskosten entsprechen im Allgemeinen den Kosten, die bei der Anpassung der Wirtschaftsstruktur eines Landes an neue Rahmenbedingungen wie Liberalisierung, stärkeren Wettbewerb oder neue Technologien anfallen. Sie treten in Form von Arbeitsplatzverlusten, Gewinneinbußen und Konkursen nicht wettbewerbsfähiger Unternehmen auf (vgl. SCHIRM 1997, S. 16).

3.5.2 Bedeutende regionale Integrationsräume

3.5.2.1 NAFTA

Wirtschaftliche
Strukturen und
Entwicklungs-
unterschiede

Durch die Freihandelszone NAFTA (North American Free Trade Agreement), bestehend aus den USA, Mexiko und Kanada, ist ein den gesamten nordamerikanischen Subkontinent umfassender Wirtschaftsraum mit rund 450 Mio. Einwohnern und einem Bruttoinlandsprodukt von rund 16300 Mrd. US-$ im Jahr 2007 entstanden (vgl. IWF 2009).

Charakteristisch für die NAFTA sind die **unterschiedlichen Entwicklungsniveaus der Mitgliedsländer**. Den beiden Industrieländern USA und Kanada steht mit Mexiko ein Land gegenüber, das zwar schon seit längerem als „Newly Industrializing Country" (vgl. Kap. 3.1) gilt, sich gegenüber seinen beiden nördlichen Nachbarn aber immer noch durch erhebliche ökonomische Rückständigkeit auszeichnet. Das mexikanische Pro-Kopf-Einkommen betrug im Jahr 2007 nur 21,3% dessen der USA bzw. 22,3% Kanadas. Auf die USA entfallen rund 84,8% des Bruttoinlandsprodukts des gesamten NAFTA-Raumes, auf Kanada dagegen nur 8,8%, auf Mexiko sogar nur 6,3% (eigene Berechnungen nach IWF 2009). Die **Einkommensunterschiede** spiegeln die Disparitäten in der Verfügbarkeit von Sach- und Humankapital, technologischer Entwicklung und Infrastruktur wider.

Das Abkommen weist für die Länder eine unterschiedliche Bedeutung auf. Für Mexiko und Kanada spielen die wirtschaftlichen Beziehungen zu den USA eine fundamentale Rolle. Beide Länder tätigen fast 90% ihrer

Exporte in den USA. Ihre Konjunkturzyklen sind damit stark an die wirtschaftliche Entwicklung des großen Nachbarn gebunden und extrem exportabhängig. Doch auch für die USA haben Mexiko und Kanada mittlerweile eine strategische Bedeutung im Außenhandel erlangt. Im Jahr 2007 gingen knapp 12% der US-Exporte nach Mexiko, gut 21% nach Kanada (vgl. WTO 2009b). Dagegen ist der Außenhandel zwischen Mexiko und Kanada aufgrund der geographisch-historischen Distanz eher unbedeutend.

Der NAFTA-Vertrag trat 1994 in Kraft. Im Rahmen einer **Freihandelszone** wurden bei den meisten Produktkategorien die **Zollschranken** entweder sofort oder innerhalb von Übergangsfristen abgebaut. Für die Automobilindustrie, den Textil- und Bekleidungssektor sowie einige Bereiche der Landwirtschaft implementierte man Ausnahmeregelungen. Im Bereich der nichttarifären Handelshemmnisse wird insbesondere eine Harmonisierung von technischen Normen und Standards angestrebt. Um sich für den zollfreien Handel innerhalb der NAFTA zu qualifizieren, sind **Ursprungsnachweise** zu erbringen. Bei **Direktinvestitionen** werden die Schutzinteressen der Investoren aus den Partnerländern, vor allem im Hinblick auf Enteignungen und die Verletzung geistigen Eigentums, garantiert und wesentliche Investitionsbarrieren abgebaut. Im **Dienstleistungsbereich** besteht für Unternehmen eine grundsätzliche Niederlassungsfreiheit. Bei der **Vergabe öffentlicher Aufträge** erfahren Unternehmen aus den Partnerländern dieselbe Behandlung wie inländische Bewerber. **Umweltschutz- und Arbeitsmarktaspekte** kommen in Nebenabkommen zum Ausdruck (vgl. Revilla Diez 1997, S. 689f.; Vetter 1998, S. 149f.; Schirm 1996, S. 55f. und 2004, S. 190).

Integrationsinhalte

Zur **Schlichtung auftretender Streitigkeiten** (z.B. um kanadische Holzexporte in die USA oder das Befahren der USA durch mexikanische Lastwagen) werden – ähnlich wie bei der WTO (vgl. Kap. 4.1.3) – **Streitschlichtungspanels** eingesetzt (vgl. Haas/Neumair 2006, S. 280f.).

Die Auswirkungen der Freihandelszone auf die einzelnen Länder sind unterschiedlich (vgl. Haas/Neumair 2006, S. 282ff.). Für die **USA** bringt die NAFTA eine rege Stimulierung des Außenhandels mit seinem nördlichen und seinem südlichen Nachbarn mit sich. Die USA profitieren von der verstärkten Spezialisierung in den Sektoren, in denen sie komparative Wettbewerbsvorteile besitzen, vor allem in der ausbildungs- und technologieintensiven Produktion. In den Bereichen, in denen die USA über keine Wettbewerbsvorteile verfügen und der Konkurrenzdruck durch mexikanische Anbieter spürbar ist (z.B. Textil- und Bekleidungs-, Elektro-, Metallindustrie), kommt es zu Arbeitsplatzverlusten. Zu den Gewinnern zählen dagegen große Handelsunternehmen, das subventionierte Agribusiness (Landwirtschaft und Lebensmittelindustrie) sowie die Automobilkonzerne und deren Zulieferer (vgl. Schirm 1997, S. 74; Fuchs 2004, S. 213).

Integrationseffekte

Mexiko verzeichnet seit Gründung der NAFTA ein deutliches Wirtschaftswachstum, dessen Motor vor allem die mexikanische Exportwirtschaft ist, deren Volumen sich seit Schaffung der NAFTA verdoppelt hat. Eine sektorale Aufschlüsselung der Exportströme in die USA macht deutlich, dass Mexiko nicht mehr Rohstoffe gegen industrielle Erzeugnisse tauscht, sondern zu über 80% verarbeitete Produkte dorthin ausführt und daher nicht mehr in der klassischen Rolle eines Primärgüter exportierenden Entwicklungslandes steckt. Ferner hat Mexiko durch den mit der NAFTA verbundenen zollfreien Zugang zum US-Markt auch seine Attraktivität als Standort für ausländische Direktinvestitionen erheblich steigern können.

Allerdings hat die NAFTA die regionalen Disparitäten zwischen dem Norden und Süden des Landes verschärft. Vor allem der Norden profitiert von den US-amerikanischen Direktinvestitionen in die arbeitsintensiven Betriebe entlang der US-Grenze (Maquiladora-Betriebe), ohne aber positive Effekte für die regionale Wirtschaft, wie z.B. Technologie- und Beschäftigungstransfers, auszulösen. Dem modernen und industrialisierten, von der konjunkturellen Entwicklung in den USA abhängigen Norden steht ein vergleichsweise wirtschaftlich unterentwickelter und stark agrarisch geprägter Süden gegenüber.

Zum größten Verlierer der NAFTA gehört zweifellos die mexikanische Landwirtschaft. Der Abbau der Handelshemmnisse im Agrarsektor wurde durch eine Reduktion der staatlichen Agrarsubventionen begleitet. Demgegenüber hat die kleinbäuerlich strukturierte Landwirtschaft vor allem im Süden Mexikos gegen die hoch subventionierten und modern hergestellten US-Agrarprodukte keine Chance – mit der Folge, dass tausende Landwirte zur Aufgabe gezwungen sind.

Die Auswirkungen der NAFTA auf **Kanada** sind von geringer Bedeutung. Zum einen bestand bereits vor der Gründung der NAFTA mit den USA ein bilaterales Abkommen. Zum anderen sind die wirtschaftlichen Verflechtungen mit Mexiko als gering einzustufen. Dennoch sind Produktivität und Exportorientierung der kanadischen Industrie infolge der NAFTA leicht gewachsen (vgl. SCHIRM 1996, S. 63; GRATIUS 2002, S. 155 ff.; FUCHS 2004, S. 212 ff.; HAAS/REHNER 2007, S. 28 ff.).

3.5.2.2 MERCOSUR

Wirtschaftliche Strukturen und Entwicklungsunterschiede

Mit dem 1991 gegründeten MERCOSUR (Mercado Común del Cono Sur = Gemeinsamer Markt des Südens) ist im südlichen Lateinamerika ein sich integrierender Wirtschaftsraum entstanden, der neben den großen regionalen Integrationen in Nordamerika, Europa und Asien/Pazifik ein ökonomisch und politisch selbständiges Gewicht aufweist. Er umfasst rund 270 Mio. Einwohner und erwirtschaftete 2007 ein Bruttoinlandsprodukt von ca. 3 000 Mrd. US-$ (vgl. IWF 2009). Dem MERCOSUR gehören Brasilien, Argentinien, Paraguay, Uruguay sowie seit 2006 Venezuela an. Chile, Bolivien, Peru, Kolumbien und Ecuador (letztere vier gehören der sog. Andengemeinschaft an) sind im Rahmen einer Beobachterposition mit dem MERCOSUR assoziiert.

Die häufig angeführte quantitative Dimension des MERCOSUR spiegelt sein Marktpotenzial, keinesfalls aber seine wirkliche Marktgröße wider. In seinen Mitgliedsländern herrschen **Massenarmut** und **extrem ungleiche Einkommensverteilungen**, die ca. zwei Drittel der Bevölkerung nicht an der Nachfrage nach langlebigen Konsumgütern teilhaben lassen (vgl. SCHIRM 1996, S. 81). Geprägt wird der MERCOSUR vor allem durch die **ökonomische Heterogenität** seiner Mitglieder (vgl. HAAS/NEUMAIR 2006, S. 289 ff.):

- **Brasilien**, in dem 70% der Bevölkerung des MERCOSUR leben, erwirtschaftete 2008 ca. 57% des Bruttoinlandsprodukts dieses Wirtschaftsraumes (vgl. IWF 2009), zählt zu den zehn größten Volkswirtschaften der Welt und weist innerhalb des MERCOSUR die am weitesten diversifizierte Wirtschaftsstruktur auf. Auf den Industriesektor entfällt mehr als ein Drittel der gesamtwirtschaftlichen Wertschöpfung.
- Demgegenüber ist in **Argentinien**, dem nach Einwohnerzahl und Wirtschaftsleistung zweitgrößten Land, immer noch die bedeutende Rolle des primären Sektors zu betonen, in dem das Land entscheidende komparative Wettbewerbsvorteile besitzt.
- Die kleinen Mitglieder Paraguay und Uruguay vereinigen dagegen nur einen sehr kleinen Teil an Bevölkerung, Fläche und wirtschaftlicher Leistung auf sich. In **Uruguay** spielt neben der traditionellen Viehzucht und Baumwollgewinnung heute vor allem der Finanzdienstleistungssektor eine bedeutende Rolle (liberales Bankensystem, Nichtbeeinträchtigung von Gewinntransfers, günstige Steuern, stabile Anlagebedingungen u.a.). **Paraguay** verfügt gegenüber den anderen MERCOSUR-Ländern über keine nennenswerten Wettbewerbsvorteile. Wichtiger als legale Außenwirtschaftsbeziehungen waren für das Land bisher die Einkünfte aus dem Schmuggel zollfrei importierter Waren, welche Paraguay den Ruf als „Duty-Free-Shop" Lateinamerikas bescherten (vgl. SCHIRM 1996, S. 107f.; CEJAS/GANS 1998, S. 620; SANGMEISTER 2002, S. 60 u. 70).
- **Venezuela** wiederum ist mit den anderen Ländern aus zweierlei Hinsicht nicht ohne Weiteres zu vergleichen. Zum einen verfügt es über massive Erdölvorkommen, die ihm beträchtliche Gewinneinnahmen aus dem Export auch in Nicht-MERCOSUR Länder verschaffen. Zum anderen verfolgt das Land mit seinem exzentrischen Präsidenten Hugo Chávez die sehr eigenwilligen Ziele einer sozialistischen Wirtschafts- und Staatshandelspolitik, die mit denen der anderen Mitgliedsländer nicht konform sind.

Der MERCOSUR-Vertrag sah ursprünglich die Schaffung eines **Gemeinsamen Marktes** vor; ihm vorgeschaltet ist zunächst die Errichtung einer **Freihandelszone**, anschließend einer **Zollunion**. Der Vertrag regelt den **Zollabbau** innerhalb des MERCOSUR sowie die Schaffung eines **einheitlichen Außenzolls** gegenüber Drittstaaten, sieht aber für bestimmte sensible Wirtschaftssektoren, darunter die Automobil- und Informatikbranche, Ausnahmeregelungen vor. Was **Direktinvestitionen** angeht, wird Auslandskapital aus den MERCOSUR-Ländern – von Ausnahmen abgesehen – mit nationalen Investitionen gleichgestellt. Für den **Dienstleistungssektor** sollen gleiche Wettbewerbsbedingungen gelten, bei der **Vergabe staatlicher Aufträge** Anbieter aus den Mitgliedsstaaten und nationale Unternehmen eine gleiche Behandlung erfahren. **Normen und Standards** sollen vereinheitlicht, die Wirtschaftspolitiken harmonisiert werden. Zur Lösung von Konflikten schuf man ein kompliziertes **Streitschlichtungsverfahren**, dessen höchste Instanz ein Ad-hoc-Tribunal ist (vgl. SCHIRM 1996, S. 88f.; 2004, S. 193f.).

Integrationsinhalte

Der Integrationsprozess des MERCOSUR wird immer wieder von Rückschlägen begleitet (vgl. HAAS/NEUMAIR 2006, S. 293ff.). Bis Mitte der 1990er Jahre hielt der **Liberalisierungsprozess** durch den Abbau externer

Integrationseffekte

und vor allem interner Handelshemmnisse konsequent an. Der Intrablockhandel (vgl. Kap. 4.1.1) hat sich daher sehr dynamisch entwickelt. Aufgrund politischer und wirtschaftlicher Schwierigkeiten konnte der Gemeinsame Markt bisher aber nicht realisiert werden. Der MERCOSUR verharrt daher bisher im **Stadium einer Zollunion**, deren Wirkung durch **nationale Zollanhebungsalleingänge** immer wieder ausgehebelt wird.

In der zweiten Hälfte der 1990er Jahre geriet der Integrationsprozess zunehmend ins Stocken. Drohende **Rezessionen** in den Mitgliedsländern und eine massive **Kapitalflucht** stürzten die gesamte Region in politische und wirtschaftliche Turbulenzen. Neben **handelspolitischen Alleingängen** flüchteten sich Brasilien und Argentinien immer mehr in **bilaterale Entscheidungsfindungen**, so dass die anderen Länder an den Rand gedrängt waren. Außenpolitisch büßte der MERCOSUR an Glaubwürdigkeit ein und wurde zunehmend nur noch als lockerer Staatenbund begriffen (vgl. FUCHS 2004, S. 219 ff.).

Seit 2000 hat sich die wirtschaftliche Entwicklung deutlich gebessert. Nach massiven Abwertungen haben die Währungen wieder an Stabilität gewonnen. Vor allem das **Wirtschaftswachstum Brasiliens** ist zu einem wichtigen Hoffnungsträger geworden (vgl. SANGMEISTER 2002, S. 77).

Das größte Problem des MERCOSUR sind seine **defizitären Strukturen**. Es fehlen sowohl institutionelle Regeln für den politischen Entscheidungsprozess als auch eine unabhängige supranationale Instanz zur Überwachung gefasster Beschlüsse. Auch gibt es keinen währungspolitischen Konsens (vgl. FUCHS 2004, S. 221). Eine schwerwiegende Hypothek im internationalen Wettbewerb stellt ferner die für den MERCOSUR schlechte Bildungssituation dar.

Weitergehende Integrationsbestrebungen

Dass der MERCOSUR trotz dieser Probleme auch für die großen Handelsmächte USA und EU von großer Bedeutung ist, zeigen sowohl die panamerikanischen wie auch die transatlantischen Integrationsbestrebungen. Für beide spielen vor allem Brasilien und Argentinien als „Big Emerging Markets" eine bedeutende außenhandelspolitische Rolle.

3.5.2.3 Regionale Integrationen im asiatisch-pazifischen Wirtschaftsraum

Integrationsversuche

Im Vergleich zu anderen Weltregionen nehmen sich die Integrationsversuche im asiatischen Wirtschaftsraum in den letzten Jahrzehnten eher bescheiden aus. Eine zu enge Zusammenarbeit wird sowohl durch eine **wirtschaftsstrukturelle Heterogenität** zwischen den Ländern als auch durch einen **fehlenden soziokulturellen und gemeinsamen kolonialgeschichtlichen Überbau** erschwert.

ASEAN

Die 1967 gegründete ASEAN (Association of Southeast Asian Nations) stellt die am weitesten entwickelte Integration in diesem Raum dar. Die Gründung der ASEAN, der heute 10 Länder (Indonesien, Malaysia, Philippinen, Singapur, Thailand, Brunei, Vietnam, Laos, Myanmar und Kambodscha) angehören, war in erster Linie sicherheitspolitisch motiviert. Im Lichte des Vietnam-Krieges sollte mit ASEAN vor allem ein klares **antikommunistisches Zeichen** gesetzt werden, so dass das politische Selbstverständnis der ASEAN ursprünglich durch Antikommunismus und Anlehnung an westliche

Ideale geprägt war. Seit dem Ende des Kalten Krieges liegt der Fokus neben **Sicherheit und Frieden** auch auf der **Förderung von Wirtschaftswachstum und Sozialwesen** der Region (vgl. HAAS/NEUMAIR 2006, S. 296ff.).

Die 10 ASEAN-Staaten weisen eine Bevölkerung von ca. 575 Mio. Menschen auf und erwirtschafteten im Jahr 2007 ein Bruttoinlandsprodukt von knapp 1300 Mrd. US-$ (vgl. ASEAN 2009). Zur Stimulierung des intraregionalen Handels wurde bereits 1992 die Gründung einer Freihandelszone beschlossen. Die **AFTA** (Asean Free Trade Area) gibt es seit 2003. In einigen Ländern (Vietnam, Laos, Myanmar, Kambodscha) tritt sie erst 2012 in Kraft.

Die 1989 gegründete Asiatisch-Pazifische Wirtschaftskooperation APEC (Asia-Pacific Economic Cooperation) stellt den geographisch am weitesten reichenden Integrationsansatz dar. Der APEC gehören 21 asiatische und nicht-asiatische Pazifikanrainerstaaten, darunter Australien, China, Indonesien, Japan, Kanada, Mexiko, Russland, Südkorea, USA, an. Die APEC umfasst 2,7 Mrd. Einwohner und weist einen Welthandelsanteil von 49% auf. Im Jahr 2006 erwirtschafteten die Volkswirtschaften der APEC mit rund 26000 Mrd. US-$ ca. 54% des Weltsozialprodukts (vgl. APEC 2009).

APEC

Das Selbstverständnis der APEC liegt mehr in einem **asiatisch-pazifischen Wirtschaftsforum** und weniger in einem neuen Wirtschaftsblock. Wesentliche Ziele sind die Liberalisierung der regionalen Handelsbeziehungen mit dem Fernziel der Gründung einer Freihandelszone, die Förderung des Technologietransfers, die Zusammenarbeit in Bildung und Forschung sowie die sektorale Kooperation auf den Gebieten Telekommunikation, Energie, Transportwesen, Fischerei und Schutz der Meere.

Seit dem 11.9.2001 steht vor allem der internationale Terrorismus regelmäßig auf der Tagesordnung des jährlichen APEC-Gipfels. Allen voran die USA sind bestrebt, die APEC auch zu einem sicherheitspolitischen Forum auszubauen, wodurch wirtschaftliche und handelspolitische Aspekte in den letzten Jahren zum Teil in den Hintergrund gerückt sind (vgl. HAAS/NEUMAIR 2006, S. 302ff.).

3.5.2.4 Europäische Union

Die Staaten der EU vereinigen eine Bevölkerung von fast 500 Mio. Einwohnern auf sich und erwirtschafteten im Jahr 2007 ein Bruttoinlandsprodukt von über 12000 Mrd. Euro (vgl. EUROSTAT 2009). Die EU ist die am meisten fortgeschrittene regionale Integration. Ihre Entwicklung ist aus einer doppelten Perspektive zu betrachten: Zum einen die **Vertiefung der Integration**, welche durch die Übertragung wirtschaftlicher und politischer Kompetenzen von den Mitgliedsstaaten auf die Gemeinschaftsebene charakterisiert ist; zum anderen die fortschreitende **geographische Erweiterung** (vgl. HEIDUK 2005, S. 304). Von den sechs Gründungsstaaten ist die EU mit der Osterweiterung auf mittlerweile 27 Mitglieder angewachsen.

Vorreiter regionaler Integrationen

Die EU gilt landläufig als Vorreiter und Vorbild aller funktionierenden regionalen Integrationen. Sie ist ein politisches Gebilde, das sich ständig weiter entwickelt und daher in einem **andauernden Prozess der Regimewerdung** befindlich ist und als **politisches Zwittergebilde** zwischen einer supranationalen Organisation und einer intergouvermentalen Kooperation zwischen den beteiligten Staaten figuriert.

EU (Europäische Union)		
EG (Europäische Gemeinschaften) - EWG (Europäische Wirtschaftsgemeinschaft) - EAG (Europäische Atomgemeinschaft) - bis 2002 EGKS (Europäische Gemeinschaft für Kohle u. Stahl)	Gemeinsame Außen- und Sicherheitspolitik (GASP)	Zusammenarbeit in der Innen- und Rechtspolitik

EU-Ministerrat	EU-Kommission	EU-Parlament	EU-Gerichtshof
Gesetzgebendes Organ Allgemeiner Rat / Fachministerräte Genehmigung des Haushaltsplans Koordination der Wirtschaftspolitik Koordination der polizeilichen und justiziellen Zusammenarbeit Abschluss der EU-Verträge Abschluss von Verträgen mit Drittstaaten und Organisationen Entwicklung der GASP	Hüterin d. Verträge und Exekutivorgan Umsetzung der Politikbereiche und des Haushalts Durchsetzung des EU-Rechts Allgemeines Recht für Gesetzesvorschläge Vertretung der EU auf internationaler Ebene Beschaffung und Analyse von Informationen 27 Mitglieder (Verringerung geplant)	Vertretung des europäischen Volkes Direkte Wahl alle 5 Jahre 785 Mitglieder (Verringerung geplant) Gesetzgebende Gewalt (bei Mitentscheidungsverfahren) Demokratische Kontrolle der Kommission Genehmigung des Haushaltes (mit Rat) Beratende Funktion bei Gesetzentwürfen Zustimmung bei EU-Verträgen, Erweiterungen und Außenbeziehungen	Höchste Gerichtsbarkeit Überwachung der einheitlichen Anwendung der EU-Rechtsvorschriften Entscheidung bei Rechtsstreitigkeiten Auf Anfrage beratende Funktion

EU-Rechnungshof	Wirtschafts- und Sozialausschuss	Ausschuss der Regionen
Budgetprüfung und Erstellung von Berichten Gewährleistung der Wirtschaftlichkeit der Haushaltsführung Stellungnahme zu neuen finanziellen Regelungen	Beratendes Organ 344 Mitglieder (Arbeitgeber, Gewerkschaften, Verbraucher, Landwirte etc.) Stellungnahme in der Wirtschafts- und Sozialpolitik	Vertretung der regionalen und kommunalen Gebietskörperschaften mit 344 Mitgliedern Anhörung bei regionalen Belangen

Abbildung 3-1: Säulen und Institutionen der Europäischen Integration
(HAAS/NEUMAIR 2006, S. 305, verändert)

Die Ende der 1950er Jahre ins Leben gerufene Europäische Gemeinschaft ist seit Ende der 1960er Jahre eine Zollunion. Seit 1993 besteht ein gemeinsamer Markt. Im Rahmen der Wirtschafts- und Währungsunion wurde der Euro 1999 als Buch- und 2002 als Bargeld eingeführt. Abb. 3-1 zeigt die Säulen und Institutionen der EU, welche ihre Funktionstüchtigkeit sicherstellen.

EU-Integrations-prozess

Die Wirkung des Binnenmarktes zeigt sich vor allem in der Entwicklung grenzüberschreitender Aktivitäten. Während der **Intrahandel** der EU-15 1992 noch ca. 1672 Mrd. Euro betrug, lag er im Jahr 2007 bereits bei ca. 3621 Mrd. Euro, was einem Wachstum von ca. 116% entspricht. Dagegen hat sich der Außenhandel der EU mit Drittländern **(Extrahandel)** im gleichen Zeitraum zwar um 214% erhöht, in absoluten Zahlen fällt er allerdings bedeutend geringer aus und lag im Jahr 2007 bei rund 1697 Mrd. Euro. Damit ist der Intra-EU-Handel mehr als zweimal so groß wie der Außenhandel der EU mit dem Rest der Welt (vgl. WTO 2008a). Eine ähnliche Binnenwirkung ergibt sich bei den Direktinvestitionen. Im Jahr 2006 entfielen fast 63% aller Direktinvestitionen der Mitgliedsstaaten (insgesamt mehr als 440000 Mio. Euro) auf Länder der EU (vgl. EUROPÄISCHE KOMMISSION 2009).

Integrationseffekte und regionale Disparitäten

Das Raumbild der wirtschaftlichen Entwicklung der EU ist durch ein auffallendes **Zentrum-Peripherie-Gefälle** charakterisiert. Das **Gravitationszentrum der EU** wird durch Verbindungslinien zwischen den Metropolen London, Paris, Mailand, München und Hamburg umschlossen. Reiht man die wirtschaftlich prosperierendsten Regionen aneinander, ergibt dies eine sich vom Südosten Großbritanniens entlang der Rhein-Schiene über den Benelux-Raum und zentrale Gebiete Deutschlands bis nach Norditalien erstreckende räumliche Zone mit überdurchschnittlich hoher Wirtschaftskraft. Als **Peripherie** gelten dagegen die Regionen, in denen das Bruttoinlandsprodukt pro Kopf deutlich unter dem EU-Durchschnitt liegt. Diese ärmeren Regionen mit **ökonomischem Rückstand** liegen vor allem im Süden der EU, d.h. in weiten Teilen der Iberischen Halbinsel, dem italienischen Mezzogiorno und Griechenland. Auch im Norden und Nordwesten der EU befinden sich einzelne periphere Gebiete (Teile Großbritanniens, Irlands und Skandinaviens). Zu den wirtschaftlich weniger erfolgreichen Gebieten gehören auch die neuen Bundesländer sowie bestimmte altindustrielle Gebiete Belgiens. Abgerundet wird das Raumbild der EU durch die im Zuge der Osterweiterung hinzugekommene neue mittel- und osteuropäische Peripherie. Von sehr wenigen Ausnahmen, wie z.B. den Hauptstadtagglomerationen Warschau, Prag und Budapest abgesehen, liegt das Bruttoinlandsprodukt pro Kopf in allen mittel- und osteuropäischen Regionen weit unter 75% des EU-Durchschnitts (vgl. HAAS/NEUMAIR 2006, S. 308ff.).

Raumbild der EU

4. Rahmenbedingungen einer Geographie der internationalen Wirtschaft

Die Internationalisierung unternehmerischer Tätigkeiten bedeutet immer den Eintritt in eine neue Umwelt, welche durch veränderte, fremde und gleichzeitig länderspezifisch variierende Rahmenbedingungen und Einflüsse charakterisiert ist. Die Ausweitung der Unternehmensaktivität auf die internationale Ebene bringt für Unternehmen daher mehr als nur eine graduelle Änderung der unternehmenspolitischen Rahmenbedingungen mit sich. Sie ist gleichzeitig mit einem prinzipiellen Situationswandel und der Multiplikation von Entscheidungsvariablen verbunden (vgl. SCHERM/SÜß 2001, S. 16; MEFFERT/BOLZ 1998, S. 66).

Zu den Rahmenbedingungen, in die im Sinne der Kontextualität einer relationalen Wirtschaftsgeographie eine internationale Unternehmensaktivität eingebunden ist, gehören die maßgeblichen grenzüberschreitenden wirtschaftlichen Interaktionen (Außenhandel und Direktinvestitionen), die weltumspannende Infrastruktur in Form von Verkehrs- sowie Informations- und Kommunikationsströmen, die Konfrontation mit unterschiedlichen Kulturen sowie die Beeinträchtigung wirtschaftlicher Prozesse durch Länderrisiken. Die natürlich-ökologische Dimension wird anhand der Möglichkeiten einer nachhaltigen Weltwirtschaft thematisiert.

4.1 Der weltweite Außenhandel

Seit mehreren Jahrzehnten intensiviert sich durch die Liberalisierung des Waren-, Kapital- und Dienstleistungsverkehrs die weltweite Verflechtung von Volkswirtschaften und Unternehmen, welche vor allem durch den zunehmenden Außenhandel sowie steigende Direktinvestitionen (vgl. Kap. 4.2) zum Ausdruck kommt.

4.1.1 Allgemeine Entwicklungen und Perspektiven

Die Grundlage von Handelsbeziehungen liegt in der Arbeitsteilung und Spezialisierung bei der Produktion von Gütern und Dienstleistungen. Erzeugen Menschen mehr als das, was sie für ihr Dasein benötigen, können sie die Früchte ihrer Arbeit gegen andere Leistungen tauschen, es entsteht Handel. Findet dieser zwischen Anbietern und Nachfragern innerhalb eines Landes statt, spricht man von **Binnenhandel**. Konstitutiv für den **Außenhandel** ist dagegen das Überschreiten der Staatsgrenze, so dass man ihn als „den die Grenzen des eigenen Wirtschaftgebietes überschreitenden Warenverkehr, einschließlich der mit seiner Abwicklung verbundenen Maßnahmen bzw. Kosten" (REINING 2003, S. 34) bezeichnet.

Außenhandel lässt sich aus zwei Perspektiven deuten: Unter den **Außen-handel im funktionellen Sinn** fallen alle unternehmerischen Aktivitäten, die mit dem grenzüberschreitenden Waren- und Dienstleistungsverkehr im Zusammenhang stehen. Dabei stellt der **Import** die grenzüberschreitende Bereitstellung wirtschaftlicher Leistungen vom Ausland an das Inland dar; der **Export** ist die grenzüberschreitende Belieferung des Auslands mit wirtschaftlichen Leistungen aus dem Inland. **Außenhandel im institutionellen Sinn** beinhaltet die Institutionen des Außenhandels, d.h. die Handelsunternehmen, deren Kernaufgabe auf dem Gebiet des funktionellen Außenhandels liegt (vgl. HAAS/NEUMAIR 2006, S. 187 und 608; Kap. 5.2).

Fasst man als Folge der weltweiten Arbeitsteilung sämtliche Handelsströme zwischen allen Ländern der Erde zusammen, spricht man von **Welthandel**. Statistisch fallen darunter alle Güter und im weiteren Sinn auch Dienstleistungen, welche im Zuge der Ausfuhr bzw. Einfuhr Staatsgrenzen passieren. Dabei ist jedoch anzumerken, dass sich die Außenhandelsstatistiken von Ländern aufgrund ihrer Struktur, Größe und der zu überwindenden geographischen Distanzen nur bedingt miteinander vergleichen lassen. So gilt etwa der Handel zwischen Saarbrücken und dem nahen Luxemburg (ca. 76 km Entfernung) als Außenhandel, jener zwischen Seattle und Miami in den USA (ca. 4400 km Entfernung) aber als Binnenhandel (vgl. JAHR-MANN 2007, S. 28; HAAS/NEUMAIR 2008, S. 116).

Zu beachten ist ferner, dass die internationalen Außenhandelsstatistiken nur die legalen Außenhandelsbeziehungen widerspiegeln. Nicht erfasst wird der Handel mit Hehler- und Schmugglerware sowie Drogen und Waffen, obwohl sein Volumen beträchtlich ist und in Einzelfällen den legalen Welthandelsanteil sogar übertrifft (vgl. KOCH 2006, S. 6f.).

Formen von Außenhandel

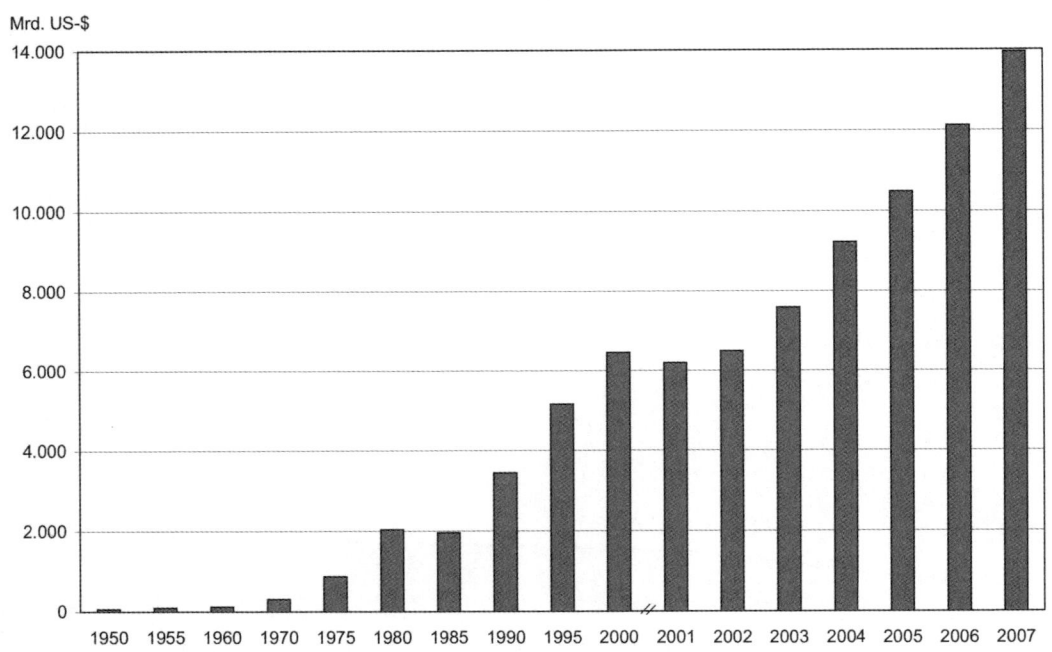

Abbildung 4-1: Entwicklung der Weltexporte seit 1950 (WTO 2008a)

Entwicklung des
Welthandels-
volumens

    Das Wachstum des Welthandels – gemeint ist im Folgenden der internationale Warenhandel – stellt einen **Basisindikator für die Globalisierung** der Wirtschaft dar. Seit Ende des Zweiten Weltkriegs steigt das Handelsvolumen stärker als je zuvor; das Handelswachstum ist bis heute ungebrochen (vgl. Abb. 4-1). Dabei entwickelt sich der Welthandel keineswegs gleichmäßig, sondern wird von der Entwicklung der Weltwirtschaft bestimmt.

Konjunkturelle
Einflüsse

    Konjunkturelle Aufschwünge und ein dynamisch verlaufendes Wirtschaftswachstum verstärken die Nachfrage nach Gütern aus dem Ausland und beeinflussen den Welthandel positiv. Umgekehrt beeinträchtigen **wirtschaftliche Krisen** den Welthandel negativ. Ein rückläufiges Wirtschaftswachstum lässt die Importe aus anderen Ländern zurückgehen, womit deren Exporterlöse sinken und aufgrund mangelnder Devisen die Importfähigkeit nachlässt sowie gegebenenfalls die Auslandsverschuldung zunimmt. So dürfte die 2008 einsetzende **weltweite Wirtschaftskrise** (vgl. Kap. 2.2.2) den Welthandel empfindlich in Mitleidenschaft ziehen. Zum einen kommt es zu einem weltweiten Nachfragerückgang, zum anderen verschlechtert sich aufgrund einer wachsenden Risikoscheu der Banken der Markt für Exportfinanzierungen. Erstmals seit Ende des Zweiten Weltkriegs könnte es damit zu einem realen Rückgang des Welthandels kommen. Ferner ist zu beachten, dass Regierungen vor allem in Krisenzeiten zum Erhalt der inländischen Beschäftigung immer wieder zu Maßnahmen des **Protektionismus** (z.B. Zölle, Importquoten etc.) greifen, welche den internationalen Güteraustausch weiter reduzieren (vgl. KOCH 2006, S. 7; HANDELSBLATT 2008c; NZZ 2009a und 2009b).

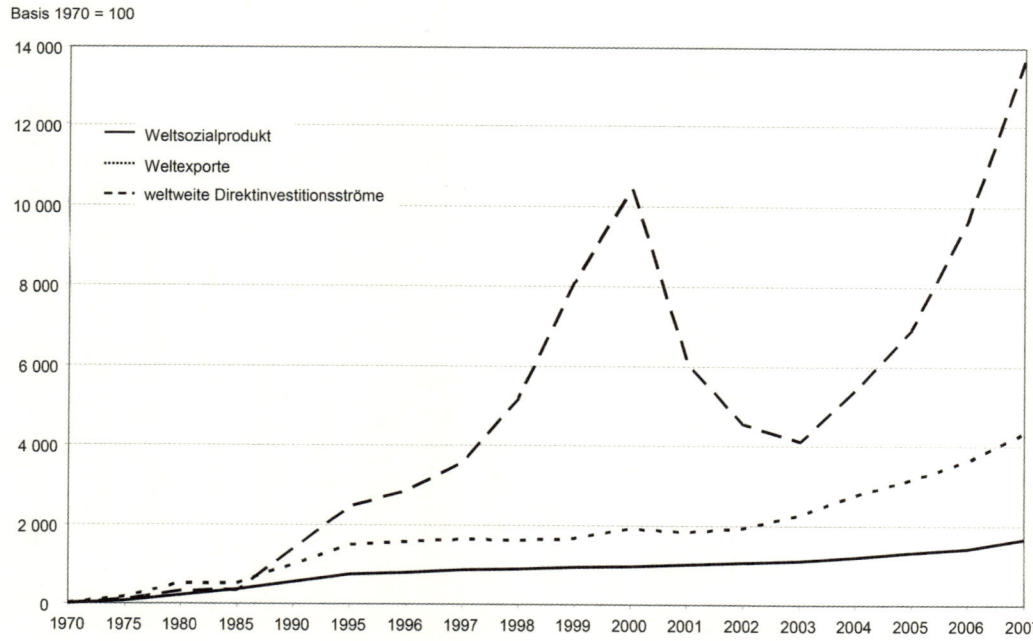

Abbildung 4-2: Entwicklung von Weltsozialprodukt, Weltexporten und Direktinvestitionen (WTO 2008b; UNCTAD 2008c)

Die Gründe für das starke Wachstum des Außenhandels der letzten Jahrzehnte liegen neben der im Wesentlichen durch die internationale Verflechtung erst ausgelösten **Steigerung des Wohlstandsniveaus** vor allem in den beachtlichen Erfolgen zur **Liberalisierung des Welthandels** durch das GATT bzw. die Welthandelsorganisation WTO (vgl. Kap. 4.1.3). Ferner hatten die **Bildung regionaler Integrationsräume** (vgl. Kap. 3.5) sowie die drastische **Abnahme der Transport- und Kommunikationskosten** (vgl. Kap. 4.3) deutliche Wirkung auf die in der jüngeren Vergangenheit stattgefundene beispiellose Ausweitung des Handelsaustausches.

Wachstumsdeterminanten des Außenhandels

Der Anstieg des Welthandelsvolumens ist für sich genommen noch kein hinreichender Beleg für die zunehmende internationale Verflechtung der Volkswirtschaften. Erst unter Berücksichtigung des Vergleichs mit der **Entwicklung des Weltsozialproduktes** ergibt sich ein eindeutigeres Bild. Wie Abb. 4-2 zeigt, liegen die Zuwachsraten des Welthandels, aber auch der weltweiten Direktinvestitionen (vgl. Kap. 4.2.3) seit mehreren Jahrzehnten konstant über denen der Weltproduktion.

Was die sektorale Struktur des Welthandels angeht, ist ein anhaltender **Bedeutungsverlust des Handels mit Primärgütern** zu verzeichnen. Während der wertmäßige Anteil der Rohstoffe am Welthandel 1970 noch 36% betrug, lag der Anteil von Agrargütern und Bergbauprodukten im Jahr 2007 nur noch bei ca. 28%. Dagegen gewinnt der Außenhandel mit technologisch höherwertigen Halb- und Fertigerzeugnissen immer mehr an Bedeutung. Insbesondere Güter der Büro-, Telekommunikations- und EDV-Branche sowie jene der Halbleiter- und Unterhaltungselektronik dehnen ihren Welthandelsanteil mehr und mehr aus. Abb. 4-3 zeigt die sektorale Zusammensetzung des Welthandels im Jahr 2007.

Sektorale Struktur des Welthandels

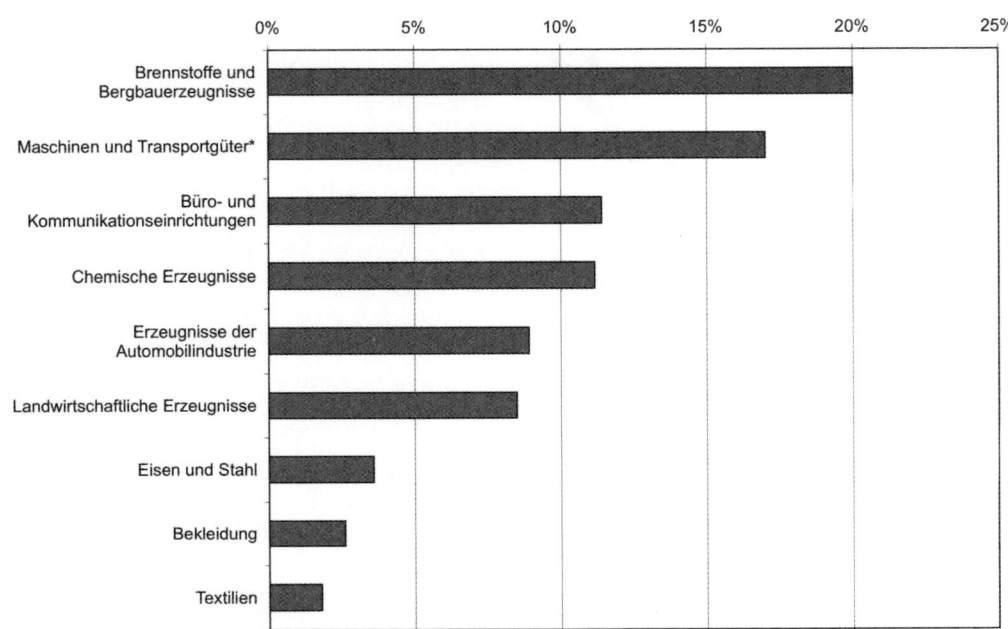

* ohne Erzeugnisse der Automobilindustrie sowie Büro- und Kommunikationseinrichtungen

Abbildung 4-3: Anteile einzelner Branchen am Weltexport 2007 (WTO 2008a)

Regionale Struktur
des Welthandels

Die Beteiligung der Länder am Welthandel ist sehr unterschiedlich. In den letzten Jahren entfielen 65% bis 70% der Weltexporte auf die **Industrieländer**. Der Anteil der **Entwicklungsländer** schwankte dagegen zwischen 25% und 30%. Insbesondere Afrika und weite Teile Asiens nehmen am weltweiten Handel nur unterproportional teil, auch wenn das Ausfuhrwachstum der Entwicklungsländer das weltweite Exportwachstum mittlerweile übersteigt. Mit Ausnahme Russlands ist der Anteil der ehemaligen sozialistischen Staatshandelsländer bzw. der heutigen **Transfomationsstaaten** – sofern sie nicht bereits der Europäischen Union angehören – zu vernachlässigen.

Im Jahr 2006 lag der Anteil des Außenhandels zwischen den Industrieländern **(Nord-Nord-Handel)** am Welthandel bei ca. 43%, der zwischen Industrie- und Entwicklungsländern **(Nord-Süd-Handel)** bei ca. 32% und der zwischen den Entwicklungsländern **(Süd-Süd-Handel)** nur bei rund 17%. Der Rest entfällt auf den Handel mit bzw. zwischen den Transformationsländern (vgl. Abb. 4-4).

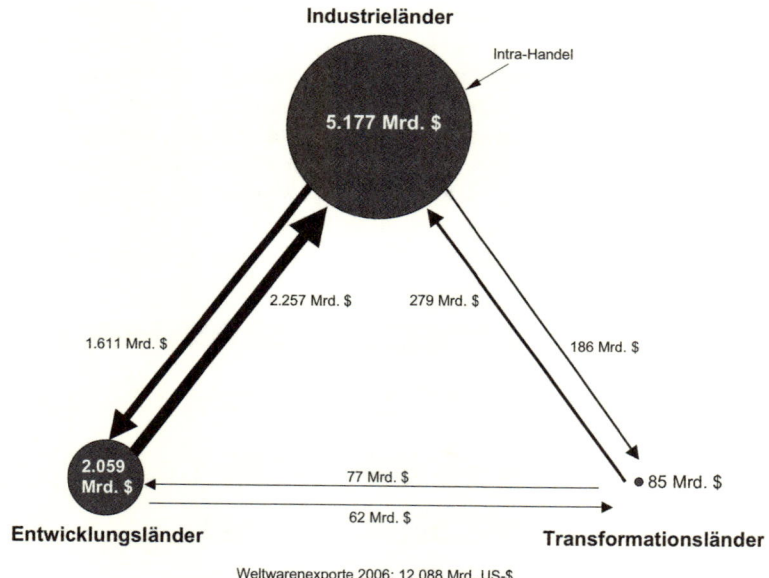

Abbildung 4-4: Außenhandel nach Ländergruppen 2006 (UNCTAD 2008b)

Die dominierende Stellung der Industrieländer im Welthandel beruht auf ihren breit angelegten Produktionsstrukturen, die eine weit reichende und intensive Nutzung der weltwirtschaftlichen Arbeitsteilung erlauben. Ein weiterer Grund für den hohen Handelsanteil liegt in der Schaffung regionaler Handelsräume (vgl. Kap. 3.5), wie z.B. der EU oder der nordamerikanischen Freihandelszone NAFTA, an denen in erster Linie Industrieländer beteiligt sind.

Für die geringen Marktanteile vieler Entwicklungsländer am Welthandel zeichnen dagegen mehrere Ursachen verantwortlich (vgl. KORTMANN 1998, S. 21ff.):

- Schwache wirtschaftliche Leistungsfähigkeit und Verschlechterung der Produktionschancen (z.B. Bodenerosion in der Landwirtschaft, Erschöpfung natürlicher Rohstoffressourcen),
- Angebotsknappheit aufgrund wachsenden Eigenbedarfs (z.B. wegen des explosiven Bevölkerungswachstums oder wachsender Konsumansprüche),
- Hemmung des Außenhandels durch politische Instabilitäten, ideologisch bedingte Blockaden und eine nicht an der Erbringung ökonomischer Leistungen ausgerichtete Mentalität,
- ungenügende verkehrsinfrastrukturelle Erschließung mit der Folge hoher Transport- und Kommunikationskosten zur Überwindung der geographischen Distanzen,
- Beeinträchtigung der Produktions- und Exportkapazitäten durch hohen Schuldendienst, Devisenknappheit und Kapitalflucht,
- Diskrepanzen zwischen der Angebotsstruktur und der Qualität des Exportangebots der Entwicklungsländer und den Bedarfsstrukturen sowie Qualitätsanforderungen der Industrieländer,
- Verlagerung der Bezugsquellen der Industrieländer in andere Industrieländer, Schwellenländer und vor allem Transformationsstaaten des ehemaligen Ostblocks mit der Folge, dass sich die Absatzchancen der traditionellen Entwicklungsländer weiter verschlechtern.

Industrie- und Entwicklungsländer unterscheiden sich auch bezüglich ihrer Terms of Trade, welche das **Verhältnis zwischen Import- und Exportpreisentwicklung** beschreiben. Die Industrieländer profitieren von sich verbessernden Terms of Trade. Denn den Großteil ihres Handelsvolumens stellen Fertig- bzw. Halbfertigprodukte dar, deren Preise schneller als die der Rohstoffe als wichtigste Einfuhrprodukte steigen.

Terms of Trade

Die Terms of Trade der Entwicklungsländer verschlechtern sich dagegen laufend. Da die Exportpreise vor allem für agrarische Rohstoffe als wichtigstem Ausfuhrprodukt für Entwicklungsländer – von Ausnahmen abgesehen – tendenziell sinken, die Einfuhrpreise für Fertigprodukte aber steigen, verschlechtert sich die Welthandelsposition der Entwicklungsländer relativ zu den Industrieländern. In jüngerer Zeit differenzieren sich diese Länder allerdings dann, wenn sie am Markt verknappte Rohstoffe besitzen bzw. nicht besitzen und der Import z.B. von Erdöl die Terms of Trade weiter belastet (vgl. HAAS/NEUMAIR 2006, S. 45f.; KOCH 2006, S. 8).

Aus geographischer Perspektive konzentriert sich der weltweite Handel vor allem auf die Regionen der **Triade** (vgl. Karte 4-1; Kap. 3.1). Im Jahr 2007 entfielen über 42% des Welthandels auf Westeuropa, ca. 14% auf Nordamerika und rund 28% auf Asien. Darin enthalten ist der **Intrablockhandel**, also der Handel, der innerhalb der betreffenden Region stattfindet (intraregionaler Handel). Wie bedeutend dieser ist, zeigt der intraeuropäische Handel, auf den allein über 31% des Welthandels entfallen. Beim innerasiatischen Handel sind es 14%, im Falle Nordamerikas immerhin noch 7%. Dabei ist allerdings zu beachten, dass der Handel zwischen den EU-

Intra- versus Interregionaler Handel

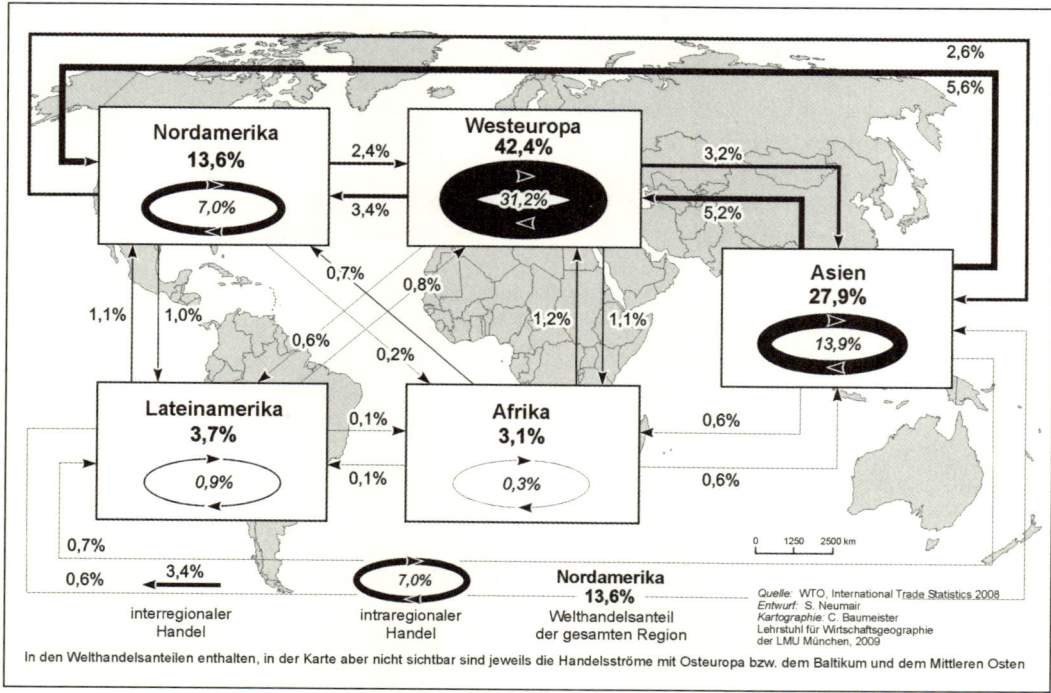

Karte 4-1: Regionale Strukturen des Welthandels 2007

Mitgliedsstaaten statistisch als Außenhandel gewertet wird, der auf ein sehr hohes Austauschvolumen zu beziffernde Handel zwischen den US-Bundesstaaten statistisch aber als Binnenhandel qualifiziert wird.

Beim Handel zwischen Regionen (interregionaler Handel) ist vor allem der Außenhandel zwischen den Kernen der Triade (Nordamerika, Europa, Ostasien), also der **transatlantische** und der **transpazifische** Handel, von Bedeutung. Demgegenüber spielen die Außenbeziehungen der Triade, wie z.B. der Handel zwischen Nord- und Lateinamerika oder Westeuropa und Afrika, eine untergeordnete Rolle.

Stellung einzelner Länder im Welthandel   Betrachtet man die Stellung einzelner Länder im Welthandel – gemeint ist hier der Export – lässt sich feststellen, dass die USA, gefolgt von Deutschland und Japan, lange die ersten Plätze belegten. Mittlerweile hat Deutschland die USA abgelöst, während China aufgrund seines starken Wirtschaftswachstums die USA auf Platz drei und Japan auf den vierten Platz verdrängt hat (vgl. Tab. 4-1). Der 2008 aufgrund der internationalen Finanz- und Wirtschaftskrise (vgl. Kap. 2.2.2) einsetzende globale Abschwung lässt aber auch China nicht unverschont. Trotz massiver konjunkturpolitischer Maßnahmen schwächten sich im November 2008 seine Ausfuhren im Vorjahresvergleich zum ersten Mal seit sieben Jahren ab. Ein besonders starker Einbruch wurde auch in Deutschland verzeichnet. So ließen die deutschen Exporte im Januar 2009 gegenüber dem Vorjahresmonat um fast 21% nach (vgl. HANDELSBLATT 2008b, 2009a und 2009b).

Tabelle 4-1: Die führenden Weltexportländer im Jahr 2007 (WTO 2008b)

Rang	Land	Exportvolumen in Mrd. US-$	Anteil am Weltexport in %
1	Deutschland	1 326,4	9,5
2	China	1 217,8	8,7
3	USA	1 162,5	8,3
4	Japan	712,8	5,1
5	Frankreich	553,4	4,0
6	Niederlande	551,3	4,0
7	Italien	491,5	3,5
8	Großbritannien	437,8	3,1
9	Belgien	430,8	3,1
10	Kanada	419,0	3,0

Zu beachten ist die zwischen den Ländergruppen unterschiedliche räumliche Ausrichtung der internationalen Handelsströme. Die Entwicklungsländer betreiben überwiegend einen **intersektoralen oder vertikalen Handel**, d.h. sie exportieren fast ausschließlich Rohstoffe in die Industrieländer, von denen sie im Gegenzug Fertigprodukte beziehen (vgl. Kap. 3.3). Die Industrieländer betreiben dagegen einen **intrasektoralen oder horizontalen Handel**, d.h. sie handeln vor allem mit funktionsgleichen Fertigprodukten untereinander. Beispielsweise werden deutsche Autos nach Japan und japanische nach Deutschland exportiert. Dies ist ein Beleg dafür, dass der Außenhandel immer weniger die Funktion ausübt, nicht vorhandene Güter verfügbar zu machen, sondern dem Bedürfnis der Konsumenten nach Produktvielfalt bzw. Wahlmöglichkeiten entspringt und Ausdruck des Konkurrenzkampfes international tätiger Unternehmen um Marktanteile ist (vgl. SÖLLNER 2008, S. 17).

Inter- versus intrasektoraler Handel

Eine immer größere Bedeutung nimmt aufgrund einer globalen Unternehmensorganisation der Intra-Unternehmenshandel ein. Dabei handelt es sich im Wesentlichen um die Handelsströme zwischen den verschiedenen, weltweit verteilten Standorten bzw. Wertschöpfungseinheiten **multinationaler Unternehmen**, z.B. die Lieferung von BMW-Motoren aus Deutschland an das BMW-Werk in Südafrika. Auf den Intra-Unternehmenshandel entfällt schätzungsweise ein Drittel des Welthandels (vgl. HAAS/NEUMAIR 2006, S. 43ff.; HAAS/NEUMAIR 2008, S. 113; BÜTER 2007, S. 11; GAEBE 2008, S. 95).

Intra-Unternehmenshandel

Als internationale Dienstleistungen werden Leistungen des **Tertiären Sektors** bezeichnet, die grenzüberschreitend im Kontakt mit ausländischen Geschäftspartnern erbracht werden. Während Dienstleistungen zur Weltproduktion zu über zwei Dritteln beitragen, sind sie am Welthandel bisher nur mit 20% bis 25% beteiligt. Der geringe internationale Austausch von Dienstleistungen hängt mit deren konstitutiven Merkmalen zusammen. Zu diesen zählen **Intangibilität bzw. Immaterialität, Nichttransport- bzw. Nichtlagerfähigkeit** sowie die Notwendigkeit zum **Einbezug eines exter-**

Internationaler Dienstleistungshandel

73

nen Faktors (überwiegend des Kunden). Aufgrund des sog. Uno-actu-Prinzips, d.h. der **Gleichzeitigkeit von Produktion und Konsumtion**, erscheinen Dienstleistungen auf den ersten Blick eher **binnenmarktorientiert** und daher nur schwer internationalisierbar. In Wahrheit erlauben aber **moderne Informationstechnologien** auch die vom Ort unabhängige Erstellung bestimmter Dienstleistungen (z.B. Finanz-, Programmierungs-, Reservierungs- und Kommunikationsdienstleistungen, Outsourcing kostenintensiver Datenverarbeitung, Download von Büchern, Filmen und Musik im Internet).

Erschwerte statistische Erfassung von Dienstleistungen

Während beim Warenhandel ein physisch greifbares Produkt eine geographische Grenze überquert, stellt sich der grenzüberschreitende Dienstleistungshandel daher als **Handel mit „unsichtbaren Produkten"** dar. Doch nicht nur deshalb, sondern auch weil im Inland erstellte Dienstleistungen häufig von Ausländern in Anspruch genommen werden und sich die Einbeziehung produktnaher Dienstleistungen (z.B. Finanzierung, Logistik, Wartung, Ingenieurdienste, Instandhaltung) – diese werden häufig dem industriellen Hauptprodukt zugerechnet – als schwierig gestaltet, erweist sich eine genaue statistische Erfassung als kompliziert (vgl. HAAS/NEUMAIR 2006, S. 51f.; GAEBE 2008, S. 102ff.).

Unternehmensbezogene Dienstleistungen

Für den internationalen Dienstleistungshandel von besonderer Bedeutung sind unternehmensbezogene Dienstleistungen, die im Zusammenhang mit dem Güterhandel, Investitionsvorhaben, der internationalen Reisetätigkeit sowie den internationalen Finanzbeziehungen stehen. Die Palette reicht von Informations- und Beratungsdienstleistungen, der Inanspruchnahme von Transportunternehmen im Ausland über ausländische Finanz- und Telekommunikationsdienstleistungen bis hin zur Nutzung ausländischer Dienstleister für Marketing, Werbung, aber auch Konstruktions- und Montageleistungen.

Dienstleistungsexporte nach Regionen

Im Jahr 2007 entfielen – nach Regionen betrachtet – rund 48% der weltweiten Dienstleistungsexporte auf Europa, 24% auf Asien und 15% auf Nordamerika. Zu den größten Einzelexporteuren gehören die USA, Großbritannien, Deutschland, Frankreich und Italien, zu den bedeutendsten Einzelimporteuren wiederum die USA, gefolgt von Deutschland, Großbritannien und Italien (vgl. WTO 2008b; KOCH 2006, S. 14).

4.1.2 Freihandel versus Protektionismus

Optimalität des Freihandels

Freihandel ist „der dezentrale Austausch von Handlungsrechten durch private Wirtschaftssubjekte über nationalstaatliche Grenzen hinweg, der von den Regierungen der Nationalstaaten nicht eingeschränkt wird" (VOIGT 1992, S. 17). Freihandel entspricht damit einer **freien internationalen Arbeitsteilung**, die mehrere einzel- und gesamtwirtschaftliche Vorteile hervorbringt (vgl. Kap. 3.3; HAAS/NEUMAIR 2006, S. 210):

- Freier Handel ermöglicht **Produktionsspezialisierung** infolge der länderspezifischen Konzentration auf die Produktion jener Güter, die sich zu relativ niedrigeren Kosten als in anderen Ländern herstellen lassen. Ein internationales Preissystem lenkt die Produktivkräfte in jene Bahnen, in denen sie den größten Nutzen stiften. Damit geht eine **Wohlfahrtssteigerung** einher. Beispielsweise würden Elektroprodukte in Deutschland heute ein Vielfaches der Importerzeugnisse kosten, wenn man sie ausschließlich im Inland herstellen würde. Ähnliches gilt z. B. für Bekleidungsprodukte, aber auch tropische Früchte, die dann aufwändig in Gewächshäusern zu produzieren wären.

- Es kommt zur **Vergrößerung der unternehmerischen Absatzmärkte**. Größenabhängige Kostendegressionspotenziale lassen sich durch Produktionsausweitung besser nutzen, **Skalenvorteile** können erzielt werden. Heimische Produktionsüberschüsse fließen über den Außenhandel ab, anstelle im Inland Preiseinbrüche und partielle Absatzkrisen auszulösen.
- Da Freihandel mit offenen Märkten korrespondiert, erhöht sich der **internationale Wettbewerbsdruck** auf leistungsschwächere inländische Anbieter. Durch freien Außenhandel bleiben Produktzyklen nicht ausschließlich dem Pionierland vorbehalten, sondern können „auswandern" und nationale Grenzen überspringen. Dies zwingt zur **Preis- und Kostensenkung**, erhöht die unternehmerische **Innovationsbereitschaft** und fördert die **Produktqualität**. Ferner stärkt ein freier Handel auch die **Entmachtungsfunktion des Wettbewerbs** gegenüber inländischen Monopolen und Oligopolen.
- Freihandel ermöglicht durch den Ausgleich von Mangel und Überfluss eine **Verbesserung der Konsumstruktur**. Es stellt sich eine vielgestaltigere Versorgung ein, die Qualität erhöht sich.
- Schließlich kommt freiem Außenhandel eine **Konfliktvermeidungsfunktion** zu. Die optimale Ausrichtung und räumliche Verteilung der Produktion substituiert die Wanderung der Produktionsfaktoren, wodurch Migrationsproblemen und Konflikten infolge der Dominanz ausländischen Kapitals entgegengesteuert werden kann.

Aufgrund seiner Vorteilhaftigkeit und die allgemeine Wohlfahrt erhöhenden Wirkung wird ein freier Außenhandel von der Mehrheit der Ökonomen schon seit langer Zeit befürwortet. Doch trotz dieser Vorteile ist freier Handel in seiner idealtypischen Form in der Realität kaum anzutreffen, sondern wird in seiner Wirkung durch vielfältige Maßnahmen des Protektionismus ausgehebelt.

Unter Protektionismus versteht man den gezielten und planmäßigen **Schutz inländischer Unternehmen** vor ausländischer Konkurrenz durch **handelspolitische Maßnahmen** (vgl. KOCH 1997, S. 123; MOHR 1987, S. 8). Hierzu gehören **tarifäre Handelshemmnisse** bzw. Zölle und **nichttarifäre Handelshemmnisse** (z. B. Importkontingente, freiwillige Exportbeschränkungen, Subventionen, technische Handelshemmnisse, diskriminierende Vorschriften und Abgaben etc.). Zu den allgemeinen **Zielen** des Protektionismus zählen (vgl. HAAS/NEUMAIR 2006, S. 61 f.):

Protektionismus

- der Schutz einzelner inländischer Wirtschaftssektoren vor überlegener Auslandskonkurrenz,
- die Verbesserung der Handelsbilanz,
- die Erhöhung des allgemeinen inländischen Beschäftigungsniveaus,
- die Beeinflussung der inländischen Einkommensverteilung,
- der Abbau internationaler Abhängigkeiten und Autarkiebestrebungen,
- die Verbesserung der inländischen Terms of Trade, d. h. des Verhältnisses zwischen Import- und Exportpreisen,

- die staatliche Einnahmenerzielung (durch Zölle),
- die Beseitigung externer Effekte (z. B. im Umweltbereich),
- die Bestrafung bzw. Kompensation von Handelsbeschränkungen anderer Länder (Retorsion).

Schutz inländischer Produktionen

Von den angeführten Zielen dominiert der Schutz inländischer Produktionsbereiche. Er richtet sich auf den Erhalt bestimmter Branchen, die sich im freien internationalen Wettbewerb nicht behaupten könnten oder zumindest partiell verdrängt würden und in denen Produktions-, Beschäftigungs- und Einkommenseinbußen auf den heimischen Märkten verhindert werden sollen. Typische Beispiele sind die Landwirtschaft, die Textil- und die Stahlindustrie.

4.1.3 Institutionelle Ordnung der internationalen Handelsbeziehungen

WTO/GATT

Die institutionelle Grundlage zur Ordnung der internationalen Handelsbeziehungen bildet die **Welthandelsorganisation (World Trade Organization, WTO)** (vgl. Senti 2000; Frenkel/Bender 1996). Sie wurde zum 1. Januar 1995 gegründet und ist die Nachfolgeorganisation des **Allgemeinen Zoll- und Handelsabkommens GATT**. Aufgabe der WTO ist es, Handelshemmnisse abzubauen und verbindliche Regeln für die Welthandelsbeziehungen zu organisieren. Dabei gelten die folgenden Prinzipien.

Prinzip der Liberalisierung

Das Prinzip der Liberalisierung verpflichtet die GATT-Mitglieder zum Verzicht auf die Erhöhung bereits existierender und die Verhängung neuer Zölle sowie zum Verbot nichttarifärer, insbesondere mengenregulierender Handelshemmnisse. Die Maßnahmen zur Liberalisierung des Handels werden in multilateralen, meist mehrere Jahre dauernden Verhandlungsrunden, den sog. Welthandelsrunden, ausgehandelt.

Prinzip der Reziprozität

Das Prinzip der Reziprozität verlangt, dass alle Handelsvergünstigungen, die ein Land einem anderen zugesteht, auch umgekehrt eingeräumt werden; die **gegenseitig gewährten Vergünstigungen** sollen gleichwertig, die Verhandlungen ausgewogen sein. Eine Ausnahme besteht für Entwicklungsländer. Handelsvergünstigungen, welche die Industrie- den Entwicklungsländern einräumen, bleiben einseitig, d. h. Entwicklungsländer müssen Industrieländern keine gleichwertigen Handelserleichterungen zugestehen.

Prinzip der Nichtdiskriminierung

Das Prinzip der Nichtdiskriminierung verlangt, dass einseitig gewährte bzw. bilateral ausgehandelte Handelserleichterungen für alle WTO-Parteien gelten **(Meistbegünstigungsprinzip)**. Für den Fall, dass sich einzelne Mitglieder zu Integrationsräumen, d. h. Freihandelszonen, Zollunionen oder Gemeinsamen Märkten (vgl. Kap. 3.5), zusammenschließen, wird eine Abweichung vom Meistbegünstigungsgrundsatz geduldet, d. h. die Mitglieder der Integrationsräume dürfen sich untereinander Marktzugangserleichterungen gewähren, ohne diese Drittstaaten einräumen zu müssen.

Prinzip der Transparenz

Das Prinzip der Transparenz schreibt vor, dass sämtliche außenhandelsrelevanten Gesetze, Verordnungen, Vorschriften und Gerichtsurteile publiziert und dem Ausland zugänglich gemacht werden müssen.

WTO-Abkommen

Die Befugnisse der WTO beziehen sich auf die **Überwachung der Handelspolitik** und die **Schlichtung von Handelskonflikten** im Hinblick auf die

Vertragsinhalte folgender Abkommen, die unter dem Dach der WTO angesiedelt sind:

- **GATT** (General Agreement on Tarifs and Trade): Allgemeines Zoll- und Handelsabkommen,
- **GATS** (General Agreement on Trade in Services): Allgemeines Abkommen zum Handel mit Dienstleistungen,
- **TRIPs** (Agreement on Trade Related Aspects of Intellectual Property Rights): Abkommen über handelsbezogene Aspekte geistigen Eigentums.

Der WTO gehören 153 Mitglieder (Stand: Dezember 2008) unterschiedlichster Größen und stark divergierender Entwicklungsstände an. Durch den Beitritt Chinas und Taiwans im Dezember 2001 kann die WTO den Anspruch der Universalität erheben. Bedeutendstes (Noch-)Nichtmitglied ist Russland, obwohl sich auch die Beitrittsverhandlungen mit ihm mittlerweile auf der Zielgeraden befinden. *WTO-Mitglieder*

Derzeit läuft die 2001 eingeleitete neunte **Welthandelsrunde** (Doha-Runde), die aber bereits mehrfach am Verhandlungskapitel Landwirtschaft gescheitert ist. So weigern sich die Industrieländer – allen voran die Europäische Union –, ihre Agrarsektoren einem weitgehenden Protektionsabbau zu unterziehen, was bei großen agrarexportierenden Entwicklungs- und Schwellenländern (z.B. Brasilien, Argentinien, Indien), die in diesem Fall über Wettbewerbsvorteile verfügen, auf vehementen Widerstand stößt. *Doha-Runde*

Hauptorgan der WTO ist die mindestens alle zwei Jahre zusammentretende **Ministerkonferenz**. Auf ihr werden die wichtigsten handelspolitischen Weichen gestellt sowie Ausschüsse eingesetzt, in denen Grundsatzprobleme mit allgemeiner Bedeutung für die einzelnen Teilabkommen behandelt werden. Es gilt das Prinzip **„one country – one vote"**. Alle Mitglieder haben einen Sitz und eine Stimme. Der Ministerkonferenz sind ein **Sekretariat** und ein **Generaldirektor** zugeordnet. Operatives Hauptorgan ist der **Allgemeine Rat**. Er übt die Geschäftsführung zwischen den Ministerkonferenzen aus und bereitet diese zusammen mit dem Sekretariat vor. Ihm unterstehen die **Räte der drei Allgemeinen Hauptabkommen** (GATT, GATS, TRIPs) sowie der **TPRB (Trade Policy Review Body)**, dem jedes Mitglied in regelmäßigen zeitlichen Intervallen einen Bericht über seine aktuelle Handels- und Wirtschaftspolitik vorlegen muss. Ziel ist die Offenlegung der Außenwirtschaftspolitiken der Vertragsstaaten, um diese aufeinander abzustimmen und sie in Einklang mit den Entwicklungs- und Währungsmaßnahmen von Internationalem Währungsfonds und Weltbank zu bringen. *WTO-Organe*

Die WTO besitzt ein Streitbeilegungsgremium für Konflikte, die zwischen den einzelnen Mitgliedsländern bezüglich der drei Haupt- oder der Nebenabkommen auftreten können. Der **Streitschlichtungsmechanismus** wird ausgelöst, sobald ein WTO-Mitglied ein anderes des Vertragsbruchs beschuldigt, d.h. dieses die verbindlichen Vertragsbestimmungen nicht einhält oder zu Maßnahmen greift, die einer anderen Vertragspartei schaden. Zur Beilegung der Konflikte dienen der **Dispute Settlement Body** als erste Schiedsinstanz und der **Standing Appellate Body** als Berufungsinstanz. Zur Prüfung des Falls und zur Erarbeitung einer Konfliktlösung werden **Expertenpanels** eingesetzt. *Streitschlichtung*

Die bei der Streitschlichtung unterliegende Partei muss die Panel-Empfehlungen fristgerecht umsetzen; tut sie das nicht oder nur unvollständig, darf die geschädigte von der schädigenden Partei eine **Kompensationsleistung** auf freiwilliger Basis verlangen. Kommt hierbei keine Einigung zustande, kann die geschädigte Partei von der WTO offiziell dazu ermächtigt werden, gegen die schädigende Partei **Retorsionsmaßnahmen** (z. B. Strafzölle) einzuleiten oder gemachte Konzessionen außer Kraft zu setzen. Vor allem die führenden Handelsblöcke USA und EU machen vom Streitschlichtungsmechanismus regen Gebrauch (vgl. HAAS/NEUMAIR 2006, S. 87ff.).

Handelskonflikte

Bekannte Handelskonflikte, welche die WTO-Schiedsgerichte zum Teil über Jahre hinweg beschäftigten, sind der Konflikt um die **Bananenmarktordnung der EU**, das **EU-Importverbot für hormonbehandeltes Rindfleisch** aus den USA oder die **Exportsubventionspraxis** der USA im Rahmen der sog. **„Foreign Sales Corporations"**, d. h. Steuervergünstigungen für sog. Briefkastenfirmen in Offshore-Oasen bzw. Steuerparadiesen. Auch gegen die **Stahlzölle der USA** war ein Verfahren anhängig. Ein weiterer Fall betrifft die industriepolitisch motivierte Subventionierung im **Flugzeugbau**, die vor allem in den USA (Boeing) und der EU (Airbus) praktiziert wird. Wiederum andere Verfahren betrafen die Exportsubventionen durch die **EU-Zuckermarktordnung** und die **Baumwollsubventionen der USA**.

Protektionistische Elemente von Konjunkturpaketen

Mit der Ausbreitung der Weltwirtschafts- und Finanzkrise (vgl. Kap. 2.2.2) moniert die WTO, dass etliche staatliche Konjunkturpakete protektionistische Maßnahmen enthalten. Hierzu gehören z. B. **staatliche Stützungsmaßnahmen** für ausgewählte Branchen (z. B. Automobil- und Stahlindustrie), **„Buy National"-Bestimmungen** (z. B. die „Buy American"-Klausel des US-Konjunkturpaketes) oder **Anti-Dumping-Maßnahmen**. Bei den staatlichen Bankenrettungen lässt sich ein sog. **Finanzprotektionismus** beobachten, indem die finanzielle Stützung heimischer Banken ausländische Kreditinstitute benachteiligen könnte oder bei der Kreditvergabe inländische Kunden bevorzugt werden (vgl. HANDELSBLATT 2009c; NZZ 2009c).

Problemfelder des Welthandels

Die positiven Effekte der voranschreitenden Internationalisierung des Handels (steigender Wohlstand, Verbesserung und Intensivierung der internationalen Arbeitsteilung, Ausweitung unternehmerischer Absatzmärkte) sind offensichtlich. Allerdings resultieren aus dem Abbau von Handelshemmnissen und dem immer freier werdenden Warenaustausch auch unerwünschte Begleiterscheinungen. Diese reichen vom **Handel mit ethisch bedenklichen Gütern** (Giftmüll, Drogen, Waffen, Tiere etc.) über **Korruption, Wirtschaftsspionage** bis hin zur **organisierten Kriminalität**.

Produkt- und Markenpiraterie

Ein besonderes Augenmerk verdient die zunehmende Produkt- und Markenpiraterie, d. h. die gezielte Verletzung von Marken-, Patent-, Urheber- und sonstigen gewerblichen Schutzrechten sowie deren illegale Nutzung. Während früher vor allem Luxusartikel (z. B. teure Uhren, Schmuck und Lederwaren) gefälscht wurden, bleibt heutzutage nahezu keine Branche von Produkt- und Markenpiraterie verschont. Von Bekleidung, CDs und Software über Spielzeug, Elektroartikel und Telefone, Medikamente und Kosmetikprodukte bis hin zu Maschinen, Werkzeugen, Kfz-Teilen und kompletten Autos wird mittlerweile fast alles kopiert. Vom schlichten Ideenklau hat sich die Produktpiraterie heute zum Raub komplexer Technologien entwickelt. Wurden früher noch Kopien von schlechter Qualität und in kleinen Stückzahlen erzeugt, handelt es sich heute um professionelle Fälschungen, welche als Massengüter industriell produziert und vertrieben werden (vgl. FISCHER et al. 2002, S. 81). Der weltweite Umsatz mit gefälschten Waren beläuft sich Schätzungen zufolge auf 600 Mrd. US-$ jährlich. Wichtigstes Herkunftsland ist China, dessen Anteil an der Produkt- und Markenpiraterie weltweit auf mindestens 40% zu schätzen ist.

Von großer Bedeutung sind auch **Umweltdumping** (Schädigung der Umwelt durch den ausbeuterischen oder fehlerhaften Umgang mit natürlichen Ressourcen) und **Sozialdumping** (Kinderarbeit, Zwangsarbeit, menschenunwürdige Arbeitsbedingungen, Diskriminierung etc.). Aufgrund der zunehmenden weltwirtschaftlichen Verflechtungen versuchen Länder, wegen des stetig wachsenden Konkurrenzdrucks ihre Wettbewerbsfähigkeit auf den internationalen Märkten durch die strategische Nutzung niedriger Schutzniveaus im Umwelt- und Sozialbereich zu erhöhen. Vor allem Entwicklungs- und Schwellenländer sind oft nur durch die systematische Missachtung von Umweltschutz- und arbeitsrechtlichen Vorschriften in der Lage, Wettbewerbsvorteile zu erlangen (vgl. Kap. 4.6.1).

Umwelt- und Sozialdumping

Ein weiteres Problemfeld des Welthandels liegt in Risiken, die sich aus dem an den Handel geknüpften Transport von Waren, insbesondere auf dem Seeweg, ergeben. Zu nennen ist hier die **Gefährdung der maritimen Fauna und Flora** (vgl. Kap. 4.3.2).

Transportgefahren für die Umwelt

Ein weiteres, sich in jüngerer Zeit massiv verschärfendes Problem ist das Risiko durch Seepiraterie. So hat die Anzahl von **Schiffsentführungen und -überfällen**, insbesondere am Horn von Afrika, einer der wichtigsten Seetransportrouten, seit einiger Zeit drastisch zugenommen. Die Konsequenz daraus ist, dass die zu befördernden Güter teurer werden. Zum einen verteuern sich die Versicherungspolicen, zum anderen steigen die Frachtraten, weil Reedereien häufig Umwege in Kauf nehmen, was dann wiederum die Umwelt mehr belastet. Im Kampf gegen die Seepiraten werden daher seit einiger Zeit internationale Marineeinheiten (z.B. unter UN- und EU-Mandat) eingesetzt (vgl. HANDELSBLATT 2008d und 2008e).

Seepiraterie

4.2 Globale Direktinvestitionen

Neben dem Wachstum des Außenhandels sind die zunehmende Mobilität und der an Bedeutung gewinnende Einsatz des Produktionsfaktors Kapital ein weiterer **Indikator für die Globalisierung der Wirtschaft**. Global agierende Unternehmen treffen ihre Standortentscheidungen aufgrund von Standort- und Marktbedingungen, wobei nationalstaatliche Grenzen als den Handlungsspielraum limitierender Faktor praktisch nicht mehr ins Kalkül gezogen werden. Neue, die Kosten der Raumüberwindung reduzierende Technologien und eine zentrale Koordination internationaler Unternehmensaktivitäten ermöglichen eine **neuartige Fragmentierbarkeit der Wertschöpfung**. Die geographische Rekonfiguration betrieblicher Aktivitäten führt zur globalen Optimierung der gesamten Wertschöpfungskette (vgl. Kap. 5.3). Verschiedene Produktions- und Vertriebsstätten eines Unternehmens sind miteinander und/oder mit anderen Unternehmen verbunden. Möglich wird dies erst durch die internationale Tätigkeit von Direktinvestitionen im Ausland (vgl. KOCH 2000, S. 38).

4.2.1 Begriff und Motive

Begriffliche Abgrenzung

Grundsätzlich stellen **Auslandsinvestitionen** Kapitalanlagen eines Investors außerhalb des Staatsgebietes dar, in dem dieser ansässig ist. Dabei lassen sich zwei Formen von Auslandsinvestitionen unterscheiden: **Direktinvestitionen** stellen Kapitalanlagen im Ausland in Form von Unternehmensbeteiligungen mit der Absicht dar, auf die Unternehmenspolitik einen entscheidenden Einfluss zu nehmen. Sie treten in Form von Beteiligungskapital, reinvestierten Gewinnen, Grundbesitz sowie Finanz- und Handelskrediten auf. Als **Portfolioinvestitionen** gelten dagegen Wertpapieranlagen (z.B. Obligationen, Investmentzertifikate, Aktien etc.), mit denen kein maßgeblicher Einfluss auf die Unternehmenspolitik ausgeübt wird (vgl. NEUMAIR 2008, S. 2).

Statistische Qualifizierung

Zur statistischen Qualifizierung einer Direktinvestition wird von den meisten nationalen und internationalen statistischen Ämtern ein **Beteiligungsgrad von 10%** herangezogen. Dies bedeutet, dass ab einer Beteiligungsquote von 10% nicht mehr alleine von Rendite- und Spekulationsmotiven auszugehen ist, sondern das Kontrollmotiv im Mittelpunkt steht (vgl. DEUTSCHE BUNDESBANK 1999, S. 59; BÜTER 2007, S. 109).

Für die Tätigung einer Direktinvestition können unterschiedliche Motive von Bedeutung sein (vgl. NEUMAIR 2008, S. 3ff.; HAAS 2007, S. 69f.; WERNECK 1998, S. 28ff.; OPPENLÄNDER/GERSTENBERGER 1992, S. 4).

Markt- und absatzorientierte Motive

Markt- und absatzorientierte Motive liegen in der **Erschließung oder Pflege ausländischer Märkte**. Werden die Leistungen im Gastland abgesetzt, handelt es sich um **binnenmarktorientierte Direktinvestitionen**. Bei **exportorientierten Direktinvestitionen** steht dagegen die Versorgung von Drittmärkten oder des Heimatmarktes im Vordergrund. Neben Marktgröße und Marktwachstum in den Zielländern stellt auch die **Kundennachfolge** einen wichtigen Bestimmungsgrund für Direktinvestitionen dar. Unternehmen (z.B. Zulieferbetriebe) folgen ihren Kunden (etwa Industrieunternehmen) ins Ausland, um die Geschäftsbeziehungen aufrecht zu erhalten („Kielwasserinvestitionen"). Direktinvestitionen werden ferner zur **Umgehung protektionistischer Handelshemmnisse** getätigt, z.B. als Folge von Exportselbstbeschränkungsabkommen bei im Gastland nicht akzeptierten Exportaktivitäten, um diese Märkte „von innen" zu erschließen.

Beschaffungs- und faktororientierte Motive

Bei beschaffungs- und faktororientierten Motiven geht es um die **Beschaffung von Technologie, Humankapital, Rohstoffen, Vorprodukten** etc. Vor allem wegen der fortschreitenden Verknappung von Rohstoffen, besonders im Energie- und metallischen Bereich, spielen beschaffungsorientierte Motive für Direktinvestitionen eine immer größere Rolle, was sich unter anderem an den drastisch zugenommenen chinesischen Direktinvestitionen in südamerikanische und afrikanische Bergbauunternehmen ablesen lässt.

Kosten- und ertragsorientierte Motive

Kosten- und ertragsorientierte Motive stehen bei der **Nutzung von Kostenvorteilen** durch die Realisierung von Einsparungen, z.B. bei Produktions- und Transportkosten, insbesondere aber bei Lohn- und Lohnnebenkosten, im Vordergrund. An dieser Stelle setzt die Diskussion um die Verlagerung von Arbeitsplätzen ins Ausland (**„job export"**) an, wie sie in Deutschland unter anderem an den Beispielen des AEG-Werks in Nürnberg oder des Nokia-Werks in Bochum geführt wurde.

Politische Motive beziehen sich auf die **allgemeinen Rahmenbedingungen**, die von Unternehmen nicht unmittelbar beeinflusst oder verändert werden können. Günstig wirken sich erfahrungsgemäß etwa eine sichere politische Lage und Rechtsordnung, eine stabile gesamtwirtschaftliche Situation, die Gewährung von Subventionen, Steuervergünstigungen und billigen Krediten oder eine gut ausgebaute Infrastruktur aus. Vor allem für Direktinvestitionen in Entwicklungs- und Schwellenländern spielen solche Faktoren eine besondere Rolle.

Umweltmotive führen schließlich, beispielsweise im Grundstoff- und Produktionsgüterbereich, zu Investitionsentscheidungen im Ausland, wenn die Produzenten dort nicht nur mit **niedrigeren Umweltschutzauflagen** zu rechnen haben, sondern auch die Wahrnehmung von Umweltgefahren unter der Bevölkerung nur schwach ausgeprägt ist.

Politische Motive

Umweltmotive

4.2.2 Erscheinungsformen von Direktinvestitionen

In der Praxis kommen Direktinvestitionen im Zuge internationaler Kooperationen oder voll beherrschter Unternehmen vor.

Internationale Kooperationen treten vor allem in Form von **Joint Ventures** auf. Dabei handelt es sich um eine langfristige und vertraglich festgelegte Beteiligung zweier oder mehrerer Unternehmen aus verschiedenen Wirtschaftsgebieten am Kapital eines Unternehmens im Zielland, wodurch ein Gemeinschaftsunternehmen entsteht. Aufgrund des geteilten Kapitaleinsatzes verringert sich das Risiko und die Beteiligung eines lokalen Partners steigert die Akzeptanz im Gastland. Auch lassen sich die Vertriebswege des Partners vor Ort nutzen (vgl. WERNECK 1998, S. 22).

Die Gründung voll beherrschter Unternehmen, z.B. in Gestalt von **Tochtergesellschaften** (vgl. Kap. 5.2.2), erfordert dagegen einen Kapitaleinsatz in Höhe von 100%. Sie können sowohl durch Neugründung als auch Akquisition (Übernahme) entstehen. Im Rahmen von **Neugründungen** kommt es zum kompletten Aufbau eines Unternehmens auf der „grünen Wiese" (**„greenfield investment"**). Wettbewerbspolitisch bedeutet dies, dass ein neuer Wettbewerber mit einer neuen Gesellschaft in einen Auslandsmarkt eindringt (vgl. BÜTER 2007, S. 112). **Akquisitionen** stellen dagegen Übernahmen schon bestehender Unternehmen im Gastland dar (**„brownfield investment"**). Typisch für Akquisitionen ist der Beibehalt der rechtlichen Selbständigkeit des erworbenen Unternehmens. Die Akquisition kann auch in eine **Fusion** übergehen, bei welcher das übernommene Unternehmen nicht nur seine rechtliche Selbständigkeit verliert, sondern auch seinen spezifischen Marktauftritt einbüßt (vgl. ZENTES et al. 2006, S. 280).

Fusionen und Übernahmen (engl. **Mergers & Acquisitions** oder kurz **M&A**; vgl. dazu allgemein JANSEN 2008; PICOT 2005; WIRTZ 2006) haben in den letzten beiden Jahrzehnten einen neuen Stellenwert erhalten. Sowohl

Internationale Kooperationen

Gründung voll beherrschter Unternehmen

Mergers & Acquisitions

Tabelle 4-2: Bedeutende M&A-Transaktionen
(Auskunft des IMAA = Institute of Mergers, Acquisitions and Alliances)

Jahr	Name des Ziel-unternehmens	Name des Käufer-unternehmens	Branche (Käufer-unternehmen)	Transaktionswert in Mrd. US-$
1999	Mannesmann AG (Deutschland)	Vodafone AirTouch PLC (UK)	Tele-kommunikation	202,8
2000	Time Warner (USA)	America Online Inc. (USA)	Tele-kommunikation	164,7
2007	ABN-AMRO Holding NV (NL)	RFS Holdings BV (NL)	Finance & Investment	98,2
1999	Warner-Lambert Co. (USA)	Pfizer Inc. (USA)	Pharma	89,2
1998	Mobil Corp. (USA)	Exxon Corp. (USA)	Mineralöl	78,9
2000	SmithKline Beecham PLC (UK)	Glaxo Wellcome PLC (UK)	Pharma	76,0
2004	Shell Transport & Trading Co. (UK)	Royal Dutch Petroleum Co. (NL)	Mineralöl	74,6
2006	BellSouth Corp. (USA)	AT&T Inc. (USA)	Tele-kommunikation	72,7
1998	Citicorp. (USA)	Travelers Group Inc. (USA)	Finance & Investment	72,6
2001	AT&T Broadband & Internet Services (USA)	Comcast Corp. (USA)	Tele-kommunikation	72,0

Volumen als auch strategische Bedeutung derartiger Transaktionen nahmen deutlich zu. Megafusionen bewirken besondere Aufmerksamkeit, zumal derartige Transaktionen zumeist spontane Reaktionen auf den internationalen Finanzmärkten zur Folge haben. Tab. 4-2 zeigt die größten M&A-Transaktionen der letzten Jahre.

Bedeutende M&A-Transaktionen

Die größten M&A-Transaktionen sind in den Bereichen Telekommunikation, Finanzen, Pharma und Mineralöl angesiedelt. Doch gilt es auch den Nahrungs- und Rohstoffsektor zu erwähnen: Beispielsweise entstand durch die Fusion des Schokoladenproduzenten Mars mit dem Kaugummihersteller Wrigley der weltweit größte Süßwarenhersteller. Bei steigender Rohstoffnachfrage und zunehmenden Rohstoffpreisen verstärken sich auch spektakuläre M&A-Transaktionen in der Metall- und Bergbauindustrie. So übernahm der indische Stahlkonzern Mittal-Steel für 46 Mrd. US-$ den europäischen Stahlproduzenten Arcelor, während der britisch-australische Bergbaukonzern Rio Tinto 2007 rund 38 Mrd. US-$ für den kanadischen

Aluminiumhersteller Alcan zahlte (vgl. Neumair 2008, S. 8). Durch die internationale Finanz- und Wirtschaftskrise und wieder fallende Rohstoffpreise hat sich jüngst aber eine gewisse Zurückhaltung vor dem Abschluss derartiger Transaktionen eingestellt.

4.2.3 Entwicklung und Verteilung

Abb. 4-5 zeigt die Entwicklung der **weltweiten Direktinvestitionsbestände** seit Anfang der 1980er Jahre. Während der weltweite Direktinvestitionsbestand 1980 noch bei ca. 550 Mrd. US-$ lag, waren es 2007 bereits knapp 16 000 Mrd. US-$, was fast einer Verdreißigfachung entspricht. Vor allem in der zweiten Hälfte der 1980er Jahre, den späten 1990er Jahren und zu Beginn des neuen Jahrtausends wurde eine deutliche Zunahme internationaler Unternehmenszusammenschlüsse und -übernahmen beobachtet, die durch die weltweite Deregulierung und die fortschreitende Liberalisierung verschiedener Wirtschaftssektoren, vor allem innerhalb der Europäischen Union, weiter verstärkt wurde.

Entwicklung des weltweiten Direktinvestitions- volumens

Die 2008 einsetzende weltweite Wirtschafts- und Finanzkrise (vgl. Kap. 2.2.2) könnte dem Direktinvestitionsboom erstmals einen Dämpfer verleihen, indem Unternehmen wegen trüber wirtschaftlicher Aussichten oder Finanzierungsproblemen (vor allem bei fremdfinanzierten Investitionen) Investitionsprojekte verschieben oder auf Eis legen (vgl. Handelsblatt 2008f).

Was die sektorale Entwicklung der internationalen Direktinvestitionen betrifft, sind **deutliche Verschiebungen** zu erkennen. Während 1970 noch ca. 25% der weltweiten Direktinvestitionen auf den Primären Sektor, d.h. rohstofforientierte Produktionen, und 30% auf Dienstleistungen entfielen,

Sektorale Struktur

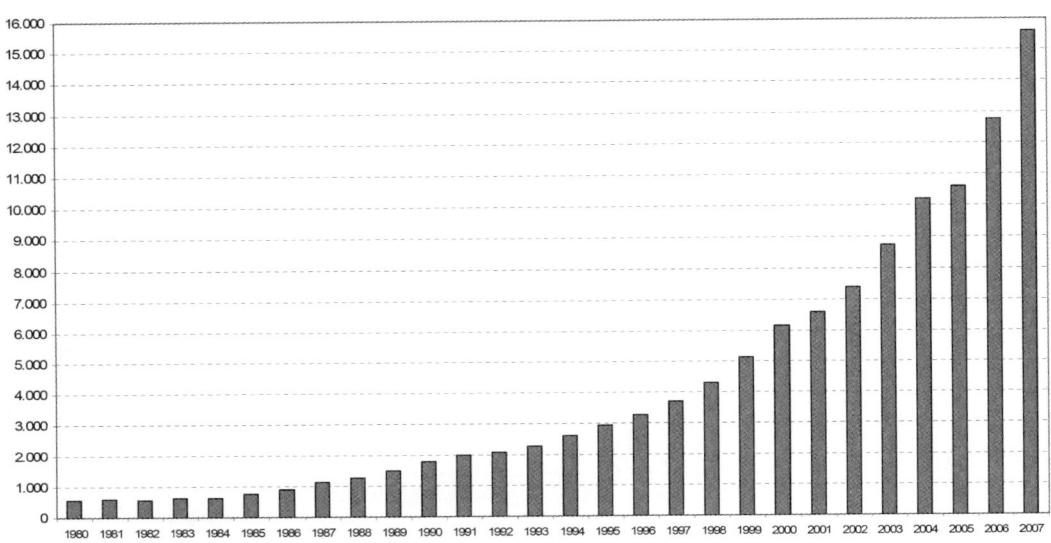

Abbildung 4-5: Entwicklung der weltweiten Direktinvestitionsbestände seit Anfang der 1980er Jahre in Mrd. US-$ (UNCTAD 2008a)

nimmt der Tertiäre Sektor heute bereits mehr als 60% aller Direktinvestitionen ein, auf Rohstoffe (z. B. Bergbau, Erdöl) entfallen dagegen nur noch weniger als 10% (vgl. UNCTAD 2008a; HAAS/NEUMAIR 2006, S. 55).

Regionale Struktur

Wichtigste Geber von Direktinvestitionen sind mit einem Anteil von über 80% die **Industrieländer**. Der Rest stammt aus den **Erdöl exportierenden Ländern** sowie sogenannten Finanzholding-Standorten oder **„Offshore"-Oasen** (z. B. Antillen, Bahamas, Bermudas). Der Anteil der **Entwicklungsländer** ist marginal. Als Empfänger dominieren mit einem Anteil von ca. zwei Dritteln ebenfalls die Industrieländer. Weitere wichtige Empfängerregionen sind die **ostmitteleuropäischen Transformationsstaaten** sowie die **ost- und südostasiatischen Schwellenländer**. Die geringen in die Entwicklungsländer fließenden Direktinvestitionen konzentrieren sich auf wenige Staaten mit großem Binnenmarkt, fortgeschrittener Infrastruktur und stabilen politischen Systemen.

Geberländer von Direktinvestitionen

Weltweit kamen bis 2007 rund 75% aller Direktinvestitionen aus nur zehn Ländern oder mehr als 50% aus nur fünf Ländern (vgl. Tab. 4-3). An oberster Stelle stehen die USA mit fast 18%. Es folgen mehrere westeuropäische Länder, unter denen sich Deutschland mit einem Anteil von 7,9% hinter Frankreich auf Platz vier befindet. Auffallend ist die Stellung der Benelux-Länder (zusammen 9,4%). Ursächlich dafür sind die Finanztransaktionen und Beteiligungen internationaler Unternehmen, die in diesen Ländern ansässig sind. Ferner fällt die auf den fortschreitenden wirtschaftlichen Entwicklungsprozess zurückgehende Position Chinas auf. Dabei ist zu beachten, dass ein großer Teil der chinesischen Direktinvestitionen im Ausland seinen originären Ursprung in Hongkong hat und sich darunter auch umfangreiche Investitionen der Auslandschinesen in Südostasien befinden.

Tabelle 4-3: Geberländer internationaler Direktinvestitionen 2007 (UNCTAD 2008a)

Rang	Land	DI-Bestand im Ausland in Mrd. US-$	Anteile am weltweiten DI-Bestand in %
1	USA	2 791,3	17,8
2	Großbritannien	1 705,1	10,9
3	Frankreich	1 399,1	8,9
4	Deutschland	1 235,9	7,9
5	Hong Kong, China	1 026,6	6,6
6	Niederlande	851,3	5,5
7	Spanien	636,8	4,1
8	Belgien	612,6	3,9
9	Schweiz	603,6	3,8
10	Japan	542,6	3,5
	Σ	11 404,9	72,9

Was die Zielländer internationaler Direktinvestitionen angeht (vgl. Tab. 4-4), entfallen mehr als 40% der weltweiten Direktinvestitionen auf nur fünf Länder, ca. 14% allein auf die USA, die damit auch auf der Empfängerseite den ersten Platz belegen. Auffallend ist, dass sich China (inklusive Hongkong) als Folge des anhaltenden Industrialisierungsbooms mittlerweile auf Platz drei vorgeschoben hat. Für die Beneluxländer gelten dieselben Sonderbedingungen wie auf der Geberseite. Während Deutschland auf Platz sieben rangiert, ist bemerkenswert, dass sich Japan als Empfänger von Direktinvestitionen nicht auf den ersten zehn Plätzen befindet.

Zielländer von Direktinvestitionen

Tabelle 4-4: Nehmerländer internationaler Direktinvestitionen in 2007 (UNCTAD 2008a – World Investment Report 2008)

Rang	Land	DI-Bestand im Inland in Mrd. US-$	Anteile am weltweiten DI-Bestand in %
1	USA	2 093,1	13,7
2	Großbritannien	1 347,7	8,8
3	Hong Kong, China	1 184,5	7,8
4	Frankreich	1 026,1	6,7
5	Belgien	748,1	4,9
6	Niederlande	673,4	4,4
7	Deutschland	629,7	4,1
8	Spanien	537,5	3,5
9	Kanada	520,8	3,4
10	Italien	364,9	2,3
	Σ	9 125,8	59,6

4.3 Infrastruktur der Weltwirtschaft

Infrastruktureinrichtungen stellen eine der wichtigsten Grundvoraussetzungen zur Teilnahme an weltwirtschaftlichen Prozessen dar. Erst durch die enormen Innovationen der letzten Jahrzehnte in diesem Bereich ist die Globalisierung in ihrer heutigen Form allgemein spür- und wahrnehmbar geworden. Besonders hervorzuheben sind die für den internationalen Handel unabdingbaren See- und Flughäfen, das nachgelagerte Straßen- oder Schienennetz zur Verteilung von Waren sowie eine moderne Informations- und Kommunikationstechnik zur Übermittlung von zweckorientiertem Wissen. Auch Ver- und Entsorgungseinrichtungen, Schulen und Universitäten sowie kulturelle und medizinische Einrichtungen tragen zur Attraktivitätssteigerung von Standorten im globalen Wettbewerb bei.

4.3.1 Ebenen und Formen von Infrastruktur

Infrastrukturbegriff

Der Begriff Infrastruktur stammt aus dem **militärischen Sprachgebrauch**. Dort bezeichnet er die Gesamtheit derjenigen Gebäude, Anlagen und Kommunikationsnetze, die für das Nachschubwesen, insbesondere im Hinblick auf die Versendung von Gütern und Nachrichten, erforderlich sind. Von Ökonomen wurde der Begriff in den 1960er Jahren aufgegriffen und seitdem mit zahlreichen Bereichen des öffentlichen Lebens in Verbindung gebracht, so dass eine einheitliche Definition nicht existiert. Als Standortfaktor besitzt Infrastruktur einen **residualen Charakter**, denn sie wird „als Summe der materiellen, institutionellen und personalen Einrichtungen und Gegebenheiten definiert, die den Wirtschaftseinheiten zur Verfügung stehen" (Jochimsens 1966, S. 100).

Ebenen der Infrastruktur

Die materielle Infrastruktur lässt sich in die **technische Infrastruktur** (Einrichtungen des Verkehrs, der Kommunikation sowie der Energie- und Wasserversorgung) und die **soziale Infrastruktur** (z. B. Krankenhäuser, Bildungseinrichtungen, Sportplätze und Altenheime) einteilen (vgl. Hahn 2003, S. 63). Auch kann eine Gliederung in **haushaltsbezogene Infrastruktur-Systeme** (Ausbildungs-, Gesundheits- und Freizeiteinrichtungen, Umweltqualität) sowie **unternehmensbezogene Infrastruktursysteme** (Einrichtungen des Verkehrs- und Nachrichtenwesens, der Ver- und Entsorgung sowie natürliche Ressourcen) vorgenommen werden (vgl. Schlag 1999, S. 17). Neben der materiellen Infrastruktur sind auch die **institutionelle Ebene** (Normen, Einrichtungen und Verfahrensweisen, wie z. B. WTO/GATT, Rechtsordnung, Kredit- und Steuersystem) sowie die **personale Ebene**, die Bevölkerung und deren Humankapital umfasst, Bestandteile der Infrastruktur (vgl. z. B. Kap. 4.1.3 und Kap. 3.3).

Fundament und Bedeutung für wirtschaftliche Aktivitäten

Infrastruktur stellt den Rahmen dar, innerhalb dessen sich wirtschaftliche Prozesse vollziehen und ist somit der notwendige **Unterbau zur wirtschaftlichen Entwicklung eines Raumes**. Sie ist das Fundament, auf welchem wirtschaftliche Aktivitäten bzw. Interaktionen zwischen Wirtschaftssubjekten stattfinden (vgl. Schlag 1999, S. 15). Bedingt durch den **geringen Grad an produktionsspezifischer Spezialisierung** von Infrastrukturleistungen, werden diese zu allgemeinen volkswirtschaftlichen Vorleistungen, die nahezu jede Wirtschaftseinheit für Produktion und Konsum in Anspruch nimmt. Da die Infrastruktur von den Wirtschaftssubjekten in der Regel nicht selbst erzeugt, sondern ihnen zur Verfügung gestellt wird, sind Infrastrukturleistungen per se keine handelbaren Güter, sondern gehen in die Produktion derjenigen Güter und Dienste ein, welche die Endnachfrage aufnimmt. Somit beeinflussen sie unmittelbar die Nutzungs- und mittelbar die Produktionsmöglichkeiten von Wirtschaftseinheiten und tragen zum Ausgleich bzw. bei ihrem Fehlen zur Verstärkung **raum- und sektordifferenzierender Gegebenheiten** bei (vgl. Jochimsens 1966, S. 101).

Infrastrukturausstattungen stellen eine zwingende Voraussetzung für die **Entwicklungsfähigkeit von Volkswirtschaften** dar, die sich in der positiven Korrelation von **Infrastrukturinvestitionen** und **wirtschaftlichem Wachstum** niederschlägt. Nachgewiesen werden kann, dass eine Vernachlässigung öffentlicher Infrastrukturinvestitionen eine zentrale Ursache für **Pro-**

duktivitätsverlangsamungen in Industrieländern darstellt, d.h. dass das Infrastrukturangebot die **Produktivität des privaten Kapitalstocks** und damit die **Impulse privater Investitionstätigkeit** beeinflusst. Auch sind die Vorteile für wirtschaftliches Wachstum umso größer, je besser die Infrastrukturausstattung einer Region ist. Die Verfügbarkeit von Infrastruktur zählt somit zu den wichtigsten Bestimmungsgründen bei der Standortwahl von Unternehmen (vgl. BUSCH/KLÖS 1995, S. 9ff.).

Von besonderer Bedeutung für eine internationale Wirtschaft sind die bereits vielfach zitierten technischen bzw. unternehmensbezogenen Infrastruktureinrichtungen des Verkehrs und der Kommunikation, auf die im Folgenden vertieft eingegangen wird.

4.3.2 Verkehr

Unter **Verkehr** als raumprägendes Phänomen wird die Bewegung von Personen, Gütern und Nachrichten zwischen Standorten zum Zwecke der Raumüberwindung verstanden. Die **Verkehrsnachfrage** lässt sich zentral in den Personen- und Güterverkehr, das **Verkehrsangebot** hinsichtlich folgender Merkmale einteilen (vgl. ABERLE 2002, S. 18f.; NEUMAIR/SCHLESINGER 2004, S. 118ff.): Verkehrsangebot und -nachfrage

- **Verkehrsträger** umfassen die Infrastruktur, die für den Einsatz eines bestimmten Verkehrsmittels vorhanden sein muss, damit eine Transportdienstleistung erbracht werden kann. Im engeren Sinne wird der Begriff Verkehrsträger häufig jedoch auch synonym mit Institutionen gleichgesetzt, die Verkehrsdienstleistungen (Betreiber von Verkehrsmitteln) erbringen. Unterteilen lassen sich diese in Eisenbahn-, Straßen- und Luftverkehr, Binnen- und Seeschifffahrt sowie Rohrfernleitungen.
- **Verkehrsinfrastruktur** umfasst die Verkehrswege mit ihren Leitsystemen und Umschlageinrichtungen sowie Planungsverfahren, Steuerungsformen und Regelsysteme wie die Straßenverkehrsordnung.
- Die eigentliche Verkehrsleistung wird von den **Verkehrsmitteln** als Transportgefäßen erbracht. Diese sind technische Einrichtungen und Geräte, die der Beförderung von Personen und Gütern dienen. Individuelle Verkehrsmittel sind z.B. Pkw und Lkw, öffentliche z.B. Bus, Bahn, Schiff und Flugzeug.
- **Verkehrssysteme** enthalten die strukturellen Komponenten, die zur Ortsveränderung von Personen oder Gütern erforderlich sind, d.h. die Verkehrsinfrastruktur sowie die notwendigen Transportmittel. Eine Abgrenzung kann nach den benutzten Verkehrsmitteln bzw. Verkehrswegen erfolgen. Ein Beispiel ist der kombinierte bzw. gebrochene Verkehr, bei dem mehrere Verkehrsträger (z.B. Schiene/Straße, Luftverkehr/Straße) durch spezifische Transportbehälter (v.a. Container) genutzt werden.

Das (weltweite) Verkehrsaufkommen hängt von der Kombination mehrerer **Bestimmungsfaktoren** ab. Hierzu gehören u.a. Intensität und Strukturen der internationalen Arbeitsteilung sowie der außenwirtschaftlichen Verflechtungen, der technologische Stand und die großräumige Lage von Volkswirtschaften, die Verteilung und Anordnung ökonomischer Aktivitä- Weltweites Verkehrsaufkommen ten im Raum, die Beschaffenheit der Verkehrsinfrastruktur sowie gesetzliche Regelungen (vgl. ABERLE 2002, S. 9). Auch Änderungen politisch-rechtlicher Rahmenbedingungen üben einen bedeutenden Einfluss auf das Verkehrsaufkommen aus. Zu nennen sind z.B. der Zusammenbruch des Ostblocks, der Verkehrsströme auf neue Zentren umleitete, demokratische Strukturen, die Freizügigkeit und Mobilität fördern, oder die Öffnung der Weltmärkte sowie der Aufbau regionaler Integrationsräume, die neue Handelsbeziehungen entstehen lassen. Schließlich wirkt sich v.a. die Höhe der Transportkosten aus.

Transportkosten

Transportkosten als **Kosten der Raumüberwindung** beziehen sich auf den Antransport der benötigten Produktionsinputs (Rohstoffe, Energie, Zulieferteile), die Beförderung von Materialien zwischen einzelnen Produktionsstufen sowie den Transport der Halbfertig- oder Fertigerzeugnisse zu den Konsumenten oder Unternehmen weiterverarbeitender Branchen. Sie umfassen Kosten für den **Fremdbezug von Transportdienstleistungen** (z.B. Luft-, Schiffs-, Straßen- und Bahnfrachten, beförderungsbedingte Abwicklungs- und Verpackungskosten), die **Bereitstellung von Transportkapazitäten** (z.B. Kosten für Beförderungssysteme und -personal) sowie **Transportbereitschaft und -durchführung** (z.B. Treibstoff- und Reparaturkosten, Mauten, Aufwendungen für Transportschäden). Die Höhe der Transportkosten bemisst sich nach den zu überwindenden Entfernungen, der Bedeutung der Transportzeit, der Verderblichkeit der Transportwaren, dem Zustand und der Dichte der Verkehrsverbindungen sowie der Gestaltung der Frachttarife. Von entscheidender Bedeutung ist auch das Verhältnis zwischen dem Wert des Transportgutes und den Transportkosten, d.h. wertvolle Güter können eher mit höheren Transportkosten belastet werden als weniger wertvolle (vgl. HEINEBERG 2003; S. 161; HAAS/NEUMAIR 2009).

Für gewöhnlich betrachtet der Endverbraucher Transportkosten nicht als Mehrwert von Gütern. Dennoch muss er sie über den Endpreis des Produktes tragen. Damit entscheiden die Transportkosten mit über die **Wettbewerbsfähigkeit eines Gutes**.

Neue und leistungsstarke Transportsysteme

Nun hat die allgemeine wirtschaftliche Bedeutung der Transportkosten im Zeitablauf stark ab- und damit das Verkehrsaufkommen deutlich zugenommen. Von besonderer Bedeutung sind dabei neue und leistungsstarke Transportsysteme. **Technologische Neuerungen** wie Megaschiffe, Pipelines, Großraumflugzeuge oder Hochgeschwindigkeitszüge haben Volumen, Geschwindigkeit, Sicherheit und Zuverlässigkeit der Transporte massiv verbessert.

Container- und Güterverkehr

Eine weitere wichtige Errungenschaft stellt der Container dar, welcher den Güterverkehr im Allgemeinen und den Seeverkehr im Speziellen grundlegend revolutionierte. Wurden Stückgüter früher in Kisten, Fässern und Säcken transportiert, die aufwändig per Hand ein- und auszuladen waren, brachte der Einsatz eines genormten Containersystems eine durchschlagende Erleichterung im Warentransport. Die US-Armee setzte im Koreakrieg erstmalig wiederverwendbare Stahlkisten zur Versorgung der Truppen ein. Nach dem Krieg kam es zu einer Weiterentwicklung des Systems und zur Einführung des internationalen Standards des 20-Fuß-Containers **(TEU = Twenty-Foot-Equivalent-Unit**; Länge: 6,1 m, Breite: 2,4 m, Höhe: 2,6 m). Durch seinen weltweiten Einsatz ließen sich enorme Zeit-

und Kostenersparnisse realisieren. Diese ergeben sich aus der Kombination mit ausgefeilten Logistik-Konzepten, z.B. beim Wechsel der Verkehrsmittel, da nun nur noch der größengenormte Container, nicht mehr aber größenungleiche Transportbehälter einzeln umgeladen werden müssen.

Aufgrund dieser Entwicklungen ist mit der weltweiten Zunahme des Außenhandels (vgl. Kap. 4.1.1) seit Jahrzehnten auch eine rege Intensivierung des Güterverkehrs zu verzeichnen. In jüngster Zeit wirkt sich aber die weltweite Finanz- und Wirtschaftskrise (vgl. Kap. 2.2.2) auch auf den Gütertransport, respektive den Containerverkehr, negativ aus. In Folge des Rückgangs des Handels- und damit auch des Transportvolumens bricht der Containerverkehr, ehedem ein Sinnbild der Globalisierung, stark ein. So ruhen zum Abbau von Überkapazitäten immer mehr Schiffe an sog. Auffliegerplätzen. Waren es laut dem Fachmagazin „AXS Alphaliner" im Oktober 2008 weltweit nur 70 Schiffe mit einer Gesamtkapazität von 150000 Standardcontainern, wurden im März 2009 bereits 485 Schiffe mit einer gesamten Stellmenge von 1,42 Mio. Containern vorübergehend aus dem Verkehr gezogen (vgl. RM 2009a).

Die wichtigste Bedingung, damit der Verkehr überhaupt fließen kann, ist die Verkehrsinfrastruktur, wobei jeder Verkehrsträger eigene Verkehrswege, wie z.B. das Schienen- und Straßennetz, aber auch Schifffahrts- und Flugrouten sowie korrespondierende Verkehrsknotenpunkte wie Bahnhöfe, Logistikzentren, See- und Flughäfen erfordert. Im internationalen Verkehr spielen v.a. die See- und Flughäfen die „Schlüsselrolle" für die Weltwirtschaft.

Verkehrswege und -knotenpunkte

Seehäfen lassen sich nach ihrer wirtschaftlichen Bedeutung, welche in vielen Fällen durch das Hinterland bestimmt wird, klassifizieren. **Lokalhäfen** bilden die unterste Ebene, verfügen über geringe Hinterlandsverflechtungen und dienen lediglich lokalen Interessen wie der Selbstversorgung (z.B. kleine Fischerhäfen). **Konsumhäfen** weisen gewisse Hinterlandsverflechtungen auf, wobei die Güter der Ein- und Ausfuhr nicht über die nähere Umgebung des Hafens hinausgelangen. Typisches Beispiel sind Sonderwirtschaftszonen, an denen importierte Rohstoffe unter günstigen Rahmenbedingungen (niedrige Steuern, Zollfreiheit, geringe Sozial- und Umweltstandards etc.) verarbeitet und anschließend wieder verschifft werden. **Sammelhäfen** haben dagegen die Aufgabe, Güter aus ihrem Hinterland zu konzentrieren, die im Hafen selbst nicht verbraucht oder verarbeitet werden, sondern auf dem Seeweg zu exportieren sind. Sie finden sich häufig in Entwicklungsländern zum Sammeln und Exportieren von Agrarprodukten. **Verteilungshäfen** hingegen sind nicht nur durch die Vielfalt der in ihnen umgeschlagenen Güter, sondern auch durch ihren weiteren Verkehrsanschluss an das Hinterland sowie die Verbindung mit anderen Häfen gekennzeichnet. Im Idealfall verfügen sie über eine gut ausgebaute trimodale Verkehrsanbindung, d.h. über Umschlagsanlagen, die Straße, Schiene und Wasser (See- und Binnenschifffahrt) miteinander verknüpfen. Neuerdings gewinnt auch die Anbindung an den Flugverkehr enorm an Wert. So werden z.B. die neu entstehenden See- und Flughäfen in Dubai gezielt miteinander verbunden. Als Sonderform der Verteilungshäfen sind die **Welthäfen** zu sehen, die international zu den größten Häfen zählen. Sie unterhalten direkte Schiffslinien in alle Teile der Erde. Darüber hinaus werden dort Güter per **Feederverkehr** (= Transport zur Verbindung kleinerer Häfen mit

Formen von Seehäfen

den großen Umschlagszentren) angeliefert. Ferner charakterisieren sie sich durch ein ausgedehntes Hinterland.

Bedeutende
Welthäfen Eine Übersicht über bedeutende Welthäfen ist Tab. 4-5 zu entnehmen. Zu beachten ist bei solchen Aufstellungen immer, welche Güter aufgeführt sind, da sich daraus enorme Unterschiede in der Bedeutung der Häfen ergeben können. Üblicherweise wird zwischen **Containern** und **Massengütern**, d.h. Saug- und Schüttgütern (z.B. Erz, Kohle, Getreide, Zucker) sowie Flüssiggut (z.B. Erdöl), unterschieden. Weiterhin ist bei Häfen oft ihre Bedeutung für einzelne Güter und/oder Regionen herauszustellen (z.B. Durban als größter Zuckerhafen in Afrika, Rotterdam als bedeutendster Erdölhafen Europas, Emden als wichtigsten Hafen für die Kfz-Verschiffung in Deutschland).

Allgemein liegt die **Stärke eines Hafens** in der Bereitstellung leistungsfähiger Umschlags-, Lager- und Verarbeitungseinrichtungen für möglichst viele Güterarten, wobei insbesondere im Containerverkehr der reibungslose Weitertransport per Schiff, Bahn oder Lkw (Transportkette) eine wesentliche Rolle spielt.

Tabelle 4-5: Welthäfen aggregiert nach Ländern, Container- sowie Massengutumschlag 2007 (eigene Zusammenstellung nach AAPA 2008)

Umschlag von ...	Containern			Massengütern		
Land	in 1 000	%*	Anzahl Top 100 Häfen	in 1 000 Tonnen	%*	Anzahl Top 100 Häfen
Australien	4 977	1,3%	3	**513 830**	**4,6%**	**5**
Brasilien	2 533	0,6%	1	**427 408**	**3,9%**	**5**
China	**114 943**	**29,3%**	**9**	**2 921 865**	**26,3%**	**11**
Deutschland	**14 809**	**3,8%**	**2**	252 756	2,3%	3
Frankreich	3 641	0,9%	2	**273 765**	**2,5%**	**4**
Indien	5 187	1,3%	2	**269 669**	**2,4%**	**5**
Japan	**14 036**	**3,6%**	**5**	921 375	8,3%	7
Malaysia	**14 269**	**3,6%**	**4**	219 664	2,0%	2
Niederlande	**10 790**	**2,7%**	**1**	489 021	4,4%	2
Singapur	**27 935**	**7,1%**	**1**	483 616	4,4%	1
Südkorea	**14 991**	**3,8%**	**2**	810 420	7,3%	5
Taiwan	**13 720**	**3,5%**	**3**	201 663	1,8%	2
USA	**22 800**	**5,8%**	**13**	1 375 093	12,4%	17
VAE	**12 823**	**3,3%**	**2**	130 938	1,2%	1
Σ	394 495			11 090 132		

Im Fettdruck die jeweils zehn bedeutendsten Länder pro Kategorie.

* Anteil der in den weltweit 100 größten Häfen gehandelten Container bzw. Massengüter

Das mengenmäßige Container- und Güteraufkommen (vgl. Tab. 4-5) in den einzelnen Ländern lässt aufschlussreiche Rückschlüsse über deren ökonomische Bedeutung zu. Die **USA als weltweit konsumstärkstes Land** verfügen mit 13 Container- bzw. 17 Massenguthäfen über die höchste Anzahl der Top 100 Häfen, die zur Deckung des Konsums beitragen. **Chinas** Bedeutung als **Werkstätte der Welt** lässt sich anschaulich mit dem 26%-Anteil der gehandelten Massengüter (i.d.R. Rohstoffe zur Produktion) sowie dem 29%-Anteil an den gehandelten Containern, in denen i.d.R. Fertigprodukte transportiert werden, aufzeigen. **Singapur** belegt mit dem größten Containerhafen der Welt seine Stellung als weltweit **einzigartiger Handelsplatz**. Die aufstrebenden **VAE (Vereinigte Arabische Emirate)** wiederum haben es bereits unter die zehn bedeutendsten Länder des Containerumschlags geschafft und zeigen somit ihre erfolgreichen **Diversifizierungsbestrebungen** sowie die Loslösung vom bisher dominanten Erdölexport anschaulich auf. **Brasilien** besticht durch den **Export von Massengütern** (Rohstoffen), wie z.B. Eisenerze, Erdöl, Fleisch, Zucker, Soja, Kaffee oder Kakao. Ähnlich verhält es sich mit **Australien**, das ein bedeutender weltweiter **Lieferant für mineralische** (Kohle, Eisenerz) und **agrarische** (Fleisch, Getreide und Wolle) **Rohstoffe** ist.

> Bedeutung des Container- und Güteraufkommens für nationale Ökonomien

Neben den Seehäfen zeigen die **Schifffahrtsrouten** die Stellung einzelner Länder und Regionen im weltweiten Warenverkehr. Karte 4-2 veranschaulicht die hohe Bedeutung der Triade (vgl. Kap. 3.1) sowie die geringe Bedeutung der Entwicklungsländer auf der Südhalbkugel. Auch lässt sich der Stellenwert Brasiliens, Australiens und Südafrikas als Rohstofflieferant für die Triaderegionen sowie die Verkürzung der Schifffahrtswege durch den Suez- und Panamakanal erkennen.

> Hauptverkehrswege des Seehandels

Neben dem Güter- wächst auch der Personenverkehr stetig. Dies liegt in der zunehmend international verflochtenen Wirtschaft begründet, die einen erhöhten Koordinations- und Kooperationsbedarf und damit Perso-

> Personenverkehr

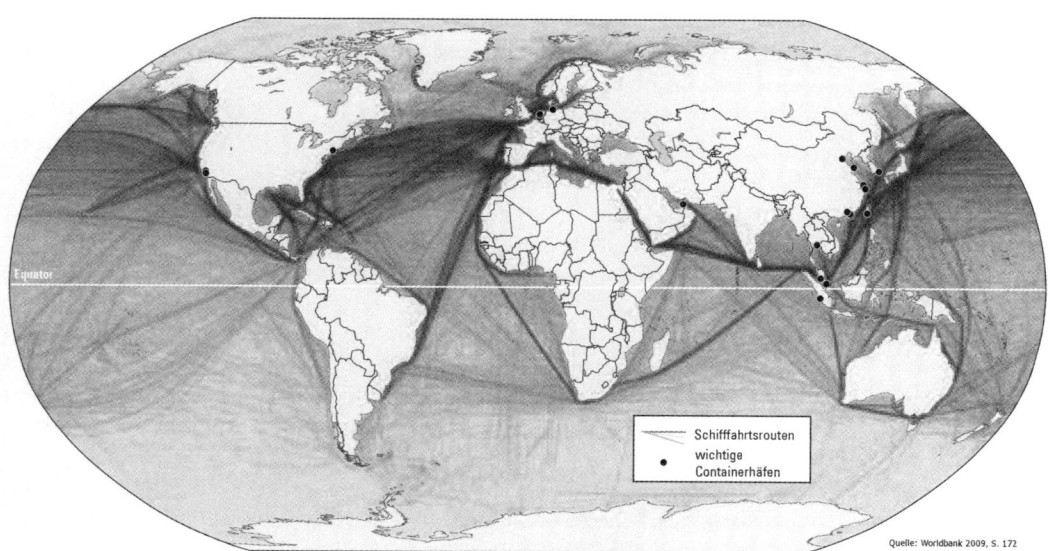

Quelle: Worldbank 2009, S. 172

Karte 4-2: Hauptverkehrswege des Seehandels

nenverkehr zur Folge hat, der zum großen Teil über den Flugverkehr abgewickelt wird. 2007 erreichte das weltweite **Passagierflugaufkommen** einen Umschlag von 4,8 Mrd. Fluggästen, 88,5 Mio. Tonnen Fracht und 76,4 Mio. Flugzeugbewegungen (= Starts und Landungen) (vgl. ACI 2008).

Personenluftverkehr Der Luftverkehr benötigt Flughäfen, die in internationale und regionale Verkehrsflughäfen unterteilt werden können. Als Kennzeichen **internationaler** – im Gegensatz zu regionalen – **Verkehrsflughäfen** gilt der grenzüberschreitende Luftverkehr. Der Status bzw. die Bedeutung eines Flughafens ist dabei in hohem Maße vom Netzwerk seiner Fluggesellschaften (Destinationen und Zubringerflüge) abhängig. Darüber hinaus entwickeln sich internationale Verkehrsflughäfen in jüngerer Zeit zu **multimodalen Logistikknoten**, bieten vermehrt Business- und Konsumdienstleistungen an und beeinflussen so als Knoten im globalen Verkehrssystem maßgeblich die Zentralität des jeweiligen Standortes (vgl. Oechsle 2005, S. 36ff.).

Die im Jahr 2008 weltweit **leistungsstärksten Flughäfen** (internationale und regionale Verbindungen) sind Atlanta mit 90 Mio. Passagieren, Chicago O'Hare (69 Mio.), London Heathrow (67 Mio.), Tokio Haneda (67 Mio.) und Los Angeles (60 Mio.). Betrachtet man hingegen nur das Passagiervolumen des internationalen Flugverkehrs, gelten London Heathrow (62 Mio.), Paris Charles de Gaulle (55 Mio.), Amsterdam (48 Mio.), Frankfurt a.M. (47 Mio.) und Hong Kong (46 Mio.) als bedeutendste Flughäfen. Was die Anzahl an Flugzeugbewegungen angeht, befinden sich insgesamt neun der Top Ten Flughäfen in den USA, was die dortige gewichtige Bedeutung des regionalen Flugverkehrs unterstreicht.

Güterluftverkehr Beim **Gütertransport** spielt der Flugverkehr mit unter 1% an den weltweit transportierten Gütern eine untergeordnete Rolle. Anders sieht es bei der Betrachtung des Wertes der gehandelten Güter – hier sind es ca. 40% aus, da sich der Luftfrachtverkehr auf **kapitalintensive** (Wertfracht), **kurzlebige** (z.B. Mode, Unterhaltungselektronik), **verderbliche** (Frischfracht, wie z.B. Obst, Blumen oder Fische) sowie **zeitkritische Güter** (Postsendungen) konzentriert (vgl. BPB 2006). Besonders die zentralen Drehkreuze der weltgrößten Post- und Paketdienste profitieren von diesem Umstand. So ist das Verteilerzentrum des Logistikdienstleisters FedEx am weltgrößten Frachtflughafen in Memphis/USA (3,7 Mio. t Fracht in 2008), das von UPS am neuntgrößten in Louisville/USA (1,9 Mio. t Fracht in 2008) angesiedelt (vgl. ACI 2009).

Wie dem Seeverkehr macht in jüngster Zeit die Weltwirtschaftskrise (vgl. Kap. 2.2.2) auch dem Luftverkehr zu schaffen. So lagen alleine die auf deutschen Flughäfen abgefertigten Frachtmengen im Februar 2009 um fast 17% unter dem Vorjahreswert. Der Passagierrückgang betrug ca. 12%. Weltweit werden bei den Fluggesellschaften überschüssige Passagier- und Frachtflugzeuge aus dem Verkehr gezogen sowie unrentable Strecken aus dem Programm genommen. Zur besseren Auslastung wichtiger Routen streben die Luftverkehrsunternehmen gleichzeitig Joint Ventures und sonstige Kooperationen untereinander an (vgl. RM 2009b).

Nachrichtenverkehr Neben dem Güter- und Personenverkehr bleibt schließlich noch der Nachrichtenverkehr zu erwähnen, der die materielle Beförderung wie **Post** und die Übermittlung durch **elektronische Impulse** zur Überbringung von Informationen und Nachrichten umfasst (vgl. Kap. 4.3.3).

Abschließend gilt es die **Raumwirksamkeit** des Verkehrs, v. a. die daraus entstehenden Umweltbelastungen, zu thematisieren, da es durch die verschiedenen Verkehrsmittel zu sehr unterschiedlichen Umweltbelastungen, wie z. B. Lärm, verkehrsbedingte Luftverunreinigungen (vor allem Partikelausstoß, Kohlenmonoxid, Blei, flüchtige organische Verbindungen, Stickstoffoxid und Schwefeldioxid), Boden- und Wasserbelastungen sowie Flächenverbrauch, kommt (vgl. NEUMAIR/SCHLESINGER 2004, S. 126 ff.).

Umweltbelastungen durch den Verkehr

Dabei ist zu beachten, dass z. B. der **Luftverkehr** die höchsten Belastungen im Betrieb, geringe jedoch durch die notwendige Infrastruktur verursacht. Dem steht der **Schiffsverkehr** mit den geringsten Umweltbelastungen im Betrieb gegenüber. Demnach ist der Gütertransport per Schiff anderen Verkehrsträgern ökologisch vorzuziehen. Stehen jedoch z. B. zeitkritische Aspekte im Vordergrund, wird häufig auf das Flugzeug ausgewichen. Daher ist neben der grundsätzlichen Zunahme des Verkehrs zudem seine Verlagerung auf das vergleichsweise umweltschädliche Verkehrsmittel Flugzeug besonders negativ zu werten. Positiv ist hingegen in einigen Bereichen die Entkoppelung des transportbedingten Energieverbrauchs vom Wirtschaftswachstum zu werten, die in besseren Logistikkonzepten, einer höheren Fahrzeugauslastung oder technischen Maßnahmen an den Transportmitteln liegt.

Ein weiterer ökologischer Problembereich ist die Gefährdung der Umwelt durch Unfälle mit ökologisch gefährlichen Stoffen und **absichtlich herbeigeführten Umweltverschmutzungen**. Diese Punkte treffen besonders auf die eigentlich umweltschonende Schifffahrt zu. Hierbei sind die unerlaubte Einleitung von Rückstandsprodukten, die beim Betrieb der Schiffsmotoren anfallen, das Überbordwerfen von Schiffsmüll, die nicht gestattete Entfernung von Schiffsabwasser sowie die verbotene Einleitung flüssiger Abfallprodukte zu nennen.

Am stärksten rückt die Bedrohung der Umwelt durch Havarien **großer Öltanker** (z. B. Exxon Valdes, Erika, Prestige), die ganze Küstenabschnitte und Seegebiete ökologisch verseuchen, in das öffentliche Bewusstsein. Auf der **ökologischen Seite** ist die Schädigung der maritimen Flora und Fauna, die sich direkt an Wasservögeln und Fischen zeigt, aber auch indirekt durch den langfristigen Gifteintrag, wie z. B. bei Muscheln, anzuführen. **Ökonomisch** haben Havarien massive **Auswirkungen** auf den Fischfang (Handelsverbote) und den Tourismus (verschmutzte Strände). Zu berücksichtigen sind auch Kosten für die Reinigung der Strände und die Bergung der Schiffswracks. Maßgeblich verantwortlich für derartige Havarien sind vor allem der sehr schlechte Zustand der Schiffe, die häufig nur einwandig sind, ein unklarer rechtlicher Status (Billigflaggen) und die damit verbundene Unklarheit, wer für Wartung und Aufsicht verantwortlich ist. So war z. B. die im November 2002 vor der galizischen Küste havarierte Prestige in griechischem Auftrag mit philippinischer Besatzung und russischem Schweröl von Lettland nach Singapur unterwegs, in Liberia registriert, der Eigentümer war auf den Bahamas ansässig.

Havarien

Um in Zukunft solche Havarien zu reduzieren, beschloss die EU, dass ab 2015 nur noch Tankschiffe mit einer doppelten Wand europäische Häfen anlaufen dürfen. Als weitere Maßnahmen werden ein Verbot von Tankern, die älter als 20 Jahre sind, eine Lotsenpflicht für gefährliche Wasserstraßen, technische Maßnahmen wie die Einrichtung von Schiffsleitstellen mit Weitbereichs-Radar entlang der Küsten, ausreichende Schlepperkapazitäten und die Errichtung von „safe havens", in die havarierte Schiffe geschleppt werden können, diskutiert (vgl. KOCH 2000, S. 13f.; LINGENHÖHL 2003, S. 16ff.).

4.3.3 Informations- und Kommunikationstechnik

IKT-Begriff

Die Liberalisierung der Telekommunikationsmärkte und das rasante Wachstum des Internets haben Wirtschaft und Gesellschaft nachhaltig verändert. Moderne Informations- und Kommunikationstechnologien (IKT) durchdringen alle Lebensbereiche und sind entscheidende Faktoren für mehr Produktivität, Wachstum und Beschäftigung. Der IKT-Sektor umfasst alle Wirtschaftsbereiche, die Informationen auf elektronischem Wege verarbeiten, übermitteln und darstellen, d.h. die Telekommunikation (Festnetz, Mobilfunk und Internet) sowie die Informationstechnologie (Hardware, Software und Dienstleistungen). Die zunehmende Verschmelzung der Sektoren Medien, Telekommunikation und Informationstechnologie führt nicht nur zu intensiveren Interdependenzen dieser Bereiche, sondern auch zu einem erheblichen Bedeutungsgewinn (vgl. PICOT et al. 2003, S. 161ff.).

Digital Divide

Nutzung und Zugang zur internationalen Informations- und Kommunikationsinfrastruktur sind weltweit extrem unterschiedlich verteilt. Besonders klaffend fällt der Unterschied zwischen Industrie- und Entwicklungsländern aus. Gemäß der Entwicklungsstufe digitaler Netzwerke und des Humankapitals unterscheidet die Weltbank zwischen (vgl. HAAS/NEUMAIR 2006, S. 110):

- **eLeaders**, die führend in der elektronischen Datenverarbeitung sind und meist der Gruppe der OECD- oder der Industrieländer angehören;
- **eTigers**, die sich aufgrund einer fortgeschrittenen Infrastruktur und eines ausgereiften Humankapitals an der Schwelle zur Informationsgesellschaft befinden;
- **eLoosers**, die weder über das zur Digitalisierung nötige Humankapital noch die entsprechende Infrastruktur verfügen.

Die Entwicklungsländer fallen zum größten Teil in die letzte Gruppe. Die Menschen, die das Internet nutzen, machen gerade einmal ein Fünftel der Weltbevölkerung aus. Während je ca. ein Drittel der Welt-Internet-Anschlüsse auf Nordamerika und Europa entfällt, sind es in Lateinamerika nur knapp 5%, in Afrika sogar unter 1%. Auch der Bevölkerungsanteil mit Zugang zum Internet fällt extrem unterschiedlich aus: Während in Afrika nur gut 5% der Bevölkerung über einen Internetzugang verfügen, sind es in Nordamerika knapp 74%. Diese **digitale Polarisierung** wird auch als Digital Divide (= Kluft zwischen Industrie- und Entwicklungsländern im Bereich der Informations- und Kommunikationstechnologien) bezeichnet (vgl. Karte 4-3). Neben den Internetanschlüssen können auch die Festnetzanschlüsse, Mobilfunknutzer oder PC's pro 100 Einwohner als Indikatoren herangezogen werden (vgl. INTERNET WORLD STATS 2008).

Ursachen globaler Wissens- und Informationskluft

Die Ursachen für diese globale Wissens- und Informationskluft, die sich auch als soziale Spannung zwischen „Information-Haves" und „Informa-

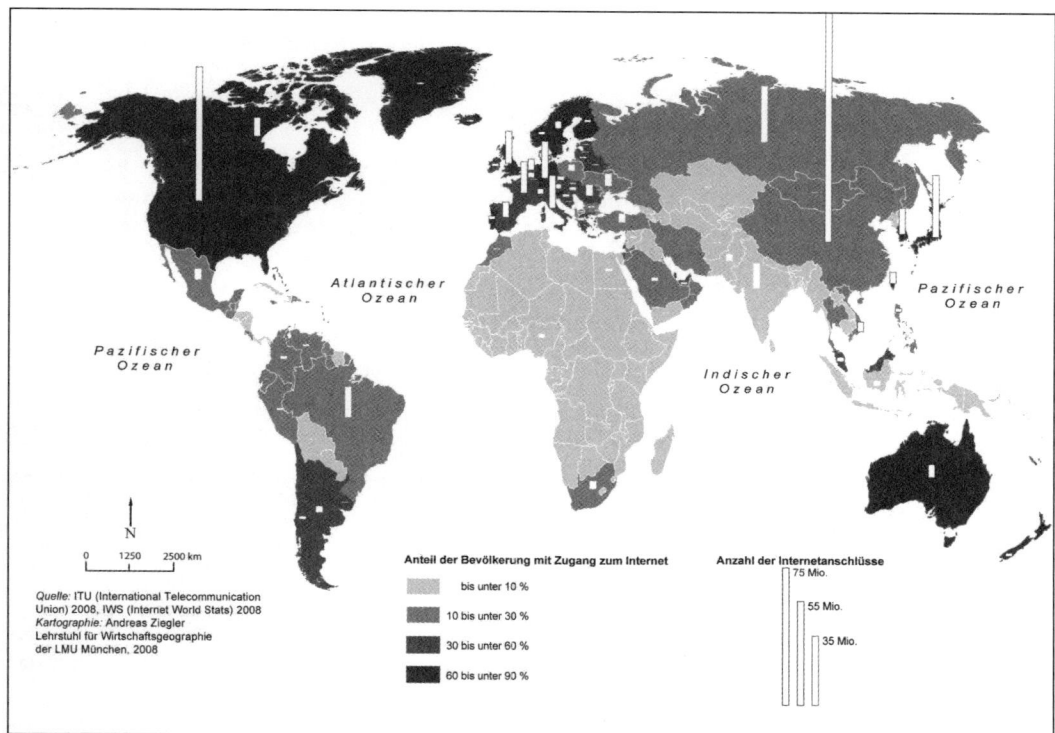

Karte 4-3: Digital Divide

tion-Have-Nots" beschreiben lässt, liegen in den **mangelnden technischen Voraussetzungen** für Internet-Anschlüsse in den Entwicklungsländern, die in einer häufig nicht gegebenen Stromversorgung mit zahlreichen Ausfällen in den Städten, dem oft gänzlichen Fehlen von Elektrizität in ländlichen Räumen sowie der geringen Anzahl von Telefonanschlüssen, insbesondere auf dem Land, zum Ausdruck kommen. Die – gemessen am Einkommensniveau der Entwicklungsländer – **hohen Kosten** für Hardware, Internet-Anschluss sowie Telefongebühren, aber auch **mangelnde Lese- und Schreibkenntnisse** tragen ihr weiteres dazu bei.

Mittelfristig dürfte sich daher der Mobilfunk zum aussagekräftigsten Digital-Divide-Indikator entwickeln, da der Aufbau von Mobilfunkanlagen im Vergleich zu Festnetzanschlüssen einfacher und kostengünstiger durchzuführen ist und der Mobilfunkanschluss durch das Zusammenwachsen und technische Verbesserungen der einzelnen IKT-Bereiche bereits oft den Hauptanschluss darstellt – was oft auch für Industrieländer schon gilt.

Insgesamt ist der digitale Bruch als Nicht-Teilnahme an global vernetzten Systemen zu verstehen und beinhaltet für Entwicklungsländer sozioökonomische Risiken in zweifacher Hinsicht: Zum einen die Abkopplung von Entwicklungsmöglichkeiten, zum anderen die Gefahr der zu schnellen und unvorbereiteten Konfrontation mit fremden Gesellschaftsformen und Kulturen (vgl. Dietz 2001, S. 51; Gräf 2008, S. 64).

4.4 Geographie der Kulturen und ihr Einfluss auf das Wirtschaftssystem

Die Globalisierung hat in ihren verschiedenen Erscheinungsformen eine Zunahme von Kontakten zwischen Menschen unterschiedlicher Sprache, Herkunft und Gewohnheiten zur Folge. Kulturelle Divergenzen sind zu einem viel diskutierten Thema geworden. Sie erschweren den Erfolg internationaler Wirtschaftskooperationen, da kulturbedingte Probleme meist sehr vielfältig und tiefschichtig sind.

4.4.1 Wesen und Einfluss von Kultur

Umgang mit kulturbedingten Managementproblemen

Bei der Internationalisierung der Geschäftstätigkeit kommen Unternehmen immer mit anderen Wirtschaftsräumen und Kulturen in Berührung, weshalb eine **Auseinandersetzung mit fremden Kulturen** stattfinden muss. Denn was sich auf dem Heimatmarkt als Managementpraxis bewährt hat, greift auf ausländischen Märkten möglicherweise zu kurz, stößt auf Ablehnung oder löst Konflikte aus. Der erfolgreiche Umgang mit derartigen Managementproblemen, welche sich aus **kulturellen Überschneidungssituationen** ergeben, ist das Ziel des **interkulturellen Managements**, welches sich mit dem optimalen Einsatz und der Führung von Mitarbeitern im Kontext verschiedener Kulturen und Gesellschaftssysteme befasst. Demgegenüber beschäftigt sich das **interkulturelle Marketing** mit der Frage nach Standardisierung oder Anpassung der Marktbearbeitungsstrategien und der Marketinginstrumente (Produkt-, Kommunikations-, Preis- und Distributionspolitik) an fremde, von der Landeskultur geprägte Marktbedingungen. Diese beiden Aspekte zählen zu der akteursspezifischen Auslandmarktbearbeitung, auf welche an dieser Stelle nicht eingegangen werden kann (vgl. dazu z. B. BERGEMANN/SOURISSEAUX 2003; HAAS/NEUMAIR 2006, S. 461 ff. und 749 ff.; MÜLLER/GELBRICH 2004; USUNIER/WALLISER 1993; ZENTES et al. 2006, S. 428 ff.). Stattdessen stehen hier der Kulturbegriff, der Einfluss von Kultur auf das Wirtschaftssystem sowie Kulturdimensionen im Vordergrund.

Kulturbegriff

Kultur ist einer der komplexesten Begriffe. Neben seiner Verwendung im alltäglichen Sprachgebrauch – im Sinne von Tradition und Brauchtum oder allem vom Menschen Geschaffenen, gewissermaßen als **Gegenpol zur „Natur"** – wird er von vielen wissenschaftlichen Fachrichtungen in ihre Betrachtungen einbezogen und vor dem jeweiligen disziplinären Hintergrund definiert. Eine allgemein anerkannte Definition existiert nicht. Im Kontext internationaler Unternehmenstätigkeit betrachtet man Kultur als **Teil der Unternehmensumwelt**, welche die Handlungen der Individuen und die Organisationsstrukturen beeinflusst.

Kultur als gruppenspezifisches Phänomen

Kultur ist an die menschlichen Träger gebunden, wird von diesen kollektiv erschaffen und gilt daher als **soziales Phänomen**. Es wird vom Individuum erlernt und innerhalb der Gruppe weitergegeben. Als gruppenspezifisches Phänomen wirkt es integrierend und strebt nach Konsistenz. Für das Individuum stellt Kultur ein Instrument dar, welches hilft, sich an die Umwelt anzupassen – somit wirkt Kultur **verhaltenssteuernd**. In langfristiger Sicht ist Kultur wandlungs- und anpassungsfähig und weist somit eine gewisse Dynamik auf. Für den einzelnen Menschen setzt der kulturelle Rahmen die Standards für Wahrnehmung und Bewertung von Informationen, die Entscheidungsfindung und das daraus resultierende Handeln.

Um einen möglichst griffigen Zugang zum komplexen und vielschichtigen Phänomen Kultur zu schaffen, definiert der Kulturforscher HOFSTEDE (2001, S. 4) Kultur als die „kollektive Programmierung des Geistes, die die Mitglieder einer Kategorie von denen anderer Kategorien unterscheidet". Der Begriff „Kategorie" von Menschen kann sowohl Nationen oder Ethnien bezeichnen als sich auch auf demographisch definierte Schichten oder Tätigkeits- bzw. Berufsgruppen beziehen. *(Kollektive Programmierung)*

Für das Agieren eines Unternehmens im Ausland bzw. den Kontakt mit ausländischen Geschäftspartnern ist von besonderem Interesse, dass dem Individuum die eigene Kultur größtenteils nicht bewusst ist. Das **Bündel unbewusster Verhaltensmuster**, das, was innerhalb einer Kultur als „normal" gilt, wird erst durch den Kontrast zwischen dem „Fremden" und dem „Eigenen" deutlich und kognitiv wahrgenommen. Durch Interaktion mit Angehörigen anderer Kulturen sowie durch Reflexion der eigenen und der fremden Kultur kann es gelingen, mit dem „Fremden" vertraut zu werden. Bei intensivem Kontakt kommt es allerdings möglicherweise auch – in Abhängigkeit vom Grad der Fremdheit – zu einem **Kulturschock** (vgl. HAAS/NEUMAIR 2006, S. 351). Damit ist ein Verhaltenszustand gemeint, der auf der plötzlichen Konfrontation mit den Umweltzuständen einer fremden Kultur beruht und zunächst eine schockartige Verwirrung hervorruft, die insbesondere bei weniger auslandsorientierten Menschen in die emotionale Ablehnung einer Kultur übergeht.

Aus der Vielzahl der Kulturelemente, die sich in der Literatur finden, können zum Verständnis kulturell bedingter Probleme im Interkulturellen Management die folgenden betrachtet werden (vgl. HOFSTEDE 2001, S. 8ff.; APFELTHALER 1999, S. 65ff.): *(Kulturelemente)*

- **Symbole:** Worte, Objekte und Gesten, deren Bedeutung auf Konventionen der jeweiligen Gemeinschaft basiert und nur mit deren Hilfe entschlüsselt werden kann. Dazu zählen auch Sprache, Nahrung und Essgewohnheiten, Kleidung und Baustile. Sie stellen die Außenansicht einer Kultur dar.
- **Helden:** Personen, die als Vorbilder für das eigene Verhalten dienen.
- **Rituale:** Aktivitäten, die kollektiv ausgeführt werden und deren Bedeutung vor allem in sozialen Funktionen begründet ist.
- **Werte und Normen:** Vorstellungen und Gefühle, welche die Mitglieder einer Gesellschaft teilen und die die Umwelt strukturieren, indem sie festlegen, was gut und böse sowie richtig und falsch ist.

Üblich ist auch die Unterscheidung von Kultur in eine Ebene der Percepta und eine der Concepta (vgl. HOLZMÜLLER/BERG 2002, S. 885; KUTSCHKER/SCHMID 2006, S. 678ff.). Die Ebene der **Percepta** umfasst deskriptive Aspekte: Verhaltensmuster (Sprache, Sitte, soziale Strukturen) sowie materielle Kultur der Verhaltensergebnisse (Kleidung, Architektur etc.). Die Ebene der **Concepta** hingegen enthält explikative Elemente und ist nicht direkt beobachtbar. Auf dieser Ebene sind Einstellungen, Werte, Normen etc. angesiedelt.

Kulturerdteile   Kulturen lassen sich stets mit Räumen in Verbindung setzen. Der von Albert Kolb geprägte Begriff Kulturerdteil bezeichnet einen Raum subkontinentalen Ausmaßes, dessen Einheit auf dem individuellen Ursprung der Kultur, der einmaligen Verbindung landschaftsgestaltender Natur- und Kulturelemente, der eigenständigen geistigen und gesellschaftlichen Ordnung und dem Zusammenhang des historischen Ablaufes beruht. Als Abgrenzungskriterien für Kulturerdteile werden fünf Merkmale herangezogen (vgl. NEWIG 1986, S. 264):

- **Normatives Leitsystem:** dominante Religionen oder Ideologien,
- **Kommunikations- und Infrastruktursystem:** Sprache, Schrift, Rechtssystem, Gebräuche, Kleidung,
- **Hautfarbe und Rasse:** ererbte physiognomisch wahrnehmbare Elemente,
- **Wirtschaftssystem** als Ausdruck der dominanten Ideologie,
- **Lagesituation:** Durchgangsgebiete versus isolierte Lagen in ihrer Wirkung auf die Intensität interkulturellen Austausches.

Auf Basis dieser Merkmale lassen sich zehn Kulturerdteile identifizieren: Nordamerika (Anglo-Amerika), Lateinamerika (Ibero-Amerika), Europa, Russland bzw. die ehemalige Sowjetunion, der Orient, Schwarzafrika, Ostasien mit Zentralasien, Südasien, Südostasien und Australien mit Ozeanien.

Kulturkreise   Insbesondere nach dem Wegfall der Ost-West-Dualität und der Konkurrenz der politischen Systeme ist ein neuerliches Interesse an einer kulturell begründeten Gliederung der Welt entstanden, das vor allem durch Samuel

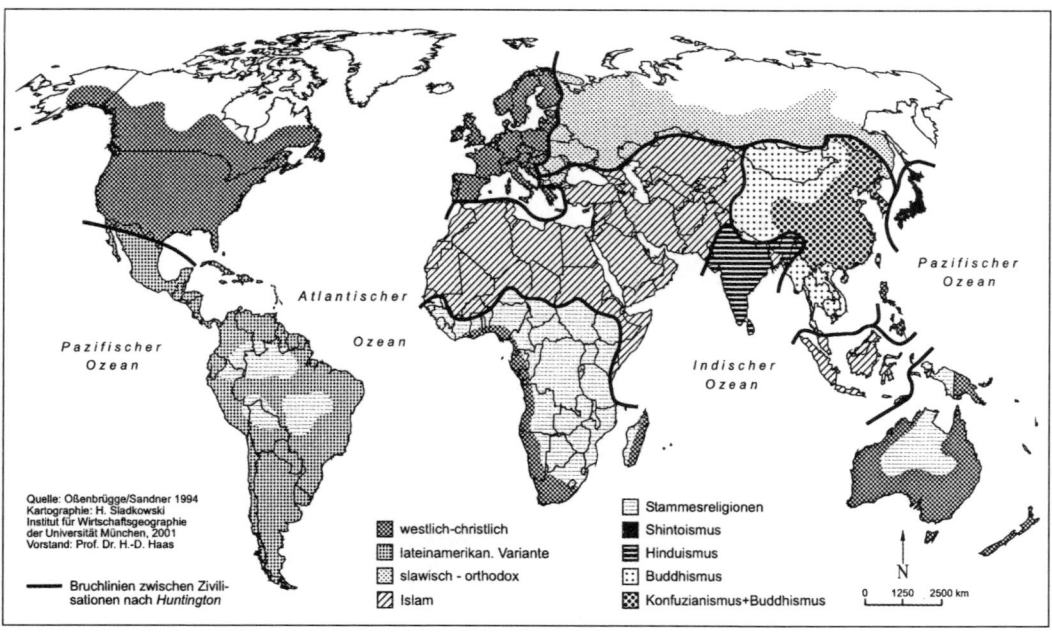

Quelle: Oßenbrügge/Sandner 1994
Kartographie: H. Sladkowski
Institut für Wirtschaftsgeographie
der Universität München, 2001
Vorstand: Prof. Dr. H.-D. Haas

—— Bruchlinien zwischen Zivilisationen nach *Huntington*

westlich-christlich
lateinamerikan. Variante
slawisch - orthodox
Islam

Stammesreligionen
Shintoismus
Hinduismus
Buddhismus
Konfuzianismus+Buddhismus

N

0   1250   2500 km

Karte 4-4: Die Kulturerdteile

HUNTINGTON (1996) mit seinem Buch zum **„Kampf der Kulturen"** befördert wird. Huntington spricht in diesem Zusammenhang von Kulturkreisen. Dabei handelt es sich um „die höchste kulturelle Gruppierung von Menschen und die allgemeinste Ebene kultureller Identität der Menschen unterhalb der Ebene, die den Menschen von anderen Lebewesen unterscheidet. Sie definiert sich sowohl durch gemeinsame, objektive kulturelle Elemente wie Sprache, Geschichte, Religion, Sitten, Institutionen als auch durch die subjektive Identifikation der Menschen mit derselben" (HUNTINGTON 1996, S. 56). Huntington unterscheidet folgende Kulturkreise: Sinisch (Konfuzianismus und Buddhismus), japanisch (Shintoismus), hinduistisch, islamisch, westlich (christlich), lateinamerikanisch (eventuell als Variante des westlich-christlichen Kreises), afrikanisch (teils Stammesreligionen, teils christlich) (vgl. Karte 4-4).

Huntington vertritt die These, dass sich durch zunehmenden Fundamentalismus die Konflikte zwischen den Gesellschaften einzelner, religiös geprägter Kulturräume, insbesondere zwischen der westlichen Welt einerseits und der sinischen sowie der islamischen Welt andererseits, verschärfen. An den **Bruchlinien der Kulturkreise** kommt es zwangsläufig zu dauerhaften Auseinandersetzungen. Nach Beendigung des Kalten Krieges geraten nichtwestliche Gesellschaftssysteme durch die allgemein beobachtbaren Tendenzen der Globalisierung in tiefe kulturelle Krisen, während Entwicklungsmodelle, Werte und Normen der westlichen Welt an Bedeutung gewinnen. Es lassen sich drei Möglichkeiten unterscheiden, mit denen nichtwestliche Gesellschaften auf die kulturelle, wirtschaftliche und politische Hegemonie des Westens reagieren können: (1) **Rückbesinnung auf regional-lokale Identitäten**, die in Fundamentalismus übergehen können; (2) Versuch der **Anpassung an die westliche Kultur**; (3) **Modernisierung ohne Verwestlichung**, indem in Koalition mit anderen, nichtwestlichen Gesellschaften wirtschaftliches, politisches und militärisches Wachstum erzielt werden soll.

4.4.2 Kultur und Religion

Die in den Konzepten der Kulturerdteile und -kreise dominante Rolle der Religion weist vielfache Implikationen für das **Wirtschaftssystem** bzw. das **Handeln wirtschaftlicher Individuen** auf.

Häufig betrachtet man die **protestantische Ethik** als Basis des heutigen demokratisch-marktwirtschaftlichen Modells. Im **Protestantismus-Kapitalismus-Modell** nach Max Weber wird die Bewährung im Leben durch Tüchtigkeit und Erfolg im Beruf als Zeichen der Erwählung gesehen (vgl. SCHWALD 1999, S. 92). Auch die zunehmende Individualisierung steht demnach in engem Zusammenhang mit der protestantischen Ethik (vgl. RINSCHEDE 1999, S. 191 f.). Die Verbindungen zwischen der Individualisierung der Gesellschaft und der rastlosen Berufsarbeit sowie der rationalen Selbstkontrolle werden aufgezeigt. Die ebenfalls in der protestantischen Ethik verwurzelte **asketische Spareigung** führt zur Kapitalbildung. In der katholischen Kirche erfährt dagegen das **Solidaritätsprinzip** eine stärkere Betonung, weshalb hier mehr Elemente der Sozialbindung von Eigentum und

Christentum

99

Produktivmitteln zu finden sind. Mit der Grundethik dieser christlichen Strömung ist die soziale Marktwirtschaft besser zu vereinbaren.

Islam　Grundsätzlich fördert der Islam das Privateigentum und ist daher zunächst als kapitalistisch einzustufen. Die islamische Wirtschaftsethik weist viele Parallelen zur christlichen auf: Eine grundsätzlich **positive Einstellung zur Wirtschaft, persönliche Leistung als Wert** sowie **Vermeidung von Ungleichverteilung** sind prägende Elemente (vgl. RINSCHEDE 1999, S. 190). In seinem Selbstverständnis sieht sich der Islam jedoch als dritte Alternative neben dem kapitalistischen und dem sozialistischen Modell (vgl. SCHWALD 1999, S. 107). Das Menschenbild ist eher religiös als materialistisch ausgerichtet. Seine Handlungen beruhen auf einer **ethischen Solidarverpflichtung** gegenüber anderen Muslimen. Wohlhabende Mitglieder sind moralisch verpflichtet, durch Spenden oder Almosen für einen sozialen Ausgleich zu sorgen. Somit wird dem wirtschaftenden Individuum mehr Solidarität abverlangt, als dies in der christlichen Gesellschaft durch das „fair-play"-Gebot vorgegeben wird. Eine Besonderheit ist auch das im Koran festgeschriebene allgemeine **Zinsverbot**, das den Produktionsfaktor Kapital in streng islamischen Ländern verknappt und rigorosen Kontrollen unterstellt.

Hinduismus　Der Hinduismus ist mit der Betonung der **Askese**, der seelischen Reinigung durch Verzicht, dem **Kastenwesen**, welches keine sozialen Aufstiegsmöglichkeiten zulässt, sowie der Hoffnung auf ein besseres Leben durch **Wiedergeburt** für Angehörige westlicher Kulturen vielleicht am schwierigsten zu verstehen (vgl. SCHWALD 1999, S. 124ff.). Die klassischen Konzepte des wirtschaftlich handelnden Menschen in der westlichen Ökonomie (nutzenmaximierendes oder opportunistisches Handeln) versagen vor diesem kulturellen Hintergrund – zumindest solange nicht das Erreichen einer höheren Kaste bei der Wiedergeburt als ökonomischer Nutzen interpretiert wird.

Buddhismus　Ein besonderes Merkmal des Buddhismus ist das Fehlen einer verpflichtenden Ideologie und religiösen Indoktrination. Dem einzelnen Gläubigen kommt eine höhere **Selbstverantwortung** zu, sein Glauben soll auf rationalen Entscheidungen beruhen. Kennzeichnend für die buddhistische Wirtschaftsethik ist eine der protestantischen ähnliche **Individuenprägung** mit einem geradezu „obsessiven Perfektionismus" (FUKUYAMA 1995, S. 223). Das buddhistische Arbeitsverhalten gilt als besonders erfolgreiche Mischung, da der Perfektionstrieb mit dem Prinzip der Askese, dem Verzicht auf egozentrisches Verhalten, aber auch mit der Förderung individueller Fähigkeiten kombiniert wird. Die darauf beruhende dominante Leistungsethik spiegelt sich nicht nur im wirtschaftlichen Handeln, sondern auch im Bildungswesen wider (vgl. SCHWALD 1999, S. 135).

Konfuzianismus　**Leistungsorientierung, Lernbereitschaft, Sparsamkeit** und **Gruppenorientierung** gelten als zentrale Merkmale konfuzianischer Wirtschaftsethik (China, Taiwan, Hongkong, Singapur und chinesische Gemeinschaften im Ausland) (vgl. RINSCHEDE 1999, S. 187f.). Mitgliedern westlicher Kulturen fremd und gleichzeitig von herausragender Bedeutung für das wirtschaftliche Handeln sind das **Harmonieprinzip** und die Gruppenorientierung. Sie haben eine Einschränkung des Individuums zugunsten der Gruppe zur Folge, der einzelne Mensch drängt sich nicht in den Vordergrund und betont nicht seine eigene Leistung. Als Gegenleistung stehen dem Individuum Sicherheit und ein anteiliger Gruppenertrag zu. Damit zusammenhängend ist auch das **„Guanxi"-Prinzip** zu interpretieren (vgl. WEGGEL 1989). Normen werden immer im Kontext der Gruppe angewendet und nicht auf „Fremde". Jenseits der Gruppe herrscht ein niedriges Vertrauensniveau und es gelten andere „Spielregeln" (vgl. FUKUYAMA 1995, S. 121).

Die gewisse **Verwandtschaft zu animistischen Naturreligionen** aufweisende Religion des Shintoismus zeigt in ihrem heutigen Verbreitungsgebiet, insbesondere Japan, Verschichtungen zum Buddhismus und Konfuzianismus (vgl. SCHWALD 1999, S. 149ff.). Die Kombination aus drei Lehren mündet in ein Wertesystem, das gemeinhin vor allem mit strikter Disziplin und Gruppenloyalität in Verbindung gebracht wird (vgl. RINSCHEDE 1999, S. 187).

Shintoismus

4.4.3 Kulturdimensionen

Auf keiner Maßstabsebene kann Kultur in ihrer Gänze gemessen werden. Die bedeutendste Untersuchung mit dem Ziel, Kulturunterschiede in einem quantitativen Vorgehen aufzuzeigen, ist die **IBM-Studie** von HOFSTEDE (2001) aus den Jahren 1968 und 1972, in der in 72 Ländern Mitarbeiter der US-amerikanischen Firma IBM befragt wurden. Das Ergebnis bilden vier sog. **Kulturdimensionen** (vgl. REHNER 2004, S. 21ff.).

Messbarkeit von Kultur

Die Machtdistanz beschreibt das Ausmaß, in dem weniger mächtige Mitglieder der Gesellschaft eine **ungleiche Machtverteilung** erwarten und akzeptieren. Gemessen wird der Machtdistanzindex z.B. anhand von Führungsstilen sowie der Möglichkeit, Vorgesetzten oder mächtigeren Personen zu widersprechen. In Ländern mit niedriger Machtdistanz, z.B. Niederlande, Großbritannien, den skandinavischen Ländern und den USA, erwarten auch die Mitarbeiter in untergeordneten Positionen, in die Entscheidungsprozesse eingreifen zu können. Es herrscht eine begrenzte Abhängigkeit des Mitarbeiters von seinem Vorgesetzten und eine Interdependenz zwischen beiden. Hierarchie im Unternehmen bedeutet eine Ungleichheit der Rollen, die aus praktischen Gründen – um reibungslose Arbeitsabläufe zu sichern – akzeptiert wird. In Ländern mit großer Machtdistanz, z.B. den lateinamerikanischen, asiatischen und afrikanischen Ländern sowie in Frankreich und Spanien, stellt man dagegen eine große Abhängigkeit des Mitarbeiters vom autokratischen oder patriarchalischen Vorgesetzten fest.

Machtdistanz

Diese Dimension misst, ob sich die Mitglieder einer Gesellschaft selbst als ein unabhängiges Individuum sehen oder sich über die Zugehörigkeit zu einer bestimmten Gruppe definieren. Je niedriger der **Individualismusindex** ist, desto kollektivistischer ist die jeweilige Gesellschaft. Besonders hohe Individualismuswerte sind im anglo-amerikanischen Einflussbereich zu erkennen, ebenfalls individualistisch geprägt sind die meisten europäischen Länder. Dagegen ist der gegenteilige Pol, der Kollektivismus, in den lateinamerikanischen Ländern sowie in Asien besonders ausgeprägt.

Individualismus versus Kollektivismus

In **individualistischen Kulturen** ist die Beziehung zwischen Arbeitgebern und -nehmern rein zweckbezogen. Grundsätzlich werden die zwischenmenschlichen Beziehungen am Arbeitsplatz von der gemeinsamen Aufgabe dominiert. Andere Menschen beurteilt man grundsätzlich gemäß ihrer individuellen Fähigkeiten. In **kollektivistischen Kulturen** hingegen werden Personen vor allem als Gruppenmitglieder betrachtet, die zwischenmenschliche Beziehung dominiert die Aufgabe. Die Beziehung zum Arbeitgeber ist moralisch fundiert.

Maskulinität versus Feminität

Die **Rollenverteilung zwischen den Geschlechtern** ist ein fundamentales Thema in jeder Gesellschaft. Der **Maskulinitätsindex** misst, wie stark sich die Wertvorstellungen von Männern und Frauen unterscheiden, d. h. wie fest eine Rollentrennung verwurzelt ist.

In **femininen Kulturen**, in denen Männer wie Frauen bescheiden, fürsorglich und konsensorientiert sind, stehen zwischenmenschliche Beziehungen im Vordergrund. Man nimmt sich zurück und verkauft sich unter Wert, um nicht selbstsüchtig zu erscheinen. Intuition ist die dominante Eigenschaft, die von Führungskräften erwartet wird. Insgesamt besitzt die Lebensqualität einen höheren Stellenwert als die Karriere. Als feminine Kulturen gelten z. B. die skandinavischen Länder, Portugal, Spanien, Israel und Frankreich.

In **maskulinen Gesellschaften** kommt es generell zur Austragung von Konflikten. Selbstbewusstes Verhalten wird (zumindest von Männern) erwartet und anerkannt. Mitglieder mit abweichendem Verhalten übergeht man. Für das Individuum besitzt die Karriere einen hohen Stellenwert, und man verkauft sich über Wert, um bestimmte Ziele zu erreichen. Entschlossenheit ist eine dominante und gefragte Eigenschaft von Führungspersonen. Als eher maskulin sind u. a. Japan, Deutschland, die USA, Italien und Mexiko einzustufen.

Unsicherheitsvermeidung

Die Unsicherheitsvermeidung beschreibt den Grad, in dem die Mitglieder einer Kultur sich durch unbekannte Situationen bedroht fühlen. Weist eine Kultur eine hohe Unsicherheitsvermeidung auf, wird versucht, durch Regeln, Gesetze, Verhaltensvorschriften und Planung möglichst klare Rahmenbedingungen und Vorhersehbarkeit zukünftiger Entwicklungen zu schaffen. Solche Gesellschaften sind meist intolerant gegenüber abnormem Verhalten, da dies unvorhersehbar ist. In Bezug auf die Arbeitsorganisation lassen sich ein **emotionales Bedürfnis nach Vorschriften** und die **Tendenz zu mehr Formalisierung und Standardisierung** im Arbeitsleben feststellen. Hohe Werte ergeben sich für lateinamerikanische Länder und den Mittelmeerraum sowie Japan und Südkorea, mittlere für Deutschland, Österreich und die Schweiz, niedrige dagegen für die asiatischen, afrikanischen, anglophonen und nordischen Länder.

Zeitkonzepte

In Ergänzung zu den vier Kulturdimensionen von Hofstede ist der Umgang mit Zeit ein weiteres, wesentliches konstitutives Merkmal von Kulturen (vgl. Rehner 2004, S. 25 ff.). Dabei wird häufig zwischen monochronen und polychronen Kulturen unterschieden. Eine **monochrone Kultur** entspricht einem **linearen Zeitverständnis**. Monochrone Menschen tun immer eines nach dem anderen und sind bestrebt, Aufgaben sukzessive abzuwickeln. Da sie Zeit als knappes Gut betrachten, halten sie Zeitpläne, terminliche Verpflichtungen und deren strikte Einhaltung für elementare Voraussetzungen erfolgreicher Zusammenarbeit und Kommunikation. Ihr Arbeitsstil zeichnet sich durch ein sehr methodisches Vorgehen aus.

Menschen in **polychronen Kulturen** befinden sich hingegen gleichzeitig auf mehreren, **parallel verlaufenden Zeitachsen**. Sie tun viele Dinge simultan, d.h. wenn in der einen Aufgabe kein wesentlicher Fortschritt zu erzielen ist, wendet man sich einer anderen zu und nimmt erstere zu einem späteren Zeitpunkt wieder auf. Aufgestellte Pläne können daher bei Bedarf jederzeit umgestoßen werden. Polychrone Menschen messen zeitlichen Verpflichtungen weniger große Bedeutung zu und kommen oft zu spät (vgl. HALL 2000).

Das auf den Kulturanthropologen HALL (vgl. u.a. HALL/HALL 1990) zurückgehende Konzept der Kontextualität bezieht sich auf den **kulturspezifisch gepflegten Kommunikationsstil** (vgl. KUTSCHKER/SCHMID 2006, S. 702ff.; APFELTHALER 1999, S. 46ff.). Damit ist gemeint, inwiefern eine verbal kommunizierte Botschaft vom **Kontext der Kommunikation** und der **non-verbalen Unterstützung** abhängt. Gerade in ostasiatischen Kulturen ist es außerordentlich wichtig, auch „zwischen den Zeilen" einer Aussage lesen zu können bzw. die Körpersprache richtig zu interpretieren, da „ja" durchaus auch „nein" bedeuten kann. Kontextualität

Eine solche Kultur bezeichnet HALL als **„high-context"-Kultur**. Der größte Teil der Botschaft wird durch non-verbale Kommunikation oder den Kontext, in welchem der Austausch stattfindet, vermittelt. Soll ein problematischer Punkt behandelt werden, kreist man diesen in der Regel ein. Der kritische Punkt selber wird nicht direkt kommuniziert, sondern möglichst viele Dinge, die ihn am Rande betreffen, angesprochen. Vom Gesprächspartner erwartet man, das gemeinte – gewissermaßen eingekreiste – Problem selbst zu erkennen. Gerade in interkulturellen Verhandlungen führen diese fundamentalen Unterschiede oft zu Missverständnissen und Problemen.

Im Gegensatz dazu kommt in **„low-context"-Kulturen** der kritische Punkt direkt zur Sprache. In der ausgesprochenen Botschaft formuliert man im Allgemeinen genau das, was dem Gesprächspartner vermittelt werden soll. Angehörigen der „low-context"-Kulturen erscheint die asiatische „high-context"-Kommunikation oft unehrlich, weil die kommunizierte Botschaft vor dem Hintergrund der eigenen Kommunikationsgewohnheiten entschlüsselt und wörtlich aufgefasst wird, was zu Fehlinterpretationen führt.

4.5 Länderrisiken – Geographie der Unsicherheit

Im Rahmen internationaler Geschäftstätigkeiten sind Unternehmen neben den allgemeinen betriebswirtschaftlichen Risiken zusätzlich von Risiken betroffen, welche sich aus dem **grenzüberschreitenden Charakter von Unternehmensaktivitäten** generell oder durch **spezifische Bedingungen in bestimmten Zielmärkten** ergeben.

4.5.1 Begriff des Länderrisikos

Die umgangssprachliche Verwendung des Begriffs „Risiko" ist vielfach synonym zu „Gefahr" und zielt damit auf externe Einflüsse ab, die auf eine Person, Gruppe oder Organisation potenziell einwirken. Gleichzeitig wird Risikobegriff der Begriff auch personalisiert und auf die Wirkungen bezogen, wenn man beispielsweise von bestimmten „Risikogruppen" (z.B. Raucher, Übergewichtige, Demonstranten) spricht. Allgemein ist das Risiko der **Grad der Wahrscheinlichkeit**, dass aufgrund eines bestimmten Verhaltens ein Nachteil eintritt oder ein zu erwartender Vorteil ausbleibt. Zwar ist der Umgang mit Risiken per se keine Besonderheit einer internationalen Unternehmensaktivität. Jedoch birgt diese stets mehr Risiken als eine rein auf den inländischen Markt beschränkte Geschäftstätigkeit. Die auf ausländischen Märkten gegebenen Risiken treten auf dem Heimatmarkt meist gar nicht oder allenfalls in abgeschwächter Form auf oder sind mit wesentlich geringeren Eintrittswahrscheinlichkeiten behaftet (vgl. STRUNZ/DORSCH 2001, S. 285; ALTMANN 2001, S. 282).

Systematisierung von Internationalisierungsrisiken

Geht man von globalen Ursprungsbereichen aus, bewirkt die Systematisierung der Risiken einer internationalen Geschäftstätigkeit folgende Unterscheidung: **Politische Risiken** resultieren aus der Gefahr der unvorhersehbaren Änderung politischer Strukturen, Ideologien und rechtlicher Gegebenheiten, **wirtschaftliche Risiken** aus der nicht vorherzusehenden Veränderung ökonomischer Variablen. Bei letzteren wird zusätzlich zwischen mikroökonomischen und makroökonomischen Risiken differenziert (vgl. Abb. 4-6).

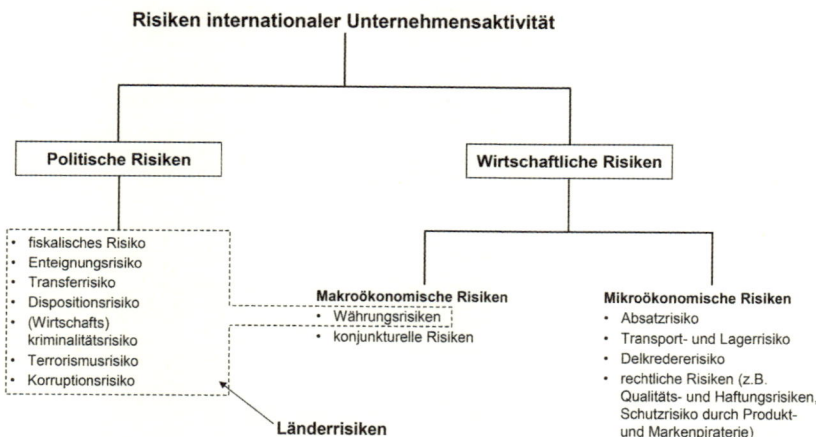

Abbildung 4-6: Risiken der internationalen Unternehmensaktivität
(NEUMAIR/REHNER 2009, S. 31, verändert)

Die mikroökonomischen Risiken und das konjunkturelle Risiko (= Risiko von Schwankungen ökonomischer Größen einer Volkswirtschaft wie Preise, Beschaffung, Produktion, Zinsen) treten immer auch bei einer auf den Heimatmarkt beschränkten Tätigkeit – wenn auch mit anderen Wahrscheinlichkeiten als im internationalen Kontext – auf. Dagegen handelt es sich bei den politischen Risiken und dem **Währungsrisiko** um typische **Länderrisiken**. Damit sind Risiken gemeint, die bei **wirtschaftlichen Transaktionen mit dem Ausland** auftreten und ohne konkreten Projektbezug stehen. Umfassend können sie definiert werden als die „mit der unternehmerischen Tätigkeit verbundenen und aus dem Gastland resultierenden

Gefahren des Nichterreichens unternehmerischer Zielsetzungen, die aus der gesamtwirtschaftlichen, politischen und soziokulturellen Situation eines Landes resultieren" (BERNDT/CANSIER 2003, S. 329).

4.5.2 Formen von Länderrisiken

Im Folgenden soll – analog zu Abb. 4-6 – auf die wichtigsten Formen von Länderrisiken eingegangen werden. Das fiskalische Risiko steht für solche Risiken, die auf der **Geld- und Fiskalpolitik des Gastlandes** beruhen und sich aus einer Verschlechterung des Verhältnisses zwischen öffentlichen Ausgaben und Einnahmen des Staatshaushaltes ergeben (z. B. Steuererhöhungen, Anstieg der Inflationsrate, Wegfall von Subventionen etc.) (vgl. ENGELHARD 1992, S. 371; MEFFERT/BOLZ 1998, S. 70). Insbesondere bei einer lokalen Produktion in dem jeweiligen Gastland können politische Kursänderungen und einschneidende fiskalpolitische Maßnahmen den Bestand von Tochterunternehmen mittelfristig gefährden, da die der Investitionsentscheidung zugrunde liegende Kalkulation dadurch möglicherweise ungültig wird (vgl. NEUMAIR/REHNER 2009, S. 42).

Das Enteignungsrisiko beschreibt die Gefahr des partiellen oder vollständigen Zugriffs auf das Unternehmensvermögen oder vermögensähnliche Rechte durch den ausländischen Staat. Dabei lassen sich unterschiedliche Formen der Enteignung unterscheiden: Bei der **Enteignung im engeren Sinn** werden gegen angemessene Entschädigung Rechte und Vermögen nur einzelner Unternehmen enteignet. Bei der **Nationalisierung** handelt es sich um die zumeist an Entschädigungsleistungen gebundene Verstaatlichung ganzer Branchen oder Gruppen von Unternehmen. Ein Beispiel hierfür ist die Nationalisierung der Erdgasförderung in Bolivien per Regierungsdekret vom 1. Mai 2006. Details und Entschädigungssummen für die betroffenen brasilianischen und spanischen Unternehmen wurden zum Gegenstand umfangreicher Verhandlungen und politischer Auseinandersetzungen auf internationaler Ebene. Die **Konfiszierung**, die für gewöhnlich nur nach Revolutionen, Bürgerkriegen oder politischen Umstürzen vorkommt (z. B. Kuba 1959, Nicaragua 1979, Iran 1979), bezieht sich auf die gesamte Wirtschaft eines Landes. Sie erfolgt meistens ohne Entschädigung (vgl. BACKHAUS et al. 2003, S. 138; NEUMAIR/REHNER 2009, S. 42).

Das Transferrisiko steht allgemein für die Gefahr, dass sich Probleme bei der Rückführung investierten Kapitals bzw. von Gewinnen in das Herkunftsland des Investors ergeben. Beim **Zahlungsverbotsrisiko** werden im Schuldnerland auf staatliche Anordnung hin zahlungswillige bzw. -fähige Schuldner an der Begleichung ihrer Verbindlichkeiten gegenüber ausländischen Gläubigern gehindert. Im Falle des **Moratoriumsrisikos** kommen die Gläubigerländer auf eine Warteliste. Es wird nur eine partielle Zahlung gestattet oder die Schuldentilgung über einen längeren Zeitraum gestreckt. Ferner treten **Konvertierungsrisiken** auf, die darin bestehen, dass im Land eines ausländischen Kunden ein Verbot des Umtausches der nationalen Währung in Kraft tritt (vgl. ENGELHARD 1992, S. 370; ZENTES/SWOBODA 1997, S. 188; NEUMAIR/REHNER 2009, S. 43).

Fiskalisches Risiko

Enteignungsrisiko

Transferrisiko

Dispositionsrisiko

Das Dispositionsrisiko umfasst die einzelwirtschaftlichen Folgen **politisch motivierter Eingriffe des Gastlandes**, welche den Handlungsspielraum ausländischer Unternehmen einschränken. Dazu zählen beispielsweise Absatzkontingente, **Local-Content-Vorschriften**, d.h. Vorschriften zur Erwirtschaftung eines regionalen Wertschöpfungsanteils, Embargomaßnahmen, das Verbot vollständig in ausländischer Hand befindlicher Unternehmen, der Zwang zur Gründung von Joint Ventures mit lokalen Firmen, die Verpflichtung zur Ansiedlung bestimmter Forschungs- und Entwicklungsleistungen im Gastland oder ein erzwungener Technologietransfer. Solche Maßnahmen, welche eine Erhöhung des Wertschöpfungsanteils im Gastland zum Ziel haben, werden auch unter dem Begriff **Substitutionsrisiko** zusammengefasst. (vgl. Haas/Neumair 2006, S. 721; Berndt et al. 2003, S. 100; Meffert/Bolz 1998, S. 69 f.).

Sicherheitsrisiko

Das Sicherheitsrisiko umfasst alle potenziellen Gefährdungen für Leben, Gesundheit und Freiheit der Mitarbeiter eines Unternehmens und deren Angehörige sowie die physische Vernichtung von Vermögenswerten im Ausland (vgl. Engelhard 1992, S. 371). Besondere Bedrohungen stellen der seit dem 11. September 2001 sprunghaft zugenommene **internationale Terrorismus**, die **Entführung von Menschen, Seepiraterie** sowie sich zunehmend **global ausbreitende Krankheiten** (SARS, Vogelgrippe u. a.) dar. Auch **Wirtschaftskriminalitätsrisiken** (z. B. organisierte Kriminalität, Wirtschaftsspionage) zählen zu den Sicherheitsrisiken.

Korruptionsrisiko

Eine auffallende Variante des Länderrisikos stellt das Risiko durch Korruption dar, unter der man im engeren Sinne die Ausnutzung einer Machtposition zum eigenen (monetären) Vorteil durch marktähnliche Transaktionen, d.h. Tausch von Gütern und Vorteilen, die strafbar oder zumindest gesellschaftlich sanktioniert sind, versteht. Gerade im internationalen Geschäftsverkehr besteht die Gefahr, dass von Vertretern öffentlicher Organisationen des Gastlandes **Forderungen nach illegitimen Zahlungen** an das Unternehmen herangetragen werden. Diese Möglichkeit ergibt sich insbesondere bei der Erteilung nötiger Lizenzen, der Abwicklung von Zulassungsverfahren und Importen, aber auch bei der Zusammenarbeit mit öffentlichen Einrichtungen als Kunden. Folglich gelten insbesondere jene Branchen als verletzlich, in welchen öffentliche Institutionen in hohem Ausmaß als Genehmigungsinstanzen oder Kunden auftreten. Zu beachten ist aber, dass Korruption nicht ausschließlich die Ausnutzung eines öffentlichen oder politischen Amtes bezeichnen muss, sondern sich explizit auch auf die **Zusammenarbeit zwischen Unternehmen** beziehen kann (vgl. Neumair/Rehner 2009, S. 45 ff.).

Währungsrisiko

Währungsrisiken ergeben sich aus den **schwankenden Wechselkursen** zwischen dem Zeitpunkt der Leistungserstellung und der Begleichung ausstehender Zahlungen. Diese Risiken entstehen immer dann, wenn offene Positionen in **Fremdwährungen** vorhanden sind und die Gefahr besteht, dass erwartete und reale Wechselkurse voneinander abweichen. Somit ist davon jedes Geschäft in Fremdwährungsräumen mit frei handelbaren Devisen betroffen, sofern Zeitpunkt des Vertragsabschlusses, der Leistungserstellung und der Zahlung nicht identisch sind (vgl. Neumair/Rehner 2009, S. 33 ff.).

Naturrisiken

Allgemein werden vom Begriff Länderrisiko Naturrisiken bzw. **Naturgefahren**, zu verstehen als das aus der Natur über den Menschen hereinbrechende Unheil, meist nicht abgedeckt, obwohl durch die Natur hervorgerufene Katastrophen – sowohl hinsichtlich ihrer Häufigkeit als auch des durch sie angerichteten Schadens – zu einer immer größeren Bedrohung sowohl für die Wirtschaft im Allgemeinen als auch eine internationale Unternehmenstätigkeit im Besonderen werden. So sind nach Angaben der Münchener Rückversicherung die jährlichen, durch Naturkatastrophen verursachten volkswirtschaftlichen Kosten aufgrund von Wetterkapriolen und des fortschreitenden Klimawandels zwischen 1980 und 2008 inflationsbereinigt von weniger als 50 auf fast 150 Mrd. Euro angestiegen (vgl. WAS 2009a).

Aus zwei Gründen scheint es angebracht, Naturrisiken in die Nähe von Länderrisiken zu rücken: Erstens betont der Begriff „Länderrisiko" stets den possibilistischen Aspekt des Risikos, d.h. den Einfluss des Menschen. Zwar können Naturereignisse im geodeterministischen Sinne ohne jegliches menschliches Zutun ablaufen, aber ohne Siedlungsfähigkeit in der betroffenen Region oder eine andere anthropogene Nutzung der Natur kann nur bedingt wirtschaftlicher Schaden entstehen. Der Mensch selbst erzeugt aufgrund seiner Nutzungsentscheidungen schließlich das Risiko oder läuft Gefahr, zum Opfer der Naturgewalt zu werden. Zweitens treten große Naturkatastrophen immer wieder in einzelnen Ländern bzw. Großregionen auf, wie z.B. Erdbeben in Japan, der Türkei, Mittelasien sowie Nordafrika, tropische Wirbelstürme in bestimmten Regionen der Karibik oder monsunbedingte Überschwemmungen in Südasien, so dass – wenn nicht unbedingt von Länderrisiken – doch zumindest von **länder- bzw. regionsspezifischen Naturrisiken** gesprochen werden muss, von denen Industrie- wie Entwicklungsländer aufgrund geotektonischer, klimatischer und morphographischer Gegebenheiten in gleicher Weise betroffen sein können. Industrieländer vermögen sich jedoch infolge ihrer technologischen Möglichkeiten und

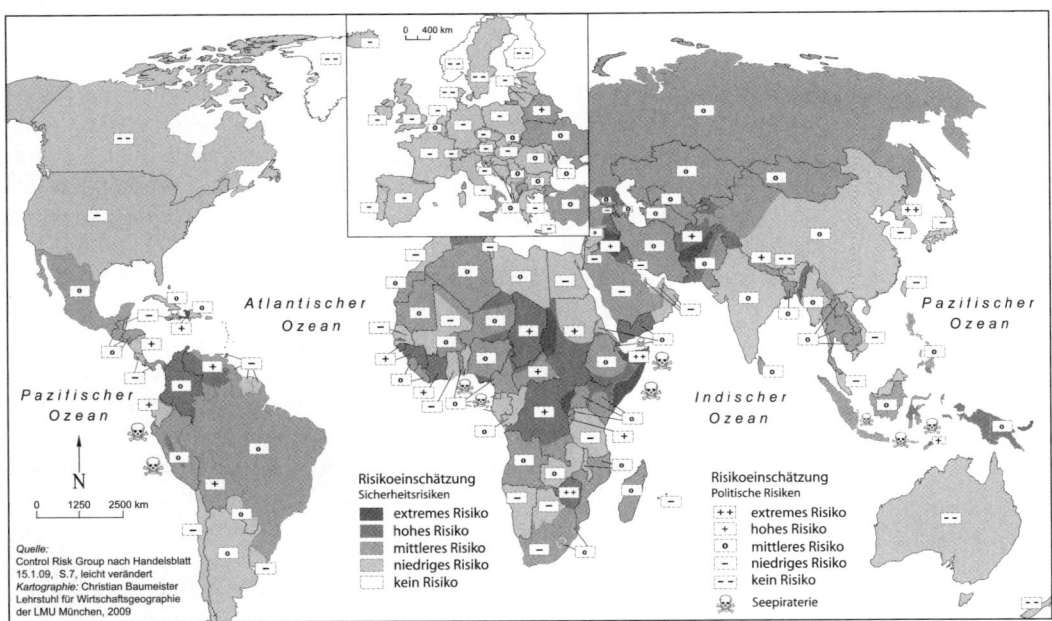

Karte 4-5: Weltweite Verteilung des Länderrisikos in 2008

Fähigkeiten, präventiv zu handeln, besser auf Naturgefahren einzustellen (vgl. NEUMAIR/REHNER 2009, S. 32 f.).

Weltweite Verteilung des Länderrisikos

Karte 4-5 zeigt zusammenfassend die weltweite Verteilung des Länderrisikos anhand der Bewertung durch die britische Sicherheitsfirma Control Risks. Dabei wird zwischen zwei Risikoarten unterschieden. **Sicherheitsrisiken** betreffen Wahrscheinlichkeit und mögliches Ausmaß physischer und finanzieller Schäden für Unternehmen und deren Mitarbeiter (z.B. Diebstahl, Betrug, Körperverletzung, Sachbeschädigung, Entführung, Erpressung, terroristische Attacken, Seepiraterie etc.). **Politische Risiken** umfassen die negative Beeinflussung der Geschäftstätigkeit in einem Land durch politische Akteure (z.B. rechtliche Unsicherheiten, Korruption, Reputationsschäden, Enteignungen, internationale Sanktionen).

Durch die sich seit 2008 ausbreitende globale Wirtschafts- und Finanzkrise (vgl. Kap. 2.2.2) verschärfen sich viele Länderrisiken. Allgemein dürften sich Zahlungsunfähigkeits- und Kreditwürdigkeitsrisiken intensivieren. Der globale Wirtschaftsabschwung fördert allgemein Fälle von Betrug, Untreue und sonstiger Wirtschaftskriminalität, während sinkende Rohstoffpreise die politische Stabilität in wichtigen Rohstoffe fördernden Ländern (z.B. Venezuela, Russland, Ukraine) bedrohen könnte (vgl. HANDELSBLATT 2008j).

4.5.3 Konzepte zur Beurteilung des Länderrisikos

Länderratings

Da sich ein international tätiges Unternehmen gegen Länderrisiken in einem wesentlich geringeren Umfang als gegen andere ökonomische Risiken durch vertragliche Gestaltung absichern kann, kommt der **Beurteilung bzw. Bewertung von Länderrisiken** eine zentrale Bedeutung zu. Derartige Informationen werden damit zu einer kritischen Variable der Internationalisierung der Unternehmensaktivität. Von Bedeutung sind dabei vor allem sog. Länder- oder Country-Ratings. Sie stellen außerbetriebliche Informationsquellen zur Beobachtung, Beurteilung und Kontrolle ausländischer Märkte dar. Ihre Hauptaufgabe liegt in der **frühzeitigen Signalisierung politischer und ökonomischer Chancen und Risiken**, die in fremden Ländern und ihren Märkten zu erwarten sind. Zwei bedeutende Ratings seien an dieser Stelle vorgestellt.

Business Risk Service

Eines der international am bekanntesten und renommiertesten Länderratings ist der Business Risk Service (BRS), vormals Business Environmental Risk Information Index (BERI), des BERI-Instituts (vgl. HAAS/NEUMAIR 2006, S. 739 ff.). Er stellt ein umfassendes **Risikoinformationssystem** dar, mit dem dreimal jährlich das Länderrisiko in ca. 50 weltwirtschaftlich bedeutenden Ländern und fünf Großregionen auf Grundlage von Ein- und Fünfjahresprognosen beurteilt wird. Durch Expertenbefragungen (Geschäftsleute sowie Soziologen und Politologen aus Universitäten, „think tanks" und mit der politischen Situation eines Landes vertrauten internationalen Institutionen) werden drei Subindices erhoben:

Der **Operation Risk Index (ORI)** bewertet das allgemeine und übergeordnete Investitions- und Geschäftsklima eines Landes (politische Stabilität, Verhalten gegenüber ausländischen Investoren, Verstaatlichungstendenzen, allgemeine Finanz-, Wirtschafts- und Währungssituation, Produktivität, Rechtssystem etc.).

Der **Political Risk Index (PRI)** beinhaltet die Beurteilung des politischen Risikos. Hierbei wird zwischen internen und externen Risikoursachenbereichen unterschieden. Zu den internen Bereichen zählen Fraktionalisierung (z.B. des politischen Systems, der Sprache, der Religion), die Organisation und Stärke radikaler Parteien, staatliche Repressionen zum Machterhalt, die Mentalität der Bevölkerung (z.B. Fremdenhass, Nationalismus), die soziale Lage, die Bevölkerungsdichte und die Einkommensverteilung. Den externen Bereichen werden die Abhängigkeit von feindlichen Mächten und deren Bedeutung sowie negative Einflüsse durch regionale politische Kräfte zugerechnet. Als Symptome für politische Risiken stehen soziale Konflikte (z.B. Streiks, Aufruhr, Straßenschlachten) und politische Konflikte (z.B. Putschversuche, politische Morde, Guerillakämpfe) im Fokus.

Der **Remittance and Repatriation Factor (R-Factor)** schließlich ratet das Währungs- und Transferrisiko. Typische Einzelindikatoren sind z.B. die Leistungsbilanzsituation, die vorhandenen Währungsreserven, Höhe- und Struktur der Auslandsschulden, Vorschriften bzw. Restriktionen zum Transfer von Gewinnen, Dividenden, Gehältern, Lizenz- und Managementgebühren etc. sowie deren Auslegung in der Praxis.

Aus dem einfachen Aufaddieren der drei Subindices, bei denen jeweils maximal 100 Punkte vergeben werden können, resultiert der **Profit Opportunity Recommendation Index (POR)**, auf dessen Grundlage schließlich unterschiedliche Marktbearbeitungsstrategien vorgeschlagen werden (vgl. Abb. 4-7).

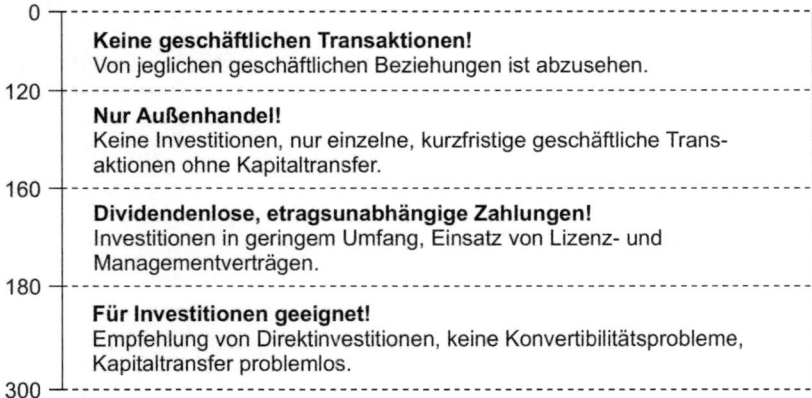

Abbildung 4-7: Marktbearbeitungsempfehlungen des Profit Opportunity Recommendation Index (Quelle: HAAS/NEUMAIR 2006, S. 742).

Eine auf den internationalen Finanzmärkten sehr hohe Reputation genießt das Institutional Investor Country Credit Rating des Wirtschaftsmagazins „Institutional Investor" (vgl. HAAS/NEUMAIR 2006, S. 743ff.). Zweimal jährlich erstellt, dient es der **Einschätzung der Kreditwürdigkeit** eines Landes

Institutional Investor

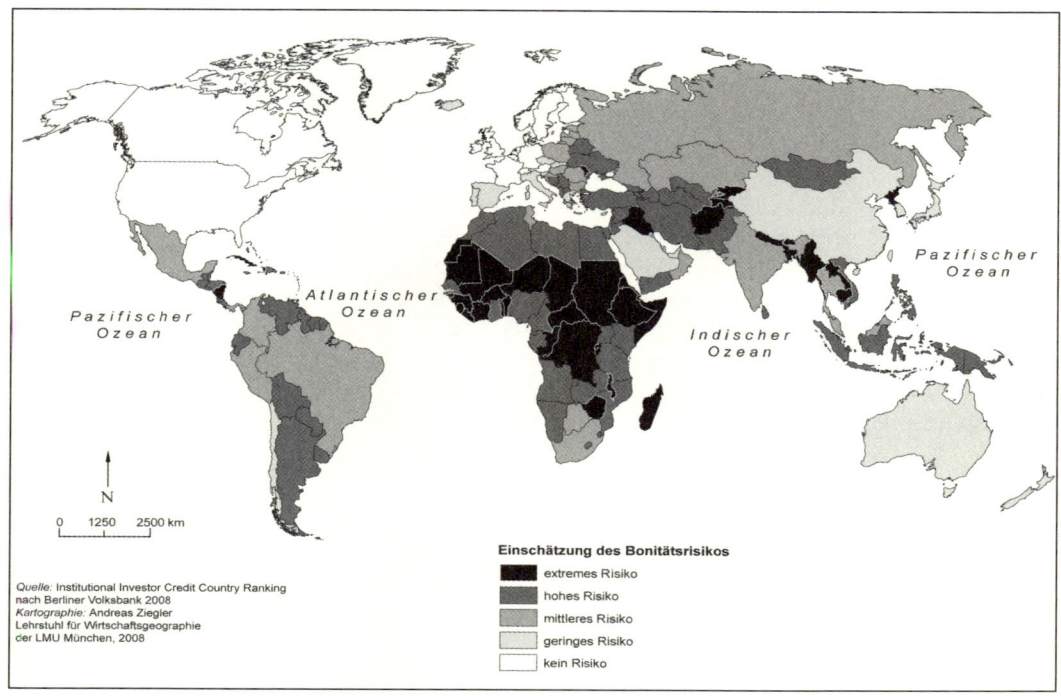

Karte 4-6: Institutional Investor Country Credit Rating in 2008

aufgrund von Expertenmeinungen aus Bankenkreisen. Befragt werden zwischen 75 und 110 internationale Banken. Anders als der BRS, der für nur ca. 50 Länder über die Aggregierung vieler Einzelbefragungen zu einem Gesamturteil kommt, greift der Institutional Investor auf ein sehr einfaches Verfahren zurück, da bei den Experten das Gesamturteil direkt – dies für über 170 Länder – ermittelt wird. Pro Land lassen sich auf einer Skala 0 (= nicht akzeptables Kreditrisiko) bis 100 (= kein Kreditrisiko) Punkte vergeben. Die Kreditrisikobeurteilungen werden je nach Auslandssegmenten und Analysesystemen der Banken gewichtet. Aus dem gewogenen arithmetischen Mittel wird eine Risikokennzahl abgeleitet, welche die internationale Position eines Landes beschreibt (vgl. Karte 4-6). Gegenüber dem BRS nachteilig ist der Umstand, dass die einzelnen Länder letztlich nur bezüglich eines Kriteriums, der Kreditwürdigkeit, geratet werden. Als vorteilhaft gilt allerdings, dass – anders als beim BRS – auch relativ unbekannte Länder (z. B. Jemen, Laos) enthalten sind.

4.6 Nachhaltige Weltwirtschaft

Die Globalisierung führt zu vielfältigen ökologisch und sozial unerwünschten weltwirtschaftlichen Entwicklungen. Dies liegt vor allem daran, dass die institutionell-ordnungspolitische Rahmenordnung der Weltwirtschaft

enorme Defizite aufweist und demzufolge nicht in der Lage ist, eine erwünschte nachhaltige Entwicklung zu gewährleisten (vgl. HOMANN/GERECKE
1999, S. 441). Allerdings gibt es eine Reihe von Möglichkeiten, gewisse
ökologische und soziale Ziele vor dem Hintergrund einer dauerhaften,
funktionierenden Wirtschaft umzusetzen.

4.6.1 Nachhaltige Entwicklung

Durch Marktversagen und unvollkommene Konkurrenz stehen den Vorteilen der Globalisierung auch eine ungleiche Verteilung von Handelsgewin-
nen, Verluste für einzelne gesellschaftliche Gruppen, Umweltbelastungen
sowie die Vernachlässigung sozialer Belange gegenüber (vgl. ALTHAMMER
et al. 2001, S. 15).

Das Leitbild einer nachhaltigen Entwicklung versucht, dieses Spannungsfeld auszugleichen. Nachhaltigkeit ist dann gegeben, wenn die heutige Generation ihre Bedürfnisse befriedigen kann, ohne dass den nachfolgenden
Generationen die Möglichkeit genommen wird, ihre eigenen Bedürfnisse
zu erfüllen. Dies erfordert ein ganzheitliches Verständnis, bei dem **ökologische, soziale und ökonomische Belange** integrativ behandelt werden, also
der Schutz der natürlichen Umwelt, wirtschaftliche Effizienz und gesellschaftliche Solidarität in Einklang zu bringen sind (vgl. HAAS/SCHLESINGER
2007, S. 13 f.). *(Nachhaltigkeits-
begriff)*

Um weltwirtschaftliche Aktionen und Prozesse vor dem Hintergrund
einer nachhaltigen Entwicklung beurteilen zu können, müssen zum einem
die weltweit gehandelten Produkte, zum anderem deren Produktion betrachten werden. Diese Zweiteilung ist notwendig, da Gefahren für Mensch
und Umwelt sowohl von einem **Produkt** (z.B. in Form eines überhöhten
Anteils an Gefahrstoffen, schwerwiegender Schadstoffemissionen sowie
eines unverantwortlichen Ressourcenverbrauchs) als auch von **Prozess-
und Produktionsverfahren** ausgehen können, die zwar in der Ware selbst
nicht nachweisbar sind, ökologisch oder sozial aber durchaus fragwürdig
sind. Diese Unterscheidung zwischen Produkt und Produktion ist insbesondere vor dem Hintergrund weltwirtschaftlicher Zusammenhänge bedeutend, da Produzenten- und Konsumentenländer oft nicht mehr identisch
sind und so negative Effekte räumlich verlagert werden. Für eine Bewertung
müssen ferner die sich aus den weltwirtschaftlichen Aktivitäten ergebenden
positiven sowie negativen Effekte gegenübergestellt werden. *(Produkt- und
produktions-
spezifische
Belastungen)*

Während die positiven Effekte die Triebfeder für die Zunahme weltwirtschaftlicher Aktivitäten darstellen und maßgeblich für die Versorgung mit
hochwertigen und günstigen Produkten sind, gelten die negativen Auswirkungen häufig als Auslöser für Globalisierungskritik von Nicht-Regierungs-
organisationen (NGO), Wissenschaft und Medien. *(Globalisierung:
Positive und
negative Effekte)*

Positiv kann sich der mit dem Wachstum einhergehende Wohlstand auswirken, wenn er zu einer Zunahme der Nachfrage nach Umweltschutz-
maßnahmen führt. Eine Intensivierung der Spezialisierung und Veränderungen der Produktionsstrukturen wirken sich durch die Entwicklung res-
sourcenschonender und effizienzsteigernder Produktionsverfahren positiv
aus. Weiterhin kommt es zu Verbesserungen der weltweiten Angebots-

strukturen, Wissensspillovers sowie zur Verbreitung westlicher Umwelt- und Sozialstandards.

Negative Effekte entstehen dagegen vor allem durch vermehrten Ressourcenverbrauch und erhöhte Schadstoffemissionen bei Produktion, Transport und Konsumption von Produkten. Auch werden Voraussetzungen dafür geschaffen, dass Unternehmen durch den Handel mit gefährlichen Gütern und Abfällen (Mülltourismus) oder die Spaltung bzw. Verlagerung von Standorten, v.a. in Länder mit niedrigen Umwelt- und Sozialstandards, profitieren.

Deregulierungs- und Unterbietungswettläufe

Dies äußert sich in der Zunahme der weltwirtschaftlichen Verflechtungen, wodurch es zu einem Systemwettbewerb der Nationalstaaten kommt und sich Länder gezwungen sehen, ihre Wettbewerbsfähigkeit auf den internationalen Märkten durch die strategische Nutzung niedriger Schutzniveaus im Umwelt- und Sozialbereich zu erhöhen. Dadurch kann es zu Deregulierungs- und Unterbietungswettläufen kommen, die zu einer Verringerung oder Abschaffung umwelt- und/oder sozialpolitischer Errungenschaften führen können (vgl. KOCH 2000, S. 108). Unterstützt wird diese Argumentation durch drei grundlegende Thesen (vgl. KLEMMER 1999, S. 451):

- Die **Industrieflucht-Hypothese** befürchtet eine Abwanderung von Sektoren aufgrund hoher Auflagen und damit verbundener Kosten aus Ländern mit hohen Standards in Niedrig-Standard-Länder.
- Die **Pollution-Haven-Hypothese** geht davon aus, dass Länder mit niedrigen Umweltschutzvorschriften sich zu „Verschmutzungsoasen" entwickeln.
- In der **Race-to-the-Bottom-Hypothese** kommt die Befürchtung zum Ausdruck, Länder könnten durch „Herunterkonkurrieren" um niedrige Umweltstandards und daraus folgende Standortvorteile eine Abwärtsspirale im Bereich dieser Standards in Gang setzen.

Fehlallokationen und Marktversagen

Sind die Kosten für die Inanspruchnahme eines Produktionsfaktors, wie z.B. der Umwelt, nicht in angemessenem Umfang in den Produktions- und damit den Güterpreisen enthalten, spricht man von **Dumping** (vgl. Kap. 4.1.3; KOCH 2000, S. 108). Damit liegt eine Fehlallokation bzw. ein Marktversagen vor, da Märkte Konsum- und Produktionsentscheidungen nur dann effizient lenken können, wenn deren Kosten bei der Preisbildung auch vollständig berücksichtigt werden (vgl. ALTHAMMER et al. 2001, S. 16).

Ökologische und soziale Mindeststandards

Grundsätzlich ist eine fehlende Internalisierung der Umweltbelastungen bzw. der Arbeitskosten bei der Bemessung der Produktionskosten eine Grundlage **komparativer Kostenvorteile** (vgl. Kap. 3.3). Vor allem die Industrieländer fordern allerdings seit einiger Zeit Vereinbarungen über weltweit gültige ökologische und soziale Mindeststandards, um dem Dumping erfolgreich begegnen zu können (vgl. BERTHOLD/HILPERT 1996, S. 596ff.). Damit wollen sie dem Abwandern von Arbeitsplätzen in Entwicklungsländer mit niedrigeren Sozial- und Umweltstandards vorbeugen. Letztere sehen darin aber oft essenzielle Wettbewerbsvorteile. Handelssanktionen zur Durchsetzung von Umwelt- und Sozialstandards sind daher höchst umstritten. Die Folgen wären für die Entwicklungsländer Wohlfahrtseinbußen durch den Verzicht auf Handelsgewinne, aufgrund der zunehmenden globalen Interdependenzen der Weltwirtschaft aber auch Auswirkungen auf die Industrieländer selbst, wie z.B. Armutsmigration, Flüchtlingsströme, grenzüberschreitende Kriminalität usw. (vgl. HOMANN/GERECKE 1999, S. 439).

Aus diesem Grund sollten die Preise so korrigiert werden, dass **externe Effekte** (= Auswirkungen von Handlungen auf Dritte ohne entsprechende Kompensation) internalisiert, also in die Faktorpreise integriert werden. Eine solche Regulierung mit dem Ziel eines fairen Wettbewerbs zwischen den verschiedenen Ländern lässt sich nur mit Hilfe **allgemein gültiger Standards** erreichen (vgl. BERTHOLD/HILPERT 1999, S. 128ff.). Möglich dafür sind multinationale Vereinbarungen, die mit handelspolitischen Maßnahmen durchsetzbar sind und so globale Wettbewerbsbedingungen vereinheitlichen.

Internalisierung der Faktorpreise

4.6.2 Multinationale Abkommen

Um ein Marktversagen zu korrigieren, hat der Staat grundsätzlich die Möglichkeit, Ge- und Verbote zu erlassen. Staatliche Instrumente besitzen die größte Wirkung auf unternehmerische Entscheidungen, können aber von den einzelnen Nationalstaaten aufgrund ihres Bedeutungsverlustes im Zeitalter der Globalisierung (vgl. Kap. 2.5) immer seltener wirkungsvoll eingesetzt werden. Zielführend sind diese nur, wenn eine entsprechend große Marktmacht hinter diesen Regelungen steht. Als Beispiel können die EU-Richtlinien angeführt werden, die die Entsorgung sowie Verwendung gefährlicher Stoffe in Elektro- und Elektronikgeräten regeln. Da die EU einer der weltweit bedeutendsten Märkte für Elektro- und Elektronikgeräte ist, werden diese Regelungen faktisch zu Weltstandards, weil es sich kein Unternehmen erlauben kann, diesen Markt zu verlieren.

Einfluss von Nationalstaaten

Erfolgversprechender zur Steuerung von Umwelt- und Sozialproblemen auf globaler Ebene (global governance) sind multilaterale Abkommen, auch wenn deren institutionelle Rahmen bisher oft noch gering ausgeprägt sind. An vorderster Stelle steht dabei das **GATT** bzw. die **WTO** (vgl. Kap. 4.1.3). Wenngleich das Hauptanliegen der Welthandelsordnung ökonomischer Art ist, kommt es mit der Zunahme des ökologischen Bewusstseins in den Industrieländern zu einer Hinwendung zu umweltpolitischen Themen. Im GATT ist bereits eine Reihe von Umweltaspekten enthalten, wobei immer der **Grundsatz der Gleichbehandlung** und der **Verhältnismäßigkeit von Maßnahmen** gewährleistet sein muss (vgl. FRANZ/JAECKEL 2000, S. 47). So ist z.B. vorgesehen, dass handelsbeschränkende Maßnahmen erlassen werden können, wenn es für das Leben oder die Gesundheit von Menschen, Tieren oder Pflanzen erforderlich ist oder es sich um Maßnahmen zur Erhaltung endlicher natürlicher Ressourcen handelt.

Umwelt- und Sozialstandards im Rahmen der WTO

Um die Integration von Sozialstandards in die WTO ist es deutlich schlechter bestellt. Vor allem aufgrund des Widerstands von Entwicklungsländern war eine Verankerung von Sozialklauseln im WTO-Vertragswerk bisher nicht möglich. Daher hat sich die WTO bislang auch nur verpflichtet, die Kernarbeitsnormen der Internationalen Arbeitsorganisation zu beachten, auch wenn dies keine Legalisierung von Handelssanktionen aus sozialen Gründen beinhaltet (vgl. GAEDTKE 2003, S. 93ff.; KNORR 2002, S. 131). Da Umwelt- und Verbraucherschutzmaßnahmen aber zu langwierigen und schwer zu lösenden **Handelskonflikten** führen, werden sie im

Rahmen des GATT nur in sehr beschränktem Umfang eingesetzt, weshalb weitere internationale Organisationen und Abkommen erforderlich sind.

Internationale Umweltschutzorganisationen

Hierbei ist besonders die **UN** mit einer Reihe von Unterorganisationen, die sich mit Umweltthemen, wie z.B. Atomaufsicht, Meeresschutz oder Klimawandel beschäftigen, anzuführen. Allen voran ist die 1972 gegründete **UNEP** (United Nations Environment Programme) zu nennen, die sich als Stimme der Umwelt im UN-System bezeichnet und eine nachhaltige Entwicklung der Umwelt verfolgt. Mit dem Ziel der nachhaltigen Entwicklung hat zudem die **CSD** (Commission on Sustainable Development) die Umsetzung der sog. **Rio-Beschlüsse** (= Agenda-21-Prozess, d.h. nachhaltige Entwicklung im 21. Jahrhundert, sowie Klima- und Artenschutzabkommen auf globaler, regionaler und lokaler Ebene) zu begleiten, zu überwachen und zu begutachten (vgl. Simonis 2000, S. 210). Außerhalb des UN-Systems sind verschiedene Finanzinstitute wie **Weltbank, Internationaler Währungsfond, regionale Entwicklungsbanken** oder die **GEF** (Global Environment Facility) zu nennen, die durch Förderung von Entwicklungsprojekten Armut reduzieren und Umweltschutz verbessern helfen. Andere Organisationen, wie z.B. die **IUCN** (International Union for Conservation of Nature) oder das **ICES** (International Council for the Exploration of the Sea) betreiben Umweltschutz vor allem durch Forschungsprojekte (vgl. WRI 2003, S. 142).

Multinationale Umweltabkommen

Ausgehend von diesen Organisationen, kommt es im Rahmen von internationalen Konferenzen zu multinationalen Umweltabkommen **(Multinational Environmental Agreements, MEAs)**, die auf internationalen Vereinbarungen beruhen und nicht, einseitig von einem Land ausgehend, einem anderen aufgezwungen werden können. Probleme entstehen jedoch dann, wenn nicht alle WTO-Mitglieder das entsprechende multinationale Umweltabkommen unterzeichnet haben, da diese dann wie handelsbeschränkende Maßnahmen wirken können. Allerdings überwiegen die hohen Übereinstimmungen zwischen den WTO-Mitgliedern und den Unterzeichnerstaaten der MEAs. Durch die breite Länderbeteiligung ist die Gefahr handelsverzerrender Wirkungen der Abkommen reduziert.

Multinationale Umweltabkommen nehmen auf verschiedenste Umweltbereiche Bezug und haben auch unterschiedliche räumliche Wirkungen (vgl. Sauter 2004, S. 237). Umweltabkommen, die gewisse Stoffe verbieten, wie z.B. das FCKW-Verbot im **Montrealer Protokoll** von 1987, können zu einer Verlagerung oder Schließung entsprechender Industrien führen. Auswirkungen auf den internationalen Handel haben z.B. das **Washingtoner Artenschutzabkommen** bzw. die Internationale Konvention über den Handel mit gefährdeten Tier- und Pflanzenarten (CITES) aus dem Jahre 1973 mit 175 Mitgliedsstaaten. Im CITES verpflichten sich die Staaten, durch Handelsbeschränkungen den Schutz seltener Tier- und Pflanzenarten zu gewährleisten. Ein weiteres Beispiel ist der internationale Handel mit Abfällen, der im **Basler Übereinkommen** über die Kontrolle der grenzüberschreitenden Verbringung gefährlicher Abfälle und ihrer Entsorgung (1992), dem mittlerweile 172 Staaten beigetreten sind, geregelt wird. Dadurch werden der Mülltourismus (kostengünstige Verbringung von Abfällen in Länder mit niedrigen oder keinen Entsorgungsstandards) deutlich reduziert sowie insbesondere solche Staaten geschützt, die nicht über die notwendigen technischen Voraussetzungen für den Umgang mit gefährlichen Abfällen verfügen. Insgesamt können die Einzelvereinbarungen jedoch nicht darüber hinwegtäuschen, dass für eine effektive, weltweite Umweltpolitik eine zentrale Steuerung unerlässlich ist, diese jedoch bisher nicht existiert.

Im Sozialbereich ist die **ILO (International Labour Organization)** als eine Sonderorganisation der Vereinten Nationen federführend (vgl. DEUTSCHER BUNDESTAG 2002, S. 172). Seit ihrer Gründung im Jahre 1919 ist es der Grundsatz der Organisation, wirtschaftliche und soziale Entwicklung – so weit möglich – im Gleichschritt zu vollziehen. Schwerpunkte der Arbeit sind die Formulierung und Durchsetzung **internationaler Arbeits- und Sozialnormen**, insbesondere von Kernarbeitsnormen, eine soziale und faire Gestaltung der Globalisierung sowie die Schaffung menschenwürdiger Arbeit als zentrale Voraussetzung für die Armutsbekämpfung. Zu den abgeleiteten **ILO-Kernarbeitsnormen** zählen das Verbot von Kinderarbeit, Zwangsarbeit und Diskriminierung, Vereinigungsfreiheit und das Recht zu Kollektivverhandlungen (vgl. GAEDTKE 2003, S. 94; SAUTTER 2004, S. 257). Die Umsetzung der Kernarbeitsnormen wirft in der Praxis viele Probleme auf, die schnell in grundsätzliche Wertediskussionen und die Frage nach der ethischen Parallele von Fortschritt und Sozialpolitik münden. Die Durchsetzung von Sozialklauseln ist damit deutlich schwerer als die von Umweltstandards.

Sozialabkommen

4.6.3 Nichtregierungsorganisationen

Das Handeln wirtschaftlicher Akteure wird allerdings nicht nur von nationalen Gesetzen und internationalen Vereinbarungen zwischen Staaten gesteuert. Die eigentlich größte Beeinflussung geht von Bürgern, vor allem in ihrer Funktion als **Kunden**, aus. Entscheidend hierbei ist ein durch die Medien erzeugter **öffentlicher Druck**, der zu einer erhöhten Sensibilisierung der Unternehmen für Umwelt- und Sozialthemen führt. Dies rührt daher, dass Unternehmen bei Verstößen ihr Image und damit Investitionen in ihre Marken gefährdet sehen oder Sanktionen befürchten.

Unternehmerische Aspekte

Weitere **unternehmerische Gründe**, die zu einer Beachtung von Umwelt- und Sozialstandards in unternehmerischen Entscheidungen (vgl. SCHLESINGER 2006) beitragen, sind soziale und/oder ökologische Mindestanforderungen im Rahmen der Zulieferkette, Marketinggesichtspunkte zur Differenzierung und Profilierung, die Vermeidung von Haftungs- und Kreditrisiken sowie Effizienzsteigerungen durch den Einsatz innovativer und umweltfreundlicher Technologien.

Eigentlich sind Umweltbelastungen, soweit sie nicht von Unternehmen, z.B. wegen fehlender nationaler Abwasserregelungen, getragen werden müssen, nicht oder nur kaum direkt wettbewerbsrelevant. Ebenso gelten niedrige Sozialstandards eher als unternehmerischer Wettbewerbsvorteil denn als Nachteil. Werden diese Themen aber von politischen, öffentlichen und marktlichen Anspruchsgruppen aufgegriffen, können sie in politische Regulierungen, gesellschaftliche Ansprüche und marktliche Veränderungen transformiert werden. Eine der Grundlagen dieses Mechanismuses bil-

Begriff und Wirkungsmechanismen von NGOs

den Nichtregierungsorganisationen bzw. **„Non Governmental Organizations" (NGO)**. Dabei handelt es sich um den Zusammenschluss von Menschen bzw. Interessengruppen, der nicht gewinnorientiert und nicht von staatlichen Stellen organisiert oder abhängig ist sowie auf freiwilliger Basis agiert. NGOs, wie z.B. Attac, Oxfam, Amnesty International, Ärzte ohne Grenzen, Greenpeace oder WWF, haben sich im Laufe der letzten Jahre immer stärker professionalisiert, indem sie umfassende Informationen über Unternehmenstätigkeiten einholen und zielgerichtet Presse, Öffentlichkeit und Politik zur Publikation von Kritik und Forderungen einzuschalten wissen. Damit können ihre Ansprüche direkt wettbewerbswirksam werden, wenn sie sich in einem geänderten Konsumentenverhalten ausdrücken. Indirekt wirksam werden sie, sobald die Politik diese öffentlichen Ansprüche aufgreift und in gesetzliche Rahmenbedingungen für Unternehmen umwandelt (vgl. Falke 2005, S. 180).

Wirkung einer kritischen Öffentlichkeit auf Unternehmen

Da viele Unternehmen sehr sensibel auf eine kritische Öffentlichkeit reagieren müssen, werden so faktische Standards geschaffen. Dies liegt u.a. an der Börsenkapitalisierung von Unternehmen, durch die der Anteil immaterieller im Vergleich zu materiellen Werten (Bilanzwerten) zunimmt. Immaterielle Werte entstehen in erster Linie durch aktuelle und **zukünftige Gewinnerwartungen** des Unternehmens, die wiederum von seiner **Reputation** abhängen. Vertrauen der Anspruchsgruppen in das verantwortungsbewusste und langfristig erfolgreiche Geschäftsgebaren bildet dafür eine Grundlage (vgl. Scheiwiller 2000). Besonders bedroht sind dabei diejenigen Firmen, die mit **starken Marken** Emotionen ansprechen und ein gutes Lebensgefühl vermitteln wollen. Stimmt das Markenimage nicht mit der tatsächlichen Produkt- und Unternehmensqualität überein, ist die Integrität dieser Marke in Frage gestellt. Selbst kleinste Zweifel können für den Ruf des Unternehmens verheerend sein, werden sie von Interessensgruppen öffentlichkeitswirksam publiziert (vgl. Zollinger 2000). Die **Reputation eines Produktes** bezieht sich dabei nicht nur auf die Produktionsbedingungen in dem herstellenden bzw. vermarktenden Unternehmen, sondern auch auf die vorgelagerten Rohstoffgewinnungs- und Vorproduktionsstufen.

Siegelinitiativen

Neben dem Aufdecken von Fehlentwicklungen liegt eine weitere wichtige Möglichkeit, wie NGOs ihre Ziele durchsetzen können, in der **Hervorhebung positiver Aspekte** weltwirtschaftlicher Aktivitäten. Zur glaubhaften Kommunikation bieten sich z.B. Siegel, die von NGOs vergeben werden, an. Durch solche Siegelinitiativen entsteht ein **Quasi-Markt für ökologie- und sozialstandardfreundliche Produkte**, da bislang „verborgene" Produktqualitäten sichtbar gemacht werden (vgl. Palm 2001, S. 329).

Sozialsiegel

Ein Weg, auf die Verbesserung von **Arbeits- und Sozialstandards** in Niedrig-Standard-Unternehmen bzw. in Entwicklungsländern hinzuwirken, sind internationale Sozial-Siegelinitiativen, wie sie in den meisten OECD-Staaten bereits eingeführt sind. Durch Produktkennzeichnung wird dem Konsumenten garantiert, dass die Produkte unter Wahrung bestimmter Standards hergestellt wurden. Entscheidend für die Durchschlagkraft der Labels ist die Kontrolle der Einhaltung der konstitutiven Voraussetzungen der Warenzeichenvergabe durch unabhängige Dritte (vgl. Lübbert 1999, S. 98).

Der weltweit größte **Sozialzertifizierer** ist die 1997 gegründete „Fair-Trade Labelling Organizations International" (FLO), unter der weltweit 20 nationale Siegelorganisationen, die nach denselben Fair-Handels-Kriterien arbeiten, zusammengeschlossen sind. Sie garantiert, dass Produkte mit dem FairTrade-Label überall auf der Welt den festgelegten Fair-Handels-Kriterien und -Standards (z. B. Verbot von illegaler Kinderarbeit, menschenwürdige Arbeitsbedingungen) entsprechen. Ziel ist es, durch garantierte Mindestpreise und direkte Handelsbeziehungen dazu beizutragen, die Lebensbedingungen in den Erzeugerländern zu verbessern. Ein klassisches Beispiel für ein Sozialsiegel ist Rugmark und sein Einsatz gegen illegale Kinderarbeit bei der Teppichproduktion in Indien, Nepal und Pakistan (vgl. HAAS/NEUMAIR 2006: 169f.).

Im Gegensatz zu Sozial-Siegeln werden bei Umweltsiegeln in der Regel sowohl die Produktion als auch das Produkt betrachtet, da sich beide umweltschädigend auswirken können. Während bei der Produktion z. B. Emissions- und Immissionsgrenzwerte des Schadstoffausstoßes gemessen werden, sind dies im Bereich der Produktstandards die physikalischen oder chemischen Eigenschaften, die einer Überprüfung hinsichtlich der ökologischen Unbedenklichkeit zu unterziehen sind.

Umweltsiegel

Da sich weltweit eine schier unübersichtliche Anzahl von Initiativen hervorgetan hat, die **regional** (z. B. der Blaue Engel in Deutschland, der umweltfreundliche Produkte auszeichnet) und/oder **produktspezifisch** (z. B. das Forest Stewardship Council, welches die ökologisch und sozial verantwortliche Nutzung der Wälder propagiert) agieren, sind ein zwischenstaatlicher Informationsaustausch bezüglich der Umweltsiegel-Aktivitäten zu fördern und die Programme möglichst fortschrittlich zu entwickeln. Dies versucht z. B. das 1994 gegründete Umweltzeichen-Netzwerk „Global Ecolabelling Network" **(GEN)**, in dem 26 namhafte nationale Umweltzeichen-Organisationen zusammengeschlossen sind. Bei der **„IFOAM"** (International Federation of Organic Agriculture Movements) handelt es sich um eine Plattform für den internationalen Austausch und die Zusammenarbeit im Bereich des ökologischen Landbaus (vgl. HAAS/NEUMAIR 2006, S. 171ff.).

Für eine nachhaltige Entwicklung ist nicht nur das Zusammenspiel von ökologischen und sozialen Belangen notwendig, sondern auch eine internationale Vereinheitlichung der jeweiligen Standards. Da diese nur auf Basis des **Konsensprinzips** – sowohl unter Beachtung der Anforderungen der Verbraucher als auch der Möglichkeiten der Produzenten – erfolgen kann, ist dies keine einfache Aufgabe. Voraussetzungen für die Entwicklung und Realisierung von Lösungsansätzen sind daher nicht nur der Wille aller Beteiligten zur konstruktiven Mitarbeit und eine genaue Kenntnis der ökologischen und/oder sozialen Probleme, ihrer Verursacher sowie der Gesamtheit ihrer Auswirkungen, sondern auch handlungsfähige Gremien zur Umsetzung der gefassten Beschlüsse.

5. Unternehmen als Akteure globaler wirtschaftlicher Vernetzung

Die Globalisierung der Wirtschaft ist für Unternehmen mit vielschichtigen Veränderungen und Herausforderungen verbunden. Multinationale Unternehmen (vgl. Kap. 2.4) dehnen ihre Wertschöpfungsaktivitäten weltweit aus, um ihre Wettbewerbsfähigkeit zu verbessern. In einer globalen Ökonomie konkurrieren dadurch nicht mehr territorial getrennte Wirtschaftseinheiten gegeneinander, sondern es interagieren verschiedenste Akteure in komplexen grenzüberschreitenden Produktionsnetzwerken, eingebettet in multiskalare institutionelle Kontexte und politische Kräftefelder, miteinander.

Im Sinne des relationalen Themenzugangs sind daher letztlich die Akteure und ihre weltwirtschaftlichen Aktivitäten zu beleuchten. Von besonderem wirtschaftsgeographischen Interesse ist, wie Unternehmen in ihrem Wachstumsprozess fremde Wirtschaftsräume erschließen und durchdringen, wie die strategische Bearbeitung ausländischer Märkte erfolgt und wie globale Wertschöpfungsprozesse organisiert sind.

5.1 Modelle der Internationalisierung und Raumdurchdringung

Håkanson-Modell

Die zunehmende Internationalisierung von Unternehmen ist nicht nur eine Frage des Risikos und der Ressourcenbindung im Ausland, sondern auch der Wahrnehmung, Verarbeitung und Bewertung von Informationen. Dieser dynamische Entwicklungsprozess der Unternehmensexpansion und Raumdurchdringung ist durch verschiedene Phasen und darüber hinaus durch lern- und verhaltenstheoretische Aspekte geprägt.

Das Modell der **Unternehmensexpansion und Raumdurchdringung** (Håkanson-Modell) stellt das unternehmerische Wachstum und die Entwicklung eines Einbetriebsunternehmens in Richtung eines multinationalen Unternehmens **idealtypisch** in fünf Phasen dar, ohne aber Ursachen und Zusammenhänge im Einzelnen zu spezifizieren. In der Realität verhindern der beschränkte Ressourcenzugang (Kapital, Management) und der Wettbewerb gerade in den ersten Phasen oftmals eine Unternehmensexpansion, weshalb viele Unternehmen ihren Wachstumsprozess nicht modellhaft fortführen können. Der Wert des Modells besteht daher vielmehr in der Übersetzung unternehmerischer Wachstumsphasen in einen räumlichen Kontext. Folgende Phasen werden beschrieben (vgl. HÅKANSON 1979; NUHN 1985, S. 191).

In der ersten Phase findet eine **Neugründung** statt, die Aktivitäten des Unternehmens sind auf die eigene Region beschränkt und richten sich an den regionalen Bedürfnissen aus. In der zweiten Phase erfolgt eine **steigende Durchdringung des nationalen Marktes** mit zunehmendem Wachstum des Unternehmens. In Phase drei kommt es zu einer **Intensivierung nationaler Marktbearbeitung**, was eine Erhöhung der Produktionskapazität erforderlich macht. Diese erhöhten Fertigungskapazitäten erleichtern das **„Going International"** maßgeblich, da so konjunkturelle Risiken zu streuen und die Auslastung der Produktionsanlagen zu sichern ist. Die Auslandsmarkterschließung erfolgt dabei zunächst unter möglichst niedrigem unternehmerischem Risiko (z.B. über externe Vertriebsagenturen). In der vierten Phase ist der Absatz im Ausland stark angestiegen und zur **Koordination der Auslandtätigkeiten** sind in den wichtigsten Märkten eigene Vertriebsniederlassungen zu gründen. Dies lässt die Marktbearbeitung effizienter werden, was höhere Marktanteile, aber auch eine effizientere Kontrolle über die Auslandsmärkte ermöglicht. Zuletzt lassen in Phase fünf die weiter steigende Nachfrage, Handelshemmnisse sowie ggf. auch Lohn- bzw. Transportkosten – trotz eines steigenden finanziellen Risikos – die **Errichtung lokaler Produktionsstätten im Ausland** (z.B. Neugründungen oder Akquisitionen) als opportun und notwendig erscheinen.

Da das Håkanson-Modell die Unternehmensexpansion und Raumdurchdringung eher zu beschreiben als deren Ursachen und Zusammenhänge zu erklären vermag, sind vertiefte Modelle, welche die **Internationalisierungsentscheidung** im Unternehmen aufzeigen, nötig. Der Internationalisierungsprozess ist dann als Reaktion auf wahrgenommene Problemsituationen und kontinuierliche Anpassung zu verstehen. Sowohl lerntheoretische als auch verhaltenswissenschaftliche Modelle bringen hierfür adäquate Lösungen.

Das **dynamisch-lerntheoretische Internationalisierungsmodell** der schwedischen Uppsala-Schule ist dabei der bekannteste Ansatz. Ausgangspunkt ist die Annahme, dass Unternehmen im nationalen Kontext entstehen und wachsen. Es fehlt ihnen daher an Wissen, Erfahrung und Information bezüglich der Bearbeitung von Auslandsmärkten. Eine steigende Integration in einen bestimmten Zielmarkt wird als langsamer, sich verfestigender Prozess betrachtet, in dem mit steigendem Wissen über einen Markt sukzessive folgende verschiedene Stufen durchlaufen werden:

Uppsala-Internationalisierungsmodell

1. Nur gelegentliche Exporte,
2. Exporte über unabhängige Absatzmittler,
3. Errichtung eigener Vertriebsniederlassungen,
4. Aufbau einer Produktion im Ausland.

Von Stufe zu Stufe wachsen mit dem Ressourceneinsatz im jeweiligen Auslandsmarkt auch die Auslandserfahrungen der Entscheidungsträger und das Wissen über ausländische Märkte (vgl. HAAS/NEUMAIR 2006, S. 695 ff.).

Innovativ an diesem Modell ist, dass eine Berücksichtigung der kulturellen Distanz (vgl. Kap. 4.4) zwischen Heimat- und Gastland erfolgt. Unternehmen bearbeiten zunächst jene Märkte, die ihnen kulturell verwandt sind. Erst in späteren Phasen, sobald ein Erfahrungsschatz bezüglich der Bearbeitung fremder Märkte aufgebaut wurde, bearbeiten sie auch solche Länder, die eine höhere psychische Distanz zum Heimatmarkt aufweisen (vgl. JOHANSON/VAHLNE 1977, S. 24). So würde die Auslandsmarkterschließung eines deutschen Unternehmens zuerst im deutschsprachigen Raum (Österreich, Schweiz) stattfinden und anschließend – je nach Vorliebe bzw.

Kulturelle Distanz

Kenntnisstand des Managements – kulturell bzw. räumlich nahestehende Länder erfassen. Dies könnten dann, beginnend mit Polen oder Tschechien, weitere osteuropäische Länder oder, einleitend mit Großbritannien, weitere angelsächsische Staaten wie die USA oder Australien sein. Erst danach wären kulturell und räumlich weit entfernte Länder wie China oder Japan zu erschließen.

„state aspects" und „change aspects"

Derzeitige sowie zukünftige Internationalisierungsmöglichkeiten eines Unternehmens werden im Uppsala-Modell anhand der „state aspects" (Zustandskriterien) und „change aspects" (Veränderungskriterien) analysiert, die in einer wechselseitigen Beziehung zueinander stehen:

- State aspects lassen sich in **Marktwissen** (Wissen über Chancen und Risiken eines bestimmten Marktes), welches entweder extern bezogen oder durch eigene Erfahrungen erlernt werden kann, sowie **Marktbindung**, d.h. Menge und Stärke (= Möglichkeit der Freisetzung) der in einem Markt gebundenen Ressourcen, unterteilen.
- Change aspects setzen sich aus der Entscheidung, Ressourcen in einem bestimmten Markt zu binden sowie **gegenwärtigen Geschäftsaktivitäten** zusammen.

Zusammenspiel und gegenseitige Beeinflussung der Faktoren lassen sich z.B. aufzeigen, wenn Ressourcen durch Direktinvestition in einem bestimmten Land gebunden sind, was eine intensivierte Marktbearbeitung bewirkt und somit wiederum das Marktwissen verändert.

Erweiterungen des Uppsala-Modells

Am ursprünglichen Uppsala-Modell wurden im Sinne einer besseren Realitätsnähe und zur Anpassung an globale Rahmenbedingungen im Laufe der Zeit Erweiterungen vorgenommen. Die **Beachtung von Wettbewerbsbedingungen**, wie z.B. Größenvorteile oder branchenbezogene Unternehmenskonzentrationen, zeigt auf, dass einzelne Schritte der Internationalisierung auch zu überspringen sind. So können Unternehmen z.B. aufgrund bisheriger Erfahrungen beim Eintritt in neue Märkte frühe Stadien des Markteintritts auslassen, bei ausreichend großen Ressourcen (Kapital, Managementkapazitäten) ihre Märkte weltweit nach Belieben auswählen und bearbeiten oder bei starken Wettbewerbsvorteilen offensiv und schnell die wichtigsten Märkte besetzen. Anderseits ist es denkbar, dass Unternehmen, um sich dem gesteigerten globalen Wettbewerb zu entziehen, auch **Nischenmärkte** aufsuchen (vgl. MÜLLER/KORNMEIER 2002, S. 299ff.).

„hidden champions"

Neben multinationalen Großunternehmen gibt es auch mittelständische Unternehmen, welche nicht dem typischen Modell der phasenweisen Internationalisierung folgen, sondern sich bereits in sehr frühen Stadien am Weltmarkt orientieren. Sie sind oft in Nischenmärkten tätig – z.B. sind mittelständische deutsche Hersteller von Pumpen als Umwelttechnologieanbieter zur Abwasserbehandlung weltweit äußerst erfolgreich aktiv – und verdanken ihre Wettbewerbsfähigkeit einer besonders **innovativen Produkt- oder Prozesstechnologie**, die sie global vermarkten können, was sie zu Marktführern bzw. sog. „hidden champions" werden lässt.

„born global firms"

Als **Gegenposition zu den Stufenmodellen** versteht sich das Konzept der „born global firms", die bereits zum Gründungszeitpunkt durch eine Weltmarktstrategie gekennzeichnet sind. In der Regel handelt es sich hierbei um Ausgründungen etablierter multinationaler Unternehmen, wie z.B. Infineon als Ausgründung von Siemens. Internationalisierungsschritte werden schon in den ersten Jahren unternommen und die räumliche Umsatzverteilung ist durch einen hohen Exportanteil und eine Vielzahl unterschiedlicher Ländermärkte gekennzeichnet (vgl. HAAS/NEUMAIR 2006: 709).

Zuletzt sind auch verhaltenstheoretische Modelle anzuführen, die einen völlig neuen Blickwinkel auf Internationalisierungsentscheidungen eröffnen. Die Entscheidung, international tätig zu werden, ist demnach auf die Wahrnehmung und Bewertung verschiedener externer und interner Rahmenbedingungen **(Stressfaktoren)** zurückzuführen, die auf das Unternehmen und den Entscheidungsträger wirken (vgl. SCHARRER 2001, S. 94f.). Verhaltens-
theoretische
Modelle

- Zu den **unternehmensexternen Rahmenbedingungen** zählen sowohl Faktoren, die sich auf die Abnehmer (z. B. Nachfragestruktur, Kaufverhalten) beziehen, als auch solche, die aus den Eigenschaften des Marktes (z. B. Intensität des Wettbewerbs, gesetzliche Auflagen, Markteintrittsbarrieren) insgesamt resultieren.
- Zu den **unternehmensinternen Rahmenbedingungen** gehören die Persönlichkeit des Unternehmers, die Unternehmenskultur sowie produkt- und unternehmensbezogene Faktoren (innovative Produkte oder Produktionsverfahren, finanzielle Ressourcen Managementkapazitäten, Patente etc.).

Entscheidend ist in diesem Modell, dass es auf das Menschenbild des „satisfizers" rekurriert, d. h. Informationen ungleich verteilt sind, und die Fähigkeit, diese aufzunehmen und zu verarbeiten individuell variiert. Der Entscheidungsträger gibt sich auch mit **suboptimalen Ergebnissen** zufrieden, sofern sie seinem **persönlichen Ziel- und Wertesystem** entsprechen. Eine Internationalisierungsentscheidung erfolgt erst dann, wenn der Entscheidungsträger die Chancen höher bewertet als die Risiken oder falls er die Zwänge als unausweichlich erachtet. Menschenbild
des „satisfizers"

Auf Grundlage dieser Bewertung werden Entscheidungen gefällt, die sich im unternehmerischen Verhalten im Raum widerspiegeln – in der Form der Marktbearbeitung oder auch der Absenz von einem Markt. Der Unternehmer vollzieht jene Anpassungshandlungen, die ihm gemäß den wahrgenommenen Rahmenbedingungen und der vollzogenen Bewertung als angemessen erscheinen.

5.2 Internationalisierungsstrategien

Abweichend von den dargestellten Modellen kann die Internationalisierung auch als ein **systematischer Planungsprozess** beschrieben werden, bei dem lern- und verhaltenstheoretische Erkenntnisse nur noch als Teilaspekte einfließen. Der Internationalisierungsprozess ist dann als Abfolge verschiedener Entscheidungsstufen zu verstehen, wobei sich die gewählte Alternative jeweils als rationale Folge von Informationsbeschaffung, Marktforschung und Länderbewertungsverfahren ergibt. Diese sequentiellen Mehrphasenmodelle beruhen auf verschiedenen Strukturierungs- und Bewertungsverfahren und tragen so zu einer sachlichen Entscheidungsfindung bei. Sie verstehen sich weniger als theoretisches Konzept, sondern vielmehr als **Management-Tool.**

5.2.1 Strategie und Motive der Internationalisierung

Bestandteile der Internationalisierungsstrategie

Durch die Komplexität und Vielfalt der verfügbaren Informationen, die Knappheit der Managementkapazitäten sowie die Notwendigkeit, zunehmend kurzfristig zu reagieren und Internationalisierungsentscheidungen sehr schnell zu treffen, können v.a. in kleinen und mittleren Unternehmen oft nicht alle Planungs- und Entscheidungsstufen komplett und sukzessive ablaufen, sondern finden oft nur bruchstückhaft oder simultan statt. Entschieden wird dann letztlich vom Management, vielfach einer einzigen Person, auf der Basis der unvollständigen Information und des eigenen Werte- und Zielsystems (vgl. SCHARRER 2001, S. 202 f.).

Der Prozess der Entwicklung einer Internationalisierungsstrategie lässt sich grundsätzlich in die folgenden **Entscheidungsstufen** einteilen (vgl. KUTSCHKER/SCHMID 2006, S. 809):

- **Ziele und Motive der Internationalisierung** (strategische Planung und Marktforschung): Mit welchen Zielen erfolgt ein internationales Marktengagement?
- **Internationale Markteintritts- und Marktbearbeitungsstrategien:** Mit welchen Markteintritts- und Marktbearbeitungsformen internationalisiert ein Unternehmen?
- **Zielmarkt- und Timingstrategien:** In welche Zielmärkte geht ein Unternehmen und welche zeitlichen Aspekte spielen für die Internationalisierung eine Rolle?
- **Allokations- und Koordinationsstrategien:** Wie gestaltet ein Unternehmen seine internationalen Aktivitäten im Hinblick auf die Leistungserbringung und wie koordiniert es seine internationalen Tätigkeiten?

Strategisches Vorgehen

Wichtig ist dabei ein strategisches Vorgehen, d.h. es muss zielorientiert und nachvollziehbar gehandelt werden. Mit seinen Strategien versucht das Unternehmen, Erfolgspotenziale zu erschließen, welche die Basis für Wettbewerbsvorteile darstellen. Es muss dabei sowohl das unternehmerische Umfeld als auch die eigenen Ressourcen, Fähigkeiten und Kompetenzen analysieren. Notwendig ist sowohl die Kenntnis eigener branchentypischer Stärken und Schwächen sowie der Chancen und Risiken des Umfelds, in das sich ein Unternehmen beim Eintritt in einen Auslandsmarkt begibt. Diese Konzeption spiegelt sich in marktbasierten Ansätzen **("market-based view")**, welche das Umfeld, und ressourcenbasierten Ansätzen **("ressource-based view")**, welche das Unternehmen selbst betonen, wider (vgl. KUMMER 2000, S. 83 ff.; KUTSCHKER/SCHMID 2006, S. 816).

Faktoren des Erfolgspotenzials

Da beide Ansätze einseitig entweder die Außen- oder die Binnenperspektive einnehmen, ist zur Schaffung einer fundierten Basis für strategische Entscheidungen eine Verbindung von beidem nötig, um so das **Erfolgspotenzial** aus den **Chancen und Risiken des externen Umfelds** auf dem Auslandsmarkt sowie den **unternehmensindividuellen bzw. -internen Fähigkeiten** aufzuzeigen. Um diese gemeinsam zu analysieren, eignet sich die aus dem strategischen Management stammende SWOT-Analyse (**„strengths and weaknesses, opportunities and threats"**).

Die SWOT-Analyse sieht vor, dass zuerst in einer **Unternehmensanalyse** relevante Stärken und Schwächen des Unternehmens, sodann in einer **Umfeldanalyse** die Chancen und Risiken einer Auslandtätigkeit im Allgemeinen bzw. auf dem jeweiligen Ländermarkt im Besonderen ermittelt werden. Diese sind anschließend zueinander in Beziehung zu setzen sowie eine Komplexitätsreduktion auf wichtige Einflussfaktoren vorzunehmen. Daraus können **strategische Alternativen** abgeleitet werden, welche die Entscheidungsgrundlage für die Erarbeitung detaillierter Strategien und operativer Maßnahmen bilden. Dabei gilt, dass Schwächen abgebaut und Stärken genutzt sowie gleichzeitig sich aus den Umfeldkonstellationen ergebende Chancen ergriffen und Risiken vermieden werden sollen (vgl. MÜLLER-STEWENS/LECHNER 2003, S. 226; KUMMER 2000, S. 83).

SWOT-Analyse

Da die SWOT-Analyse keine Hilfestellung bei der Auswahl und Gewichtung von Einflussfaktoren oder Normstrategien bzw. strategische Alternativen bereitstellt, müssen für die folgenden Bearbeitungsschritte jeweils weitere **(Management-)Verfahren** hinzugezogen werden. So hängt die Wahl der externen Umfeldfaktoren, die in die Analyse mit einfließen sollen, von einer Vielzahl von Einflussgrößen (z.B. Branche, Unternehmensgröße, Ländermarkt) ab. Zur Ordnung und Erfassung möglicher Umfeldvariablen sind **Standortfaktorenkataloge** hilfreich.

Diese sind grob in ein nationales Makroumfeld und ein regionales Mikroumfeld einzuteilen. Das **Makroumfeld** umfasst weitgehend branchenunabhängige Faktoren eines Landes, welche die Rahmenbedingungen für das Wirtschaften setzen:

Standortfaktorenkataloge

- **ökonomisches Umfeld** (z.B. gesamtwirtschaftliche bzw. konjunkturelle Entwicklung, Investitionsklima, entwickelter Kapitalmarkt oder Dienstleistungssektor),
- **politisch-rechtliches Umfeld** (z.B. politische Stabilität, Wirtschaftspolitik, Regulierung, Auflagen, Steuersätze, Handelshemmnisse, Subventionen),
- **sozio-kulturelles Umfeld** (z.B. Demographie, Ausbildungsniveau, sprachliche und religiöse Einheit, Bildungsstand),
- **technologische Faktoren** (z.B. technologischer Entwicklungsstand, Infrastruktur),
- **natürliches bzw. ökologisches Umfeld** (z.B. Klima, Meereszugang, geographische Lage, Ressourcenausstattung).

Die Faktoren des **Mikroumfelds**, das auch als branchenbezogenes Umfeld bezeichnet wird, ergeben sich aus der individuellen Situation eines Unternehmens bzw. der Zugehörigkeit zu einer bestimmten Branche. Hierzu zählen u.a. folgende Bereiche:

- **absatzmarktbezogene Faktoren** (z.B. Marktgröße, -wachstum, Nachfragestruktur, staatliche Förderprogramme),
- **beschaffungsmarktbezogene Faktoren** (Verfügbarkeit von Know-how, Arbeitskräften, Rohstoffen etc.),

- **produktions- bzw. kostenbezogene Faktoren** (z. B. Lohn- und Lohnnebenkosten),
- **konkurrenzbezogene Faktoren** (z. B. Zahl und Charakter der Wettbewerber, Innovationsdruck).

Im Rahmen der SWOT-Analyse sind zudem die **unternehmensinternen Faktoren** zu erfassen und zu bewerten. Vor dem Hintergrund der Unternehmenskultur sowie der am Internationalisierungsprozess beteiligten Personen sind Management- und Planungskapazität, Kapitalressourcen, Personalquantität und -qualifikation sowie Leistungsangebot und Produktprogramm zu untersuchen, die untereinander vielfältige Interdependenzen aufweisen. Erst aus der Gesamtheit der Faktoren ergeben sich die notwendigen Erfolgspotenziale (vgl. Scharrer 2001, S. 64 ff.).

Motive der Internationalisierung

Die auf die weitere Analyse aufbauende weitere strategische Planung ist in hohem Maße durch die Motive der Internationalisierung beeinflusst, da diese Ziel und Richtung weiterer Aktivitäten vorgeben. Folgende Motive lassen sich unterscheiden (vgl. Kutschker/Schmid 2006, S. 83 ff.; Werneck 1998, S. 28 ff.; vgl. Kap. 4.2.1).

- **Markt- und absatzorientierte Motive** stehen für eine bessere Markterschließung und -sicherung, da sich langfristig Märkte nur über Investitionen vor Ort sichern lassen. Auch das Vorhandensein von Handelshemmnissen kann eine Auslandsmarkterschließung zu deren Umgehung erfordern.
- **Beschaffungs- bzw. faktororientierte Motive** sehen die Sicherung von knappen Inputfaktoren durch die Beschaffung von Technologie, Humankapital, Vorprodukten und Rohstoffen vor.
- **Kosten- und effizienzorientierte Motive** liegen in Kostenvorteilen z. B. durch niedrige Lohn- und Transportkosten sowie Effizienzsteigerungen durch Größen- und Skalenvorteile (v. a. Zusammenlegung der Produktion).
- **Politische und umweltorientierte Motive** beinhalten wirtschaftspolitische Rahmenbedingungen, die nicht direkt vom Unternehmen beeinflusst und verändert werden können, wie z. B. geringe Steuerbelastung und Sozialabgaben, gute Infrastrukturausstattung, geringe Umweltschutzauflagen etc.
- **Strategische Motive** stellen auf die Integration in bestehende formelle oder informelle Netzwerke ab, um z. B. über Fortschritte in der Forschung oder Entwicklungen auf bedeutenden Märkten informiert zu sein. Auch das Erzielen und Verteidigen von Marktanteilen kann unter diese Motivkategorie fallen.

Eine weitere Möglichkeit der Einteilung ist in offensive bzw. defensive Internationalisierungsmotive. Bei den **offensiven Motiven** steht die **Nutzung von Wettbewerbsvorteilen** im Vordergrund, wie z. B. Absatzausweitung, Kosteneinsparungen, Synergieeffekte oder Prestige. **Defensive Motive** sind hingegen als **Reaktion auf externe Zwänge** zu verstehen, obwohl das Unternehmen eigentlich keine internationale Geschäftstätigkeit aufnehmen möchte. Ein Beispiel ist, wenn ein bedeutender Kunde Produktionskapazitäten im Ausland aufbaut und es ihm nun als Zulieferer folgen muss. Auch die Überwindung von Handelshemmnissen, die Internationalisierung der Wettbewerber bzw. Restriktionen im Heimatland gelten als defensive Internationalisierungsmotive.

Auf Basis der dargestellten Motive sowie der externen und internen Rahmenbedingungen müssen anschließend die Markteintritts- bzw. Marktbearbeitungs-, Zielmarkt- und Timing- sowie Allokations- und Koordinationsstrategien abgeleitet werden. Da sich diese Entscheidungen häufig gegenseitig beeinflussen, sind sie oftmals quasi simultan zu treffen.

5.2.2 Formen der Auslandsmarktbearbeitung

Die Auswahl der Markteintritts- bzw. Marktbearbeitungsform im Rahmen einer internationalen Unternehmensstrategie ist für die Erfolgswahrscheinlichkeit einer Geschäftstätigkeit auf Auslandsmärkten von maßgeblicher Bedeutung (vgl. WERNECK 1998, S. 19). Es gilt zu entscheiden, wie die Ressourcen und Kapazitäten eines Unternehmens unter Beachtung der spezifischen Chancen und Risiken auf den Auslandsmärkten einzusetzen sind. *Eklektisches Paradigma*

Eine bekannte und plausible Systematisierung bietet z. B. das eklektische Paradigma von DUNNING (1988), welches Ausmaß und Form eines Auslandsengagements von folgenden Vorteilskategorien abhängig macht (vgl. PERLITZ 2004, S. 109):

- Unternehmensspezifische Eigentums- und Wettbewerbsvorteile **(ownership advantages)**, die sich u. a. in Größen-, Spezialisierungs- und Synergievorteilen sowie Patenten, Management-Know-how, spezifischem Humankapital etc. äußern können. Von ihnen sind Wettbewerbsnachteile durch Unvertrautheit mit dem ausländischen Markt abzuziehen. Daraus resultieren Nettoeigentumsvorteile.
- Internalisierungsvorteile durch eine effizientere interne Verwertung der eigenen Vorteile, verbunden mit der Minimierung von Transaktionskosten **(internalisation advantages)**.
- Nutzung von Standortvorteilen, welche die Standortwahl im Zielland determinieren **(location specific advantages)**, wie z. B. Marktvolumen und -wachstum, Faktorkostenvorteile, staatliche Förderprogramme oder die Umgehung von Handelshemmnissen.

Das Vorliegen der einzelnen Vorteilskategorien entscheidet über die Wahl der Internationalisierungsform. Nettoeigentumsvorteile stellen die Grundvoraussetzung für eine internationale Unternehmenstätigkeit dar. Verfügt ein Unternehmen über diese nicht, ist von einer Internationalisierung abzusehen. Wenn ein Unternehmen ausschließlich Nettoeigentumsvorteile aufweist, die beiden anderen Vorteilskategorien also nicht gegeben sind, ist eine Auslandsmarktbearbeitung über **Exporte** vorteilhaft. Bestehen Nettoeigentumsvorteile und zusätzlich Internalisierungsvorteile, aber keine Standortvorteile am ausländischen Markt, ist eine Internationalisierung über **Lizenzvergabe** vorzuziehen. Nur wenn ein Unternehmen Vorteile aus allen drei Kategorien vorweisen kann, sollte eine **Direktinvestition** für eine Standortgründung vor Ort getätigt werden (vgl. HAAS/NEUMAIR 2006, S. 231 ff.). *Wahl der Internationalisierungsform*

Das eklektische Paradigma erklärt allerdings nur unzureichend, warum manche Unternehmen parallel mit unterschiedlichen Marktbearbeitungsformen auf Auslandsmärkten präsent sind und wie Veränderungen einzelner Vorteilskategorien diese beeinflussen (vgl. KUTSCHKER/SCHMID 2006, S. 456 f.). Zur alternativen Klärung von Markteintrittsstrategien lassen sich daher auch andere Konzepte, z. B. das Uppsala-Modell (vgl. Kap. 5.1), heranziehen. Das eklektische Paradigma lässt ferner außer Acht, dass neben Exporten, Lizenzvergaben und Direktinvestitionen weitere Marktbearbeitungsformen existierten.

Systematisierung von Marktbearbeitungsformen

Für deren Systematisierung wird sehr oft die Kombination aus **unternehmerischer Ressourcenbindung im Ausland** und dem **Grad der Internalisierung** (= Einbindung von unternehmensspezifischen Wettbewerbsvorteilen ins Unternehmen) herangezogen. Demnach lassen sich Marktbearbeitungsformen in folgende Gruppen einteilen (vgl. MÜLLER/KORNMEIER 2002, S. 122 ff.; Abb. 5-1):

- Formen des Außenhandels,
- kooperative Marktbearbeitungsformen,
- Marktbearbeitungsformen mit Kapitalbeteiligung.

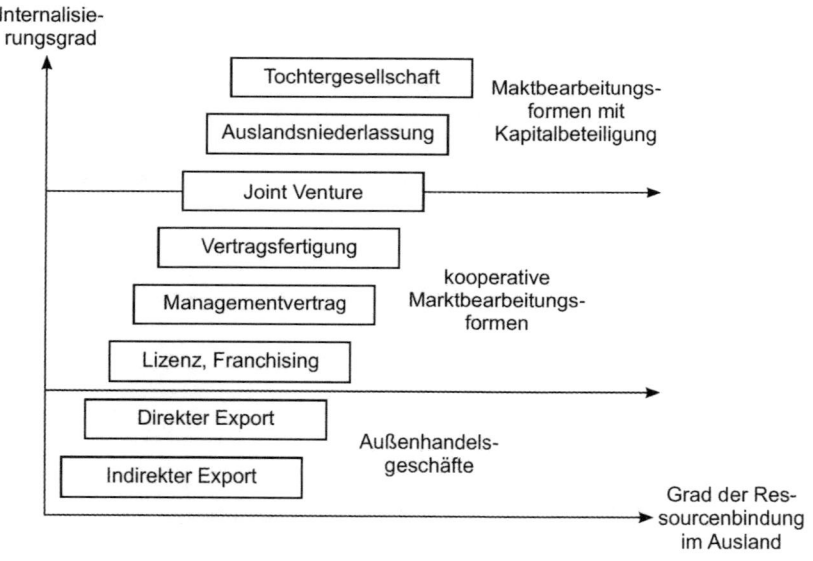

Abbildung 5-1: Formen internationaler Unternehmenstätigkeit
(HAAS/NEUMAIR 2006, S. 607)

Außenhandelsgeschäfte

Bei den Formen des Außenhandels (vgl. Kap. 4.1.1) erfolgt der Absatz von Gütern und Dienstleistungen im Ausland, während die Produktion im Stammland des Unternehmens verbleibt. Der **indirekte Export** stellt die einfachste Form der Internationalisierung dar. Sämtliche Aktivitäten, die mit dem Export verbunden sind, werden hierbei an einen unabhängigen Absatzmittler (z. B. einen Exportgroßhändler oder einen ortsansässigen ausländischen Einkäufer) im Heimatland des Exporteurs abgegeben. Die Vertriebskanäle sind für den Produzenten kaum zu beeinflussen, im Gegenzug werden Kosten und Risiken des Exports auf den Absatzmittler abgewälzt. Der **direkte Export** erfolgt unmittelbar durch den Hersteller. Die Lieferungen gehen direkt an einen Zwischen- oder den Endabnehmer im Ausland (vgl. WERNECK 1998, S. 20). Durch die Einsparung einer Handelsstufe im Inland besteht die Möglichkeit, höhere Margen zu erzielen und näher am Kunden zu sein. Dafür sind jedoch umfangreiche Marktkenntnisse erforderlich und die Risiken selbst in Kauf zu nehmen.

Generell erfordern die Varianten des Exports eine – im Vergleich zu anderen Marktbearbeitungsstrategien – relativ geringe Kapital- und Ressourcenbindung im Ausland und stellen risikoarme Formen des Markteintritts bzw. der Marktbearbeitung dar (vgl. STRIETZEL 2005, S. 83 f.).

Kooperative Internationalisierungsformen vereint das gemeinsame Merkmal der Übertragung von Rechten, Privilegien, Know-how etc. an einen ausländischen Partner gegen Entgelt. Es wird aus Sicht des internationalisierenden Unternehmens kein Kapital in Form von Realkapital ins Ausland transferiert. In dieser Gruppe werden üblicherweise Lizenzvergabe und Franchising, Managementverträge und Vertragsfertigung zusammengefasst (vgl. SCHARRER 2001, S. 81). Bei der grenzüberschreitenden **Lizenzvergabe** überlässt ein inländisches Unternehmen (Lizenzgeber) einem ausländischen Unternehmen (Lizenznehmer) Verwertungsrechte wie Patente oder technologisches Wissen. Als Gegenleistung erhält der Lizenzgeber eine nutzungsunabhängige oder nutzungsabhängige Gebühr (vgl. BACKHAUS et al. 2003, S. 138). Für den Lizenzgeber liegt der Vorteil dieser Marktbearbeitungsform in einem geringen finanziellen Risiko. Mit jeder Art von Wissens- bzw. Technologietransfer ist aber tendenziell auch das Risiko eines Abflusses bzw. Missbrauchs von Know-how verbunden (vgl. SCHARRER 2001, S. 81 f.). Die Konzeption der Übertragung materieller oder immaterieller Vermögensgegenstände trifft in abgewandelter Form auch bei anderen kooperativen Internationalisierungsformen zu. Beim **Franchising** erfolgt die Übertragung eines gesamten Geschäftskonzepts, beim **Managementvertrag** von Management-Know-how sowie ggf. von Führungspersonal, bei der **Vertragsfertigung** die Ausgliederung einzelner oder mehrerer Stufen der Fertigung.

Kooperative Internationalisierungsformen

Die Marktbearbeitungsformen mit Kapitaleinsatz sind immer mit einer Direktinvestition verbunden. Als kooperative Form der Marktbearbeitung mit Kapitalbeteiligung gilt z.B. das **Joint Venture** (vgl. Kap. 4.2.2). Auslandsniederlassungen und Tochtergesellschaften sind dagegen vom Kapitaleigner vollbeherrschte Unternehmen. Im Falle einer **Auslandsniederlassung** verlagert das internationalisierende Unternehmen einen Teil der betrieblichen Funktionen in das Zielland. Auslandsniederlassungen besitzen keine eigene Rechtspersönlichkeit und stellen letztlich einen räumlich getrennten Teil der Unternehmung dar. Die Aktivitäten der Niederlassung unterliegen den Handlungsanweisungen und der Kontrolle der Zentrale im Heimatmarkt (vgl. SCHARRER 2001, S. 84). Eine **Tochtergesellschaft** ist dagegen ein rechtlich und wirtschaftlich eigenständiges Unternehmen. Sie stellt die ressourcenintensivste und damit auch risikoreichste Form der Auslandsmarktbearbeitung dar, ermöglicht aber auch eine weit reichende Kontrolle des Auslandsengagements (vgl. WERNECK 1998, S. 23; STRIETZEL 2005, S. 93). Tochtergesellschaften vereinigen im Gegensatz zu Auslandsniederlassun-

Marktbearbeitungsformen mit Kapitaleinsatz

gen meist mehrere Wertschöpfungsstufen. Sie können durch Neugründung oder Akquisition eines ausländischen Unternehmens entstehen (vgl. Kap. 4.2.2) (vgl. KUTSCHKER/SCHMID 2006, S. 877ff.).

5.2.3 Weitere strategische Entscheidungsfelder

Zielmarktstrategie   Neben der Marktbearbeitungsstrategie zählt die Auswahl der ausländischen Zielmärkte zu den wichtigsten Entscheidungen. Zu klären ist im Vorfeld, ob nur einzelne ausgewählte Märkte, gewisse Regionen oder eine globale Strategie zu verfolgen sind. Ziel der **Ländermarktauswahl** ist es dann, mittels geeigneter Kriterien unter den ca. 200 Ländern der Erde jene herauszufiltern, die für ein internationales Engagement erfolgversprechend erscheinen. Hierfür sollte in drei Stufen vorgegangen werden.

Vorauswahl relevanter Länder   Das Ziel der Vorauswahl relevanter Länder ist es, diejenigen Länder von einer weitergehenden Betrachtung auszuschließen, welche bestimmten Anforderungen (**Knock-out- bzw. Musskriterien**) nicht genügen oder nicht mit den unternehmenspolitischen Grundsätzen vereinbar sind. Diese sind z.B. sachliche Gründe (kein Bedarf an den Produkten), spezifische Werthaltungen des Managements, strategische Vorentscheidungen (z.B. grundsätzliche Beschränkung auf Länder der Triade) oder Mindest- oder Höchstanforderungen an bestimmte Merkmale (z.B. Pro-Kopf-Einkommen, Marktvolumen etc.).

Grobselektion   Im Rahmen der Grobselektion sind die verbleibenden Länder einer detaillierteren Analyse zu unterziehen. Hierbei werden die Kriterien **Marktattraktivität**, wie z.B. Marktvolumen und -wachstum oder Infrastruktur (vgl. Kap. 4.3), **Marktbarrieren**, wie z.B. tarifäre und nicht-tarifäre Handelshemmnisse (vgl. Kap. 4.1.2) oder kulturelle Unterschiede (vgl. Kap. 4.4), sowie **Länderrisiken** (vgl. Kap. 4.5) betrachtet. Die Auswahl kann anhand von **Checklisten, Punktbewertungs-** oder **Scoring-Modellen** (= Weiterentwicklung von Checklisten, die eine Berücksichtigung der unterschiedlichen Bedeutung der einzelnen Kriterien erlauben) sowie **Portfolio-Verfahren** zur Bestimmung eines optimalen Länderportfolios aus einer Vielzahl möglicher Ländermärkte, die anhand zweier oder mehrerer Dimensionen (z.B. Marktattraktivität und Marktrisiko) miteinander verglichen werden, erfolgen. Für Letzteres gilt folgende **grobe Entscheidungsregel:** Länder mit mittlerem bis hohem Marktrisiko und mittlerer bis niedriger Marktattraktivität sollten nicht bearbeitet werden. Für den Markteintritt grundsätzlich in Frage kommen dagegen Länder mit hoher bis mittlerer Marktattraktivität und geringem bis mittlerem Marktrisiko (vgl. KUTSCHKER/SCHMID 2006, S. 935ff.; LIFKA 2009).

Feinselektion   Im Rahmen der Feinselektion gilt es die verbleibenden Märkte nach differenzierten einzelwirtschaftlichen Bewertungskriterien, d.h. **segmentspezifischen Erfolgschancen und -voraussetzungen**, zu analysieren. Zur abschließenden Entscheidungsfindung werden ausgewählte einzelwirtschaftliche Kriterien herangezogen (z.B. die Erlaubnis zur Gründung von 100%-Tochtergesellschaften, die Möglichkeit zum Kauf von Immobilien, steuerliche Aspekte, Regeln zur Rückführung von Gewinnen, Importbeschränkungen, Erfordernis von Lizenzen etc.) (vgl. MÜLLER-KORNMEIER 2002, S. 420ff.).

Neben der Zielmarktstrategie ist das Timing des Markteintritts zu klären. Dabei wird **länderübergreifend** zwischen der Sprinkler- bzw. Diversifikationsstrategie und der Wasserfall- bzw. Konzentrationsstrategie unterschieden. Die **Sprinklerstrategie** zeichnet sich durch den zeitgleichen Markteintritt in eine Vielzahl von Ländern aus. Da diese Strategie einen hohen Ressourceneinsatz erfordert, wird sie meist nur bei Produkten mit kurzen Produktlebenszyklen verwendet. Häufig bevorzugt man daher die die **Wasserfallstrategie**, welche eine schrittweise Ausweitung der bearbeiteten Märkte beinhaltet, wodurch die besonders bei kleinen und mittelgroßen Unternehmen knappen Ressourcen konzentriert in einzelnen Märkten eingesetzt werden können (vgl. MEFFERT/BOLZ 1998, S. 137 ff.).

Länderspezifisch ist zudem zwischen der **First-Mover-** bzw. **Pionierstrategie** (= Erzielung von Wettbewerbsvorteilen durch eine frühzeitige Markteinführung) sowie der **Follower-** bzw. **Folgestrategie** (= Erlangung von Wettbewerbsvorteilen durch einen späteren Markteintritt) zu unterscheiden. Vorteile der **First-Mover-Strategie** liegen im Aufbau von Markteintrittsbarrieren für Konkurrenten, der Schaffung von Abnehmerpräferenzen durch Markenbekanntheit und Imagevorsprung sowie in der Kundenbindung. Die **Follower-Strategie** biete sich hingegen an, um von den Investitionen sowie Fehlern und Erfahrungen des Pioniers zu profitieren.

Im Rahmen der Allokationsstrategie wird über die **Zentralisierung bzw. Dezentralisierung** der weltweiten Wertschöpfungsaktivitäten sowie über die **Standardisierung bzw. Differenzierung** der Produkte entschieden. In einem ersten Schritt sind die zu bearbeitenden Länder z.B. anhand ökonomischer, geographischer oder demographischer Merkmale zu gruppieren, um eine Differenzierung nach einem (homogenen) globalen Markt oder vielfältigen länderspezifischen Märkten vorzunehmen. Danach orientiert sich dann die Frage der **Konfiguration der Wertschöpfung** (in welchen Ländern soll welche Leistung erbracht werden?) und der **Produkte** (sind die Produkte regional anzupassen oder lässt sich mit einem standardisierten Produkt der Weltmarkt bedienen?) (vgl. KUTSCHKER/SCHMID 2006, S. 970 ff.).

Mit steigendem Internationalisierungsgrad nimmt die Notwendigkeit zu, die komplexer werdenden Anforderungen bezüglich der Koordination, Anpassung und Abstimmung an unterschiedliche Regionen bei gleichzeitiger Verhinderung von Redundanzen und Kooperationsproblemen zu bewältigen. Hierbei kann grundsätzlich der **Koordinierungsbedarf** z.B. durch Outsourcing (vgl. Kap. 2.4) reduziert oder durch eine geeignete Organisationsstruktur (vgl. Kap. 5.3) gedeckt werden (vgl. KUTSCHKER/SCHMID 2006, S. 987 ff.).

Einer der bedeutendsten Bereiche der Koordinierungsstrategie liegt in der Ausgestaltung der **Unternehmensführung**. Nach dem **EPRG-Modell** von PERLMUTTER (1969) lassen sich vier **idealtypische Führungskonzepte**, die sich hinsichtlich Kommunikation, Kontrolle und Personalführung zwischen inländischer Mutter- und ausländischer Tochtergesellschaft unterscheiden, identifizieren (vgl. PERLITZ 2004, S. 119 ff.).

Im **ethnozentrischen Konzept** werden die strategischen Entscheidungen von der Mutter im Stammland getroffen. Tochterunternehmen sind in sämtlichen Bereichen weisungsgebunden, werden durch die Mutter kontrolliert sowie Führungskräfte von dieser aus dem Stammland eingesetzt. Dieses

Timingstrategien

Allokationsstrategien

Koordinationsstrategien

EPRG-Modell

Führungskonzept ist typisch für Unternehmen, die am Beginn ihrer Internationalisierung stehen. Nachteilig können sich das fehlende lokale Marktwissen sowie der erhöhte Koordinationsaufwand auswirken.

Das **polyzentrische Konzept** setzt auf die Gastlandorientierung, es wird den Länder- und Kulturspezifika des Gastlandes Rechnung getragen sowie strategische Positionen mit lokalen Kräften besetzt. Die Töchter haben im Rahmen der Zielvorgaben der Mutter ihren eigenen Entscheidungsspielraum.

Im **regiozentrischen Konzept** erfolgt eine stärkere Berücksichtigung regionaler statt nationaler Wesensmerkmale. Nützlich ist dies, wenn eine Konzentration auf homogene Ländergruppen, wie z. B. die EU, gegeben ist.

Beim **geozentrischen Führungskonzept** (Weltorientierung) wird das Unternehmen als eine Gesamteinheit betrachtet, wobei eine Loslösung vom nationalen Kontext erfolgt. Mutter und Töchter sind als gleichberechtigte Teile einer weltweit vernetzten Einheit zu verstehen mit dem Ziel einer bestmöglichen globalen Wertschöpfung. Die Nationalität der Führungsregie ist hierbei ohne Bedeutung.

5.3 Gestaltung globaler Wertschöpfungsprozesse

Wertschöpfungskette

Neben den dargestellten Internationalisierungsstrategien von Unternehmen ist die bereits vielfach zitierte globale Verknüpfung der Akteure von besonderem wirtschaftsgeographischen Interesse, d. h. **Struktur und Organisation globaler Wertschöpfungsprozesse**. Das grundlegende Konzept zu deren Analyse ist die Wertschöpfungskette nach PORTER (1985). Diese teilt die unternehmerische Wertschöpfung in eine lineare Abfolge von **Hauptaktivitäten** (Logistik, Beschaffung, Produktion, Marketing, Servicedienstleistungen und Entsorgung) sowie übergeordnete **unterstützende Aktivitäten** (Management, Forschung und Entwicklung, Rechnungswesen, Personalwirtschaft, Controlling, Finanzierung etc.) ein (vgl. KELP 2000, S. 46ff.; HAAS/ SCHLESINGER 2007, S. 40f.). Da Wertschöpfungsprozesse organisatorisch und räumlich voneinander getrennt werden können (vgl. Kap. 3.3), ergeben sich komplexe Interaktionen zwischen den beteiligten Akteuren, die steten Veränderungen und Rückkopplungen unterliegen. Die Wertschöpfung ist daher kaum mehr als linearer Prozess darzustellen, sondern findet in einem komplexen Netzwerk statt.

Konzept der Global Commodity Chain

Diesen grundsätzlichen Zusammenhang bildet der Ansatz der Global Commodity Chain nach GEREFFI et al. (1994) ab. Er definiert **globale Warenketten** als ein **Netzwerk von Beziehungen**, die durch bestimmte Transaktionen miteinander verbunden sind. Im Mittelpunkt der Betrachtung steht die Untersuchung der **Funktionsweise des internationalen Handels** über die strukturell bedingten Machtverhältnisse zwischen den Akteuren der Warenkette. Durch den akteurszentrierten Blick – im Gegensatz zu einer rein technisch-produktionsbezogenen Sichtweise – ist eine Untersuchung der **organisatorischen Aspekte** globaler Warenketten möglich (vgl. SCHAMP 2000, S. 26). Neben der Organisation des internationalen Handels sind auch die gesamte Breite der Wertschöpfungstätigkeiten von der primären Produktion bis zum Endkonsum und die Verknüpfungen dazwischen zu analysieren. Diese Verbindung der Produktions- und der Handelskette mit den beteiligten Akteuren ermöglicht einen vollständigen Überblick über die Macht- und Organisationsstruktur in einer globalen Warenkette (vgl. GEREFFI et al. 1994, S. 1ff.). Entscheidend für deren Analyse ist dabei die **soziale Einbettung** der wirtschaftlichen Interaktionen. Um ein Verständnis hierfür zu erhalten, muss zunächst die (historische) Entwicklung sowohl des regionalen als auch des internationalen Umfelds Berücksichtigung finden. Aber auch Wettbewerbsbedingungen und Innovationen sind als weitere essenziell wichtige Wirtschaftskomponenten der Organisation globaler Warenketten zu beachten.

Aus diesen konzeptionellen Überlegungen heraus lassen sich vier Dimensionen der Analyse von Warenketten ableiten (vgl. GEREFFI et al. 1994, S. 1f.; RAIKES et al. 2000, S. 4ff.; PONTE 2003, S. 11f.): Dimensionen globaler Warenketten

- Die Beschreibung (ggf. auch Erklärung) der **Input-Output-Struktur** sowie der räumlichen Verortung **(Territorialität)** der Wertschöpfungsprozesse ist nötig, um den grundsätzlichen Aufbau globaler Warenketten darzustellen.
- Die größte Aufmerksamkeit kommt Governance- bzw. Steuerungsstrukturen der Beziehungen, d.h. der **Macht der Akteure**, zu, welche die ökonomischen Verknüpfungen und Transaktionen determinieren.
- Der **institutionelle Rahmen** beschreibt das Zusammenwirken der Akteure unter nationalen und internationalen, aber auch der innerhalb der Kette gegebenen Rahmenbedingungen, wie z.B. der Kontrolle des Marktzugangs oder des Informationsflusses. Insbesondere für abhängige Akteure ist es notwendig, diese Standards zu erfüllen, um an der Warenkette teilzunehmen.

Der Kern der Warenkettenanalyse besteht darin, die **Akteure und deren Beziehungen** sowie Schlüsselakteure, die eine kritische Rolle bei der Koordination von Warenketten spielen, zu identifizieren. Dabei wird festgestellt, wer welche Rolle einnimmt, welche Standards einzuhalten sind, um an der Warenkette teilzunehmen (Eintrittsbarrieren) und wie Wertschöpfungsaktivitäten sowie Gewinne zwischen den verschiedenen Akteuren verteilt sind. Zudem sind organisatorische Veränderungen sowie das Management der Warenkette von Interesse. **Schlüsselakteure** dominieren eine Warenkette und geben die Regeln für andere Akteure vor, können weitere Handelnde mit in die Warenkette einbeziehen oder ausschließen. Deren Vorgaben bestimmen nicht nur darüber, was produziert wird, sondern auch über die Art und Weise der Produktion, also z.B. über eine sozial und ökologisch korrekte Erzeugung, sowie über die Verteilung von Gewinnen und Wertschöpfungsaktivitäten entlang der Warenkette. Durch das **Festsetzen von Qualitätsstandards** können Schlüsselakteure Risiko und Investitionskosten minimieren. Sie besitzen ferner die Macht, Aktivitäten, die weniger wertschaffend sind, an andere Akteure auszulagern und solche einzubeziehen, die eine höhere Wertschöpfung versprechen. Methodisches Vorgehen

Vor allem das **Wissen um bestehende Machtverhältnisse** ist essenziell, um die Gründe für die Verteilung der Wertschöpfung und den Grad der Integration einzelner Akteure nachzuvollziehen. Machtverhältnisse lassen sich anhand der **Transaktionskomplexität**, aufgrund derer Interaktionen mit steigender Komplexität zunehmen, der **Informations- und Wissensbereitstellung** (= Kodifizierung, d.h. wer verfügt über entsprechendes Know-how und gibt es in welcher Form weiter?) und der **Fähigkeiten der Akteure**, Vorgaben und Zielvorstellungen von Wertschöpfungs- bzw. Netzwerkpartnern auch umzusetzen, differenzieren (vgl. Coe/Yeung 2001, S. 371; Gereffi et al. 1994, S. 1f.). Damit lassen sich folgende Erscheinungsformen globaler Warenketten beschreiben:

Erscheinungsformen globaler Warenketten

- Bei der **marktlichen Steuerung** sind die Verknüpfungen am geringsten ausgeprägt. Die Macht der einzelnen Akteure ist ähnlich verteilt, die Steuerung findet über den Preis statt, weshalb Verbindungen und Koordination zwischen den Akteuren eher schwach ausgeprägt sind.
- Bei einer **modularen Wertschöpfung** zeigen sich erste Formen von Netzwerkbeziehungen. Üblicherweise fertigen Lieferanten Waren oder Dienstleistungen nach Vorgabe der Abnehmer. Die Lieferanten tragen in der Regel die volle Verantwortung für die Prozesse und Technologien, die auch für andere Akteure (Abnehmer bzw. Kunden) eingesetzt werden können und sich so Investitionen auf eine breitere Basis stellen lassen, um Kosten und Risiko möglichst gering zu halten. Wertschöpfungspartner sind so in beide Richtungen mit vergleichsweise geringem Aufwand austauschbar, die Warenkette setzt sich im Idealfall aus einer Aneinanderreihung auswechselbarer Module zusammen. Die Wechselbeziehungen können sich allerdings aufgrund der Wissenskodifizierung und des Austausches der Akteure an den Schnittstellen bereits sehr komplex gestalten.
- **Relationale Warenketten** kennzeichnet eine gegenseitige Abhängigkeit, basierend auf Vertrauen, Reputation sowie sozialer und räumlicher Nähe der Akteure. Die Interaktionen werden durch ein tiefes Verständnis für die Wertschöpfungsbelange der Partner begleitet. Die Pflege der Beziehungen bedingt einen hohen Zeitaufwand. Durch die starken Bindungen untereinander sind die Kosten für die Umstellung auf neue Partner als hoch einzustufen.
- In **gefesselten bzw. gefangenen Wertschöpfungsbeziehungen** dominiert ein fokales Unternehmen den oder die Zulieferer. Solche Netzwerke sind häufig durch ein hohes Maß an Überwachung und Kontrolle charakterisiert. Durch die asymmetrischen Machtverhältnisse sind die Zulieferer an einen bestimmten Kunden gebunden und haben kaum Möglichkeiten, sich gegen diesen zu behaupten, um z.B. Kosten auf ihn abzuwälzen.
- Die **hierarchische Organisation** führt zu einer völligen Abhängigkeit und asymmetrischen Machtbeziehungen der Akteure, die i.d.R. einer Integration in eine Konzernstruktur gleichkommen.

Eine weitere Unterteilung von Warenketten ergibt sich aus den Machtstrukturen im internationalen Handel. Um diese zu kennzeichnen, werden Warenketten in angebots- und nachfrageorientierte eingeteilt, abhängig davon, an welcher Stelle sich die dominierenden Kräfte und die Eintrittsbarrieren befinden.

Angebotsorientierte Warenketten

In den angebotsorientierten Ketten konzentriert sich die Marktmacht in den Kettensegmenten der Produktion. Hierbei handelt es sich zumeist um

Unternehmen, welche die **Kerntechnologien** vorgeben. Kapital- und technologieintensive Industrien mit hohen Eintrittsbarrieren durch bestimmte technische Standards sind typische Beispiele für derartige Ketten (vgl. GEREFFI et al. 1994, S. 1ff.). Als beispielhaft gilt die Automobilindustrie, in der die führenden Unternehmen in einem integrierten Produktionssystem sowohl auf ihre Zulieferer als auch ihre Abnehmer Einfluss ausüben können.

Nachfrageorientierte Warenketten sind dagegen zumeist durch Unternehmen geprägt, welche die Marktmacht besitzen und sich am Ende der Warenkette nahe den Konsumenten befinden (z.B. Handels- oder Markenunternehmen). Die Eintrittsbarrieren sind am Anfang der Warenkette relativ niedrig. Das Netz meist unabhängiger Produzenten wird vornehmlich über **Preis- und Wettbewerbskräfte** koordiniert. Zudem sind die Akteure auf der Produktionsseite den Schlüsselakteuren untergeordnet, welche die Kontrolle über Design, Marketing und insbesondere über internationale Marken und Einzelhandel haben, in denen die Eintrittsbarrieren hoch sind. Wert- und Profitabschöpfung der Akteure steigen mit der Hierarchie in der Warenkette an, deren Spitze sich bei den dominierenden Akteuren befindet (vgl. GEREFFI et al. 1994, S. 1ff. und S. 99; RAIKES et al. 2000, S. 7). Beispiele für nachfrageorientierte Warenketten liegen im Sportbekleidungssektor, wo viele Markenunternehmen kaum noch Eigenproduktion vornehmen, aber auch in bestimmten landwirtschaftlichen Produktionen.

Nachfrageorientierte Warenketten

Grundsätzlich bieten die dargestellten Unterteilungen der Warenketten zwar einen nützlichen Orientierungsrahmen, sie sollten aber nicht kritiklos verwendet werden, da in der Realität meist Mischformen auftreten (vgl. RAIKES et al. 2000, S. 19). Auch wenn der Fokus auf Waren durchaus als sinnvoll anzusehen ist, da diese als „greifbare" Gegenstände in Untersuchungen einfach zu erfassen sind, bietet es sich an, die Gesamtbetrachtung durch Einbezug weiterer Elemente der Wertschöpfung zu ergänzen. Diese Erweiterung des Warenkettenkonzepts findet in neuerer Zeit in **„Global Value Chains"** (Wertschöpfungsketten) ihren Niederschlag, welche die **Wertschöpfung** (Value) und nicht mehr die Ware (Commodity) in den Fokus der Betrachtung stellen. Dadurch sind die immer bedeutsamer werdenden Dienstleistungen im Rahmen der voranschreitenden Tertiärisierung besser zu berücksichtigen.

Global Value Chains

Auch der „Global Production Network"-Ansatz (globale Produktionsnetzwerke, vgl. Kap. 2.2.3) greift einige der obigen Kritikpunkte auf und bietet sich als weitere Analysemöglichkeit globaler Wertschöpfung an. Vor allem die im Vergleich zu Warenketten stärkere Beachtung von Netzwerkbeziehungen soll der Komplexität von Wertschöpfungsprozessen besser Rechnung tragen. Von Interesse sind ferner Ungleichgewichte der Raummuster von Produktion und Konsum sowie Maßnahmen, Strategien und Regelungen von NGOs und Nationalstaaten zu deren Überwindung. Zentrale Aspekte des Analyserahmens sind die **Wertschöpfung** (Input-Output-Struktur sowie Verteilung, Sicherung oder Übertragung von Mehrwerten), **Machtverteilung** und **-ausübung** im Netzwerk, sowie **institutionelle** (ausgehend von nationalen Regierungen oder supranationalen Organisationen) und **kollektive Machtverhältnisse** (ausgehend z.B. von Branchenverbänden oder NGOs) sowie die Einbettung **(Embeddedness)** in verschiedene institu-

Global Production Network

tionelle, kulturelle und soziale Kontexte (vgl. HESS/YEUNG 2006, S. 1183; COE et al. 2008, S. 271).

Da allerdings vor allem die Kettenkonzepte noch relativ deskriptiv sind, sollten zukünftig verstärkt auch Lösungsstrategien zur Veränderung der ungleichen Verhältnisse zwischen den Akteuren aufgezeigt werden. Erfolgreich kann dies z.B. in **Warenketten landwirtschaftlicher Produkte** und den Möglichkeiten von Industrieländern, in Entwicklungsländern positive Veränderungen anzustoßen, aufgezeigt werden. Ausgangspunkt sind beispielsweise die Warenketten von Kaffee oder Kakao, die in der Regel von mächtigen Markenunternehmen (Schlüsselakteure) beherrscht werden. Wegen eines harten Preiskampfes sind die Erzeugerpreise für die Rohprodukte so niedrig, dass sie den Bauern in den Entwicklungsländern nur das nötigste Auskommen ermöglichen. Veredelnde Produktionsschritte mit einer hohen Wertschöpfung (z.B. Rösten oder Mahlen) finden zudem in den Industrieländern statt, wodurch auch diese Entwicklungsmöglichkeiten den Anbauländern genommen werden.

Nimmt jedoch der Konsument oder eine Nichtregierungsorganisation (NGO) die Stellung des Schlüsselakteurs ein, d.h. ist der Konsument bereit, einen fairen (höheren) Preis für nachhaltig produzierte Waren zu bezahlen und werden diese Qualitätsmerkmale von NGOs durch eine entsprechende Siegelvergabe (vgl. Kap. 4.6.3) gewährleistet, kann eine Verbesserung der Lebensbedingungen der Bauern in den Produzentenländern stattfinden. Dies erfolgt durch höhere Erzeugerpreise sowie eine Umverteilung der Wertschöpfungsgewinne (vgl. BORMANN 2008, S. 33ff.).

Dieses Beispiel der globalen Vernetzungen eines konkreten Marktes verdeutlicht, welche Auswirkungen eine regionale Nachfrage auf entfernte Standorte haben kann. Auch wenn die Wirkung multinationaler Unternehmen auf globale Warenketten um ein Vielfaches stärker ist, nimmt sich auch der Einfluss von Entscheidungen und Handlungen einzelner Bürger bzw. Konsumenten beachtlich aus, die in der Summe – wie gezeigt – erwünschte, aber auch unerwünschte Entwicklungen in Gang setzen können. So erschweren beispielsweise eine gut gemeinte Altkleiderspende aus Industrieländern und deren preiswerter Transport in Entwicklungsländer es der dortigen nationalen Bekleidungsindustrie, sich erfolgreich zu etablieren, da für die „kostenlosen" Konkurrenzprodukte nur Kosten für Transport und Handel, nicht aber für Rohstoffe und Arbeit anfallen.

Ein anderes Beispiel stellt der Trend zum Erwerb möglichst billiger Lebensmittel in den Industrieländern dar. Die Nachfrage nach um jeden Preis günstigen Lebensmitteln verändert nicht nur die landwirtschaftlichen Strukturen in Entwicklungsländern, sondern auch im eigenen Land, wenn z.B. kleinstrukturierte und daher kostenungünstig produzierende landwirtschaftliche Betriebe im internationalen Vergleich unrentabel wirtschaften, daher ihre Tätigkeiten einstellen müssen und damit die Strukturen einer gewachsenen Kulturlandschaft in Frage gestellt werden. Eine Entwicklung hin zu einer nachhaltige Weltwirtschaft liegt daher – auch vor dem gedanklichen Hintergrund einer nachfrageorientierten Warenkette – beim Konsumenten, der bei einer entsprechend gelagerten Nachfrage von den Vorteilen der Globalisierung zu profitieren, aber auch deren Nachteile sukzessive zu verringern vermag.

Abbildungsverzeichnis

Tabellenverzeichnis

Kartenverzeichnis

Literaturverzeichnis

AAPA [AMERICAN ASSOCIATION OF PORT AUTHORITIES] (2008): Shipping Statistics Yearbook 2008 (http://www.aapa-ports.org/). Abgerufen am: 16.4.2009.

ABERLE, G. (2002): Transportwirtschaft. 4. Aufl., München.

ACI [AIRPORTS COUNCIL INTERNATIONAL] (2008): Airports: strong growth in 2007 (http://www.aci.aero/). Abgerufen am: 16.4.09.

ALTENBURG, T.; LEININGER, J. (2008): Global shifts caused by the rise of anchor countries. In: Zeitschrift für Wirtschaftsgeographie, 52. Jg., Nr. 1, S. 4–19.

ALTHAMMER, W.; BIERMANN, F.; DRÖGE, S.; KOHLHAAS, M. (2001): Handelsliberalisierung kontra Umweltschutz?. Berlin.

ALTMANN, J. (2001): Außenwirtschaft für Unternehmen. 2. Aufl., Stuttgart.

APEC [ASIA-PACIFIC ECONOMIC COOPERATION] (2009): Apec at a glance (http://www.apec.org/). Abgerufen am 25.1.2009.

APFELTHALER, G. (1999): Interkulturelles Management. Die Bewältigung kultureller Differenzen in der internationalen Unternehmenstätigkeit. Wien.

ARNDT, O. (2001): Innovative Netzwerke als Determinante betrieblicher Innovationstätigkeit: Das Beispiel Süd-Wales/UK (= Kölner Forschungen zur Wirtschafts- und Sozialgeographie, Band 51). Köln.

ASEAN [ASSOCIATION OF SOUTHEAST ASIAN NATIONS] (2009): ASEAN Statistics (http://www.aseansec.org/19230.htm). Abgerufen am: 25.1.2009.

BACKHAUS, K.; BÜSCHKEN, J.; VOETH, M. (2003): Internationales Marketing. 5. Aufl., Stuttgart.

BARTH, W. (1999): Regionale Blockbildung oder freier Welthandel? – Eine praxisorientierte Betrachtung. In: Mitteilungen der Geographischen Gesellschaft in München, Band 84, S. 1–12.

BATHELT, H.; GLÜCKLER, J. (2002): Wirtschaftsgeographie. Ökonomische Beziehungen in räumlicher Perspektive. Stuttgart.

BATHELT, H.; GLÜCKLER, J. (2003): Zur Bedeutung von Ressourcen in der relationalen Wirtschaftsgeographie. Von einer substanzialistischen zu einer relationalen Perspektive. In: Zeitschrift für Wirtschaftsgeographie, 47. Jg., Nr. 3/4, S. 249–267.

BECK, U. (1997): Was ist Globalisierung? Irrtümer des Globalismus – Antworten auf Globalisierung. Frankfurt a. M.

BECK, U.; LANGE, D. (2005): Globalisierung und Politische Bildung. Zur Einführung in ein Problemfeld des sozialwissenschaftlichen Unterrichts, 1. Jg., Nr. 1, S. 6–11.

BERGEMANN, N.; SOURISSEAUX, A. (2003) (Hrsg.): Interkulturelles Management. 3. Aufl., Heidelberg.

BERNDT, R.; CANSIER, A. (2003): Marketing. In: W. Breuer und M. Gürtler (Hrsg.): Internationales Management. Betriebswirtschaftslehre der internationalen Unternehmung. Wiesbaden, S. 325–364.

BERNDT, R.; FANTAPIÉ ALTOBELLI, C.; SANDER, M. (2003): Internationales Marketing-Management. 2. Aufl., Heidelberg.

BERTHOLD, N. (1996): Regionalismus, Multilateralismus und GATT. In: M. Frenkel und D. Bender (Hrsg.): GATT und neue Welthandelsordnung. Wiesbaden, S. 61–89.

BERTHOLD, N.; HILPERT, J. (1996): Umwelt- und Sozialklauseln: Gefahr für den Freihandel?. In: Wirtschaftsdienst – Zeitschrift für Wirtschaftspolitik, 76. Jg., Nr. 11, S. 596–604.

BLOTEVOGEL, H. (2003): Weltwirtschaftsgeographie (http://www.uni-duisburg-essen.de/geographie). Abgerufen am: 20.7.2008.

BOESCH, H. (1966): Weltwirtschaftsgeographie. Braunschweig.

BORMANN, N. (2008): Akteurszentrierte Analyse einer nachhaltigen Gestaltung der globalen Warenkette von Schokolade. In: D.M. Schlesinger (Hrsg.): Branchenspezifische Standortforschung aus relationaler Perspektive (= WRU-Berichte, Heft 33). München, S. 11–76.

BORSDORF, A.; ZEHNER, K. (2005): Siedlungsgeographie. In: W. Schenk und K. Schliephake (Hrsg.): Allgemeine Anthropogeographie. Gotha, S. 265–331.

BPB [BUNDESZENTRALE FÜR POLITISCHE BILDUNG] (2006): Luftfracht (http://www.bpb.de/wissen/PQK08R,0,0,Luftfracht.html). Abgerufen am: 16.4.2009.

BPB [BUNDESZENTRALE FÜR POLITISCHE BILDUNG] (2008): Globalisierung – Multinationale Unternehmen (http://www.bpb.de/wissen/3MGD0S,0,Anzahl_Multinationaler_Unternehmen.html). Abgerufen am: 7.9.2008.

BRAUDEL, F. (1986): Sozialgeschichte des 15.–18. Jahrhunderts. Aufbruch zur Weltwirtschaft. München.

BRONGER, D. (2004): Metropolen, Megastädte, Global Cities. Die Metropolisierung der Erde. Darmstadt.

BUSCH, B.; KLÖS, H.-P. (1995): Potentialfaktor Infrastruktur. Ökonomische Bedeutung und privatwirtschaftliches Engagement. Köln.

BÜTER, C. (2007): Außenhandel – Grundlagen globaler und innergemeinschaftlicher Handelsbeziehungen. Heidelberg.

CEJAS, R.; GANS, P. (1998): Argentinien und der MERCOSUR – Wirtschaftliche und soziale Konsequenzen. In: Geographische Rundschau, 50. Jg., Nr. 11, S. 618–623.

COE, N.M.; HESS, M.; YEUNG, H.W.-C.; DICKEN, P.; HENDERSON, J. (2004): Globalising regional development: A global production networks perspective. In: Transactions of the Institute of British Geographers, Vol. 29, S. 468–484.

COE, N.M.; DICKEN, P.; HESS, M. (2008): Global production networks: realizing the potential. In: Journal of Economic Geography, Vol. 8, S. 271–295.

COE, N.; YEUNG H. (2001): Geographical perspectives on mapping globalization. An introduction to the JEG Special Issue „Mapping globalization: geographical perspectives on international trade and investment". In: Journal of Economic Geography, Heft 1, S. 367–380.

COY, M. (2005): Geographische Entwicklungsländerforschung. In: W. Schenk und K. Schliephake (Hrsg.): Allgemeine Anthropogeographie. Gotha, S. 727–765.

DEUTSCHE BUNDESBANK (1999): Die deutsche Zahlungsbilanz im Jahr 1998. In: Monatsberichte der Deutschen Bundesbank, 51. Jg., Nr. 3, S. 45–62.

DEUTSCHER BUNDESTAG (Hrsg.) (2002): Schlussbericht der Enquete-Kommission. Globalisierung der Weltwirtschaft. Opladen.

DICKEN, P. (2003): Global Shift. Reshaping the Global Economic Map in the 21st Century. 4. Aufl., London u. a.

DIECKHEUER, G. (2001): Internationale Wirtschaftsbeziehungen. 5. Aufl., München.

DIETZ, J. (2001): Digitale Kluft. In: Geographische Rundschau, 53. Jg., Nr. 7/8, S. 50–55.

DÜLFER, E. (2002): Zur Geschichte der internationalen Unternehmenstätigkeit – Eine unternehmerbezogene Perspektive. In: K. Macharzina und M.-J. Oesterle (Hrsg.): Handbuch Internationales Management. 2. Aufl., Wiesbaden, S. 70–95.

DÜLFER, E.; JÖSTINGMEIER, B. (2008): Internationales Management in unterschiedlichen Kulturbereichen. 7. Aufl., München.

DUNNING, J.H. (1988): Explaining International Production. London.

DUNNING, J.H. (1998): Multinational Enterprises and the Global Economy. Workingham u. a.

ELLGER, C. (1997): Hauptverwaltungsstandorte der Großunternehmen. In: Institut für Länderkunde (Hrsg.): Nationalatlas Bundesrepublik Deutschland – Pilotband. Heidelberg, S. 74f.

ENGELHARD, J. (1992): Bewertung von Länderrisiken bei Auslandsinvestitionen: Möglichkeiten, Ansätze und Grenzen. In: B.N. Kumar und H. Haussmann (Hrsg.): Handbuch der internationalen Unternehmenstätigkeit – Erfolgs- und Risikofaktoren, Märkte, Export-, Kooperations- und Niederlassungsmanagement. München, S. 367–383.

ENGELHARD, K. (2008): Entwicklungsländer – Von der Entwicklungshilfe zur Entwicklungszusammenarbeit – ein didaktischer Perspektivenwechsel. In: Geographie und Schule. Sammelband Entwicklungs- und Schwellenländer, S. 27.

ESCHELBECK, D. (2009): Die Auswirkung von Outsourcing im IT-Bereich auf unternehmerische und räumliche Strukturen (= Wirtschaft und Raum, Band 19) München.

EUROPÄISCHE KOMMISSION (2009): European Union foreign direct investment yearbook 2008. Luxemburg.

EUROSTAT (2009): Eurostat Portal. Bevölkerung und soziale Bedingungen (http://epp.eurostat.ec.europa.eu). Abgerufen am: 25.1.2009.

FALKE, A. (2005): Globalisierungskritik, NGOs und politische Legitimität internationaler Organisationen: das Beispiel der WTO. In: H. Herrmann und K.-I. Voigt (Hrsg.): Globalisierung und Ethik. Ludwig-Erhard-Ringvorlesung an der Friedrich-Alexander-Universität Erlangen-Nürnberg. Heidelberg, S. 179–194.

FAS [FRANKFURTER ALLGEMEINE SONNTAGSZEITUNG] (2008a): Der neue Preis der langen Wege. 29.6.2008, S. 33.

FAS [FRANKFURTER ALLGEMEINE SONNTAGSZEITUNG] (2008b): Der schwarze Oktober. 23.11.2008, S. 35.

FÄßLER, P.E. (2007): Globalisierung. Köln u. a.

FAZ [FRANKFURTER ALLGEMEINE ZEITUNG] (2008a): Tiefste Rezession seit Jahrzehnten befürchtet. 6.12.2008, S. 9.

FAZ [FRANKFURTER ALLGEMEINE ZEITUNG] (2008b): Höchste Arbeitslosenquote in Amerika seit 1993. 6.12.2008, S. 9.

FAZ [FRANKFURTER ALLGEMEINE ZEITUNG] (2008c): Wird sich die Globalisierung umkehren? 28.6.2008, S. 14.

FAZ [FRANKFURTER ALLGEMEINE ZEITUNG] (2008d): Schwellenländer auf der Kippe. 25.10.2008, S. 10.

FISCHER, S.; ECK, R.; RICHTER, H.-J. (2002): Was sich gegen Produkt- und Markenpiraterie tun lässt. In: Harvard Business Manager, 24. Jg., Nr. 1, S. 80–90.

FRANZ, P.; JAECKEL, U. (2000): Internationale Handelsordnung: Chancen für ein Greening of GATT/ WTO. In: K. Fichter und U. Schneidewind (Hrsg.) (2000): Umweltschutz im globalen Wettbewerb. Neue Spielregeln für das grenzenlose Unternehmen. Berlin, S. 45–51.

FRAUNHOFER ISI [INSTITUT SYSTEM- UND INNOVATIONSFORSCHUNG] (2006): Produktionsverlagerungen und Rückverlagerungen im europäischen Vergleich. Luzern.

FRENKEL, M.; BENDER, D. (Hrsg.) (1996): GATT und neue Welthandelsordnung. Wiesbaden.

FRIEDMANN, J. (1986): The World City Hypothesis. In: Development and Change, Vol. 17, No. 1, S. 69–83.

FRÖBEL, F.; HEIRICHS, J.; KREYE, O. (1977): Die neue internationale Arbeitsteilung. Reinbeck.

FROMHOLD-EISEBITH, M. (1995): Das „kreative Milieu" als Motor regionalwirtschaftlicher Entwicklung. Forschungstrends und Erfassungsmöglichkeiten. In: Geographische Zeitschrift, 83. Jg., Nr. 1, S. 30–47.

FUCHS, D. (2004): Stand und kritische Analyse der regionalen Integrationsabkommen: NAFTA, MERCOSUR. In: J. Zentes, D. Morschett und H. Schramm-Klein (Hrsg.): Außenhandel: Marketingstrategien und Managementkonzepte. Wiesbaden, S. 205–228.

FUCHS, M. (2006): Der globalisierte Standort. In Praxis Geographie, 36. Jg., Nr. 1, S. 4–6.

FUCHS, M; APFELTHALER, G. (2009): Management internationaler Geschäftstätigkeit. 2. Aufl., Wien/ New York.

FUKUYAMA, F. (1995): Konfuzius und Marktwirtschaft: Der Konflikt der Kulturen. München.

GABLER WIRTSCHAFTSLEXIKON (2004). 16. Aufl., Wiesbaden.

GAEBE, W. (2008): Internationaler Handel mit Waren und Dienstleistungen. In: E. Schamp (Hrsg.): Globale Verflechtungen (= Handbuch des Geographieunterrichts, Band 9). Köln, S. 95–105.

GAEDTKE, J.-C. (2003): Welthandel und sein Verhältnis zu den Kernarbeitsstandards der Internationalen Arbeitsorganisation. In: Außenwirtschaft, 58. Jg., Nr. 1, S. 93–119.

GEREFFI, G.; KORZENIEWICZ, M.; KORZENIEWICZ, R. (1994): Introduction: Global Commodity Chains. In: G. Gereffi und M. Korzeniewicz (Hrsg.): Commodity chains and global capitalism. Westport, S. 1–14.

GERHARD, U. (2004): Global Cities – Anmerkungen zu einem aktuellen Forschungsfeld. In: Geographische Rundschau, 56. Jg., Nr. 4, S. 4–10.

GIDDENS, A. (1996): Konsequenzen der Moderne. Frankfurt a. M.

GLÜCKLER, J. (2004): Reputationsnetze – Zur Internationalisierung von Unternehmensberatern. Eine relationale Theorie. Bielefeld.

GLÜCKLER, J. (2007): Eine Geographie transnationaler wirtschaftlicher Vernetzung. In: H. Gebhardt, R. Glaser, U. Radtke und P. Reuber (Hrsg.): Geographie. Physische Geographie und Humangeographie. Heidelberg, S. 842–853.

GLÜCKLER, J. (2008): „Service Offshoring": Globale Arbeitsteilung und regionale Entwicklungschancen. In: Geographische Rundschau, 60. Jg., Nr. 9, S. 36–42.

GRÄF, P. (2008): Globale Informations- und Kommunikationsvernetzungen. In: E. Schamp (Hrsg.): Globale Verflechtungen (= Handbuch des Geographieunterrichts, Band 9). Köln, S. 62–72.

GRATIUS, S. (2002): Acht Jahre NAFTA: Vom Freihandelsabkommen zur Nordamerikanischen Gemeinschaft?. In: Institut für Iberoamerika-Kunde Hamburg: Brennpunkt Lateinamerika. Nr. 15-02, S. 153–160.

HAAS, H.-D. (2007): Direktinvestitionsforschung in der Wirtschaftsgeographie. In: Arbeitsmaterialien zur Raumordnung und Raumplanung: 30 Jahre Lehrstuhl Wirtschaftsgeographie und Regionalplanung Bayreuth, Heft 258, S. 59–83.

HAAS, H.-D.; LINDEMANN, S. (2003): Wissensintensive unternehmensorientierte Dienstleistungen als regionale Innovationssysteme. In: Zeitschrift für Wirtschaftsgeographie, 47. Jg., Nr. 1, S. 1–14.

HAAS, H.-D.; NEUMAIR, S.-M. (2006): Internationale Wirtschaft: Rahmenbedingungen, Akteure, räumliche Prozesse. München.

HAAS, H.-D.; NEUMAIR, S.-M. (2008): Wirtschaftsgeographie (= Geowissen kompakt). 2. Aufl., Darmstadt.

HAAS, H.-D.; NEUMAIR, S.-M. (2009): Rohstofforientierte Industrien. In: E. Kulke (Hrsg.): Wirtschaftsgeographie Deutschlands. Heidelberg (im Druck).

HAAS, H.-D.; REHNER, J. (2007): Mexiko – Ökonomische Aspekte des NAFTA-Beitritts und seine Auswirkungen auf die Bevölkerungs- und Arbeitsmarktentwicklung. In: D. Böhn und E. Rothfuss (Hrsg.): Entwicklungsländer (= Handbuch des Geographieunterrichts, Band 8/II). Köln, S. 27–42.

HAAS, H.-D.; SCHLESINGER, D.M. (2007): Umweltökonomie und Ressourcenmanagement (= Geowissen Kompakt). Darmstadt.

HAHN, V. (2003): Infrastruktur und Wohlstand. Stuttgart.

HÅKANSON, L. (1979): Towards a Theory of Location and Corporate Growth. In: I. F. E Hamilton und G. J. R Linge (Hrsg.): Spatial Analysis, Industrial Environment, Vol. 1 – Industrial systems. New York, S. 115–138.

HALL, E.T. (2000): Monochronic and Polychronic Time. In: L.A. Samovar und R.E. Porter (Hrsg.): Intercultural Communication. A Reader. Belmont, S. 280–286.

HALL, E.T.; HALL, M.R. (1990): Understanding Cultural Differences. Yarmouth.

HANDELSBLATT (2008a): Der Domino-Effekt. 22.10.2008, S. 10.

HANDELSBLATT (2008b): Chinas Exporte brechen weg. 10.12.2008, S. 3.

HANDELSBLATT (2008c): WTO warnt vor einer langen Eiszeit im Welthandel. 14./15./16.11.2008, S. 8.

HANDELSBLATT (2008d): Welthandel leidet unter Piraterie. 4.12.2008, S. 7.

HANDELSBLATT (2008e): Piraten nutzen Somalias Machtvakuum. 20.11.2008, S. 8.

HANDELSBLATT (2008f): Finanzkrise bremst Globalisierung. 14./15./16.11.2008, S. 24.

HANDELSBLATT (2008g): Wie gewonnen, so zerronnen. 15.12.2008, S. 12.

HANDELSBLATT (2008h): Durch stürmische See. 20.10.2008, S. 32.

HANDELSBLATT (2008i): Rohstoffboom endet im Desaster. 23.–28.12.2008, S. 25.

HANDELSBLATT (2008j): Finanzkrise bedroht politische Stabilität. 15.1.2009, S. 7.

HANDELSBLATT (2008k): Krise bremst China aus. 23./24./25.1.2009, S. 3.

HANDELSBLATT (2009a): Exportabhängigkeit treibt deutsche Industrie ins Verhängnis. 11.3.2009, S. 3.

HANDELSBLATT (2009b): Chinas Exporteuren geht die Luft aus. 12.3.2009, S. 3.

HANDELSBLATT (2009c): WTO brandmarkt Verstöße im Freihandel. 27./28./29.3.2009, S. 7.

HAUSER, H.; ZIMMERMANN, T. (2001): Regionalismus oder Multilateralismus?. In: Die Volkswirtschaft. Das Magazin für Wirtschaftspolitik, 74. Jg., Nr. 5, S. 4–8.

HECKSCHER, E. (1949): The Effect of Foreign Trade on the Distribution of Income. In: H.S. Ellis und L.A. Metzler (Hrsg.): Readings in the Theory of International Trade. Philadelphia, S. 272–300.

HEIDUK, G. (2005): Außenwirtschaft – Theorie, Empirie und Politik der interdependenten Weltwirtschaft. Heidelberg.

HEINEBERG, H. (2003): Einführung in die Anthropogeographie/Humangeographie. Paderborn.

HEMMER, H.-R. (2002): Wirtschaftsprobleme der Entwicklungsländer. 3. Aufl., München.

HENDERSON, J.; DICKEN, P.; HESS, M.; COE, M.N.; YEUNG, H.W.-C. (2002): Global production networks and the analysis of economic development. In: Review of International Political Economy, Vol. 9, Nr. 3, S. 436–464.

HESS, M.; YEUNG, H.W.-C. (2006): Whither global production networks in economic geography? Past, present, and future. In: Environment and Planning A, Vol. 38, No. 7, S. 1193–1204.

HESS, M. (1998): Glokalisierung, industrieller Wandel und Standortstruktur. Das Beispiel der EU-Schienenfahrzeugindustrie (= Wirtschaft und Raum, Band 2). München.

HOFSTEDE, G. (2001): Lokales Denken, globales Handeln. Interkulturelle Zusammenarbeit und globales Management. 2. Aufl., München.

HOLZMÜLLER, H.; BERG, N. (2002): Handhabung der kulturellen Heterogenität zur Erzielung von Wettbewerbsvorteilen in internationalen Unternehmen. In: K. Macharzina, K. und M.-J. Oesterle (Hrsg.): Handbuch Internationales Management. Grundlagen – Instrumente – Perspektiven. 2. Aufl., Wiesbaden, S. 881–942.

HOMANN, K.; GERECKE, U. (1999): Ethik der Globalisierung: Zur Rolle multinationaler Unternehmen bei der Etablierung moralischer Standards. In: M. Kutschker (Hrsg.): Perspektiven der internationalen Wirtschaft. Wiesbaden, S. 429–457.

HOPPE, R. (2005): Die Weltzahnbürste. In: Spiegel Special Nr. 7/2005, S. 136–141.

HUNTINGTON, S.P. (1996): Kampf der Kulturen. Die Neugestaltung der Weltpolitik im 21. Jahrhundert. München.

INTERNET WORLD STATS (2008): Internet Usage Statistics (http://www.internetworldstats.com/stats.htm). Abgerufen am: 18.10.2008.

IWF [INTERNATIONALER WÄHRUNGSFONDS] (2008): Archive of the World Economic Outlook Databases. October 2008 (http://www.imf.org/external/ns/cs.aspx?id=28). Abgerufen am: 31.10.2008.

IWF [INTERNATIONALER WÄHRUNGSFONDS] (2009): World Economic and Financial Surveys. World Economic Outlook Database (http://www.imf.org/external/pubs/ft/weo/2008/02/weodata/index.aspx). Abgerufen am: 23.1.2009.

JAHRMANN, F.-U. (2007): Außenhandel. 12. Aufl., Ludwigshafen.

JANSEN, S.A. (2008): Mergers & Acquisitions: Unternehmensakquisitionen und -kooperationen. Eine strategische, organisatorische und kapitalmarkttheoretische Einführung. Wiesbaden.

JOCHIMSENS, R. (1966): Theorie der Infrastruktur. Grundlagen der marktwirtschaftlichen Entwicklung. Tübingen.

JOHANSON, J.; VAHLNE, J.-E. (1977): The Internalization Process of the firm – a Model of Knowledge Development and Increasing Foreign Market Commitments. In: Journal of International Marketing Review, Vol. 7, No. 4, S. 11–24.

KAUL, I. (2008): Auf dem Weg zum Weltstaat? Global

Governance 3: Am Beginn einer neuen Ära internationaler Kooperation. In: Internationale Politik, 63. Jg., Nr. 7/8, S, 146–153.

KELP, R. (2000): Strategische Entscheidungen der europäischen Lkw-Hersteller im internationalen Wettbewerb (= Wirtschaft und Raum, Band 6). München.

KIESE, M.; SCHÄTZL, L. (Hrsg.) (2008): Cluster und Regionalentwicklung: Theorie, Beratung, praktische Umsetzung. Dortmund.

KINDER, S. (2006): Schwellenländer – Merkmale und regionale Unterschiede. In: Praxis Geographie, 36. Jg., Nr. 5, S. 4–9.

KIRCHGRABER, R. (1959): Kleine Weltwirtschaftsgeographie. Zürich.

KIRCHNER, P. (2001): Industriedynamik in der Wirtschaftsregion Heilbronn-Franken (= Forschen, Lehren, Lernen. Beiträge aus der Fakultät für Gesellschafts- und Geisteswissenschaften der Pädagogischen Hochschule Heidelberg, Band 15). Idstein.

KLEMMER, P. (1999): Handel und Umwelt – Ein Milleniumproblem. In: Zeitschrift für angewandte Umweltforschung, 12. Jg., Nr. 1–4, S. 449–455.

KLOHN, W. (2008): Weltwirtschaft und Globalisierung (= Vechtaer Materialien zum Geographieunterricht, Band 10). Vechta.

KNORR, A. (2002): Ökonomische Aspekte sozialer Mindeststandards. In: A.G. Scherer, K-H. Blickle, D. Dietzfelbinger und G. Hütter (Hrsg.): Globalisierung und Sozialstandards. München, S. 131–149.

KNOX, P.L.; MARSTON, S.A. (2008): Humangeographie. 4. Aufl., Heidelberg.

KNOX, P.L.; AGNEW, J.; McCARTHY, L. (2003): The Geography of the World Economy. 4. Aufl., London.

KOCH, E. (1997): Internationale Wirtschaftsbeziehungen – Band 1: Internationaler Handel. 2. Aufl., München.

KOCH, E. (2000): Globalisierung der Wirtschaft. München.

KOCH, E. (2006): Internationale Wirtschaftsbeziehungen. 3. Aufl., München.

KOCH, W.; CZOGALLA, C. (2004): Grundlagen der Wirtschaftspolitik. 2. Aufl., Stuttgart.

KORTMANN, W. (1998): Reale Außenwirtschaftslehre: Fakten, Erklärungen, Maßnahmen. Stuttgart.

KRAAS, F.; MÜLLER-MAHN, D.; RADTKE, U. (2002): Städte, Metropolen und Megastädte: Dynamische Steuerungszentren und globale Problemräume. In: E. Ehlers und H. Leser (Hrsg.): Geographie heute – für die Welt von morgen. Gotha, S. 27–35.

KRÄTKE, S. (1995): Globalisierung und Regionalisierung. In: Geographische Zeitschrift, 83. Jg., Nr. 1, S. 207–221.

KULKE, E. (2005a): Globaler Warenhandel – Gründe, Merkmale und räumliche Wirkungen. In: Praxis Geographie, 35. Jg., Nr. 7/8, S. 4–9.

KULKE, E. (2005b): Weltwirtschaftliche Integration und räumliche Entwicklung. In: Geographische Rundschau, 57. Jg., Nr. 2, S. 4–10.

KULKE, E. (2008): Wirtschaftsgeographie. 3., Aufl. Paderborn u.a.

KUMMER, S. (2000): Umfeldanalysen im internationalen Management. Systemorientierte Anforderungen und Empfehlungen für die Durchführung. Scheßlitz.

KUTSCHKER, M.; SCHMID, S. (2006): Internationales Management. 5. Aufl., München.

LACHMANN, W. (2004): Entwicklungspolitik – Band 1: Grundlagen. 2. Aufl., München.

LEVITT, T. (1983): The globalization of markets. In: Harvard Business Review, Vol. 83, No. 3, S. 92–102.

LIFKA, S. (2009): Entscheidungsanalysen in der Immobilienwirtschaft (= Wirtschaft und Raum, Band 18). München.

LINGENHÖHL, D. (2003): Schwarze Pest an Spaniens Costa da Morte – Ursachen und Folgen des Tankerunglücks der Prestige. In: Praxis Geographie, 33. Jg., Nr. 11, S. 6–19.

LÜBBERT, C. (1999): Qualitätsorientiertes Umweltschutzmanagement im Tourismus (= Wirtschaft und Raum, Band 4). München.

LÜTGENS, R. (1952): Die Produktionsräume der Weltwirtschaft (= Erde und Weltwirtschaft, Band 2). Stuttgart.

LYNCH, D.J. (2008): Transportation cost could alter world trade. In: US-Today vom 11.8.2008.

MEFFERT, H.; BOLZ, J. (1998): Internationales Marketing-Management. 3. Aufl., Stuttgart.

MEYER, M. (1997): Die Dynamik der Regionen – Geoökonomische Schwerpunktbildungen in Europa. Baden-Baden.

MOHR, E. (1987): Agrarprotektionismus – ein Sonderproblem der Handelsliberalisierung. In: Ifo-Schnelldienst, 40. Jg., Nr. 9, S. 6–13.

MOORE, K.; LEWIS, D. (1999): Birth of the Multinational. 2000 Years of Ancient Business History – From Ashur to Augustus. Kopenhagen.

MÜLLER, S.; GELBRICH, K. (2004): Interkulturelles Marketing. München.

MÜLLER, S.; KORNMEIER, M. (2002): Strategisches Internationales Management. München

MÜLLER-MAHN, D. (2002): Globalisierung: Definitionen und Fragestellungen. In: Geographische Rundschau, 54. Jg., Nr. 10, S. 4–11.

MÜLLER-MAHN, D. (2007): Die Auflösung von Norden und Süden: Geographische Aspekte der Entwicklungsdebatte. In: H. Gebhardt, R. Glaser, U. Radtke und P. Reuber (Hrsg.): Geographie. Physische Geographie und Humangeographie. Heidelberg, S. 853–867.

MÜLLER-STEWENS, G.; LECHNER. C. (2003): Strategisches Management. Wie strategische Initiativen zum Wandel führen. 2. Aufl., Stuttgart.

NEUMAIR, S.-M. (2008): Agrarprotektionismus in Industrieländern – das Beispiel der EU-Zuckermarktordnung. Perspektiven und Anpassungen der Zuckerwirtschaft in Bayern (= Wirtschaft und Raum, Band 16). München.

NEUMAIR, S.-M. (2008): Größer, schneller, weiter: Direktinvestitionen – Ursachen und Wirkungen. In: economag.de., Nr. 12/2008.

NEUMAIR, S.-M.; REHNER, J. (2009): Risiken internationaler Unternehmenstätigkeit: Begriffserklärungen und Formen von Internationalisierungsrisiken. In: T. Kühlmann und H.-D. Haas (Hrsg.): Internationales Risikomanagement. Auslandserfolg durch grenzüberschreitende Netzwerke. München, S. 27–60.

NEUMAIR, S.-M.; SCHLESINGER, D.M. (2004): Externe Effekte des städtischen Verkehrs – dargestellt am Beispiel München. In: Mitteilungen der Geographischen Gesellschaft in München, Band 87. München, S. 117–143.

NEWIG, J. (1986): Drei Welten oder eine Welt: Die Kulturerdteile. In: Geographische Rundschau, 39. Jg., Nr. 4, S. 262–267.

NUHN, H. (1985): Industriegeographie. Neuere Entwicklungen und Perspektiven für die Zukunft. In: Geographische Rundschau, 37. Jg., Nr. 4, S. 187–193., S. 191.

NUHN, H. (2008): Globalisierung des Verkehrs und weltweite Vernetzung. In: E. Schamp (Hrsg.): Globale Verflechtungen (= Handbuch des Geographieunterrichts, Band 9). Köln, S. 48–62.

NUSCHELER, F. (2004): Lern- und Arbeitsbuch Entwicklungspolitik. 5. Aufl., Bonn.

NUSCHELER, F.; NOHLEN, D. (1993): Was heißt Entwicklung? In: D. Nohlen und F. Nuscheler (Hrsg.): Handbuch der Dritten Welt – Band 1, S. Grundprobleme, Theorien, Strategien. Bonn, S. 55–75.

NZZ [NEUE ZÜRCHER ZEITUNG] (2008): Die Entwicklungs- und Schwellenländer im Sog der Finanzkrise. 26.11.2008, S. 13.

NZZ [NEUE ZÜRCHER ZEITUNG] (2009a): Weltbank warnt vor globaler Rezession. 10.3.2009, S. 12.

NZZ [NEUE ZÜRCHER ZEITUNG] (2009b): Trüber Ausblick für den Welthandel. 25.3.2009, S. 10.

NZZ [NEUE ZÜRCHER ZEITUNG] (2009c): Der Protektionismus-Bazillus wird virulenter. 27.3.2009, S. 10.

O'BRIAN, R. (1992): Global Financial Integration: the End of Geography. London.

OECHSLE, M. (2005): Erweiterung von Geschäftsfeldern im Non-Aviation-Bereich an europäischen Flughäfen unter besonderer Berücksichtigung des Standorts München (= Wirtschaft und Raum, Band 13). München.

OHLIN, B. (1931): Die Beziehungen zwischen internationalem Handel und internationalen Beziehungen von Kapital und Arbeit. In: Zeitschrift für Nationalökonomie, 2. Jg., Nr. 2, S. 161–199.

OPPENLÄNDER, K.H.; GERSTENBERGER, W. (1992): Direktinvestitionen als Ausdruck zunehmender Internationalisierung der Märkte. In: Ifo-Schnelldienst, 45.Jg., Nr. 10, S. 3–11.

OSMANOVIC, A. (2000): „New Economic Geography", Globalisierungsdebatte und Geographie. In: Die Erde, Nr. 131, S. 241–257.

OSSENBRÜGGE, J. (2003): Wirtschaftsgeographie und Governance. Die (regional)-politische Einbettung entgrenzter wirtschaftlicher Prozesse. In: Zeitschrift für Wirtschaftsgeographie, 47. Jg., Nr. 3/4, S. 159–176.

OSSENBRÜGGE, J. (2007): Globalisierung und Fragmentierung als Pole der gesellschaftlich-räumlichen Differenzierung im neuen Jahrtausend. In: H. Gebhardt, R. Glaser, U. Radtke und P. Reuber (Hrsg.): Geographie. Physische Geographie und Humangeographie. Heidelberg, S. 832–842.

OSSENBRÜGGE, J.; SANDNER, G. (1994): Zum Status der politischen Geographie in einer unübersichtlichen Welt. In: Geographische Rundschau, 46. Jg., Nr. 12, S. 676–684.

OTREMBA, E. (1957): Allgemeine Geographie des Welthandels und des Weltverkehrs (= Erde und Weltwirtschaft, Bd. 4). Stuttgart.

PAESLER, R. (2008): Stadtgeographie (= Geowissen kompakt). Darmstadt.

PALM, R. (2001): Soziale Gestaltung der Globalisierung: Sozialsiegel und Verhaltenskodizes von Unternehmen. In: Internationale Politik und Gesellschaft. Nr. 3/2001, S. 322–334.

PERLITZ, M. (2004): Internationales Management. 5.Aufl., Stuttgart.

PERLMUTTER, H.V. (1969): The Tortuous evolution of the Multinational Corporation. In: Columbia Journal of World Business, Vol. 4, No. 5, S. 9–18.

PICOT, A.; REICHWALD, R.; WIGAND, R. (2003): Die grenzenlose Unternehmung. 5. Auflage, Wiesbaden.

PICOT, G. (2005): Handbuch Mergers & Acquisitions. Planung – Durchführung – Integration. 3. Aufl., Stuttgart.

PONTE, S. (2003): Quality Conventions and the Governance of Global Value Chains (http://www.global valuechains.org/). Abgerufen am: 16.4.2009.

PORTER, M. E. (1999): Wettbewerb und Strategie. München.

POSNER, M. V. (1961): International Trade and the Technical Change. In: Oxford Economic Papers, Vol. 13, No. 3, S. 323–341.

PRAXIS WIRTSCHAFT (2008): Menschenwerk oder Naturgewalt? Ökonomische Aspekte der Globalisierung. In: Praxis Wirtschaft, Nr. 2/2008, S. 4–6.

RAIKES, P.; JENSEN, M. F.; PONTE, S. (2000): Global Commodity Chain Analysis and the French Filière Approach: Comparison and Critique (http://www.inti.gov.ar/cadenasdevalor/wp-00-3.pdf). Abgerufen am: 16.04.2009.

REBITZER, D. (1995): Internationale Steuerungszentralen – Die führenden Städte im System der Weltwirtschaft (= Nürnberger Wirtschafts- und Sozialgeographische Arbeiten, Band 49). Nürnberg.

REHBEIN, B.; SCHWENGEL, H. (2008): Theorien der Globalisierung. Konstanz.

REHNER, J. (2004): Netzwerke und Kultur. Unternehmerisches Handeln deutscher Manager in Mexiko (= Wirtschaft und Raum, Band 11). München.

REINING, A. (2003): Lexikon der Außenwirtschaft. München.

REVILLA DIEZ, J. (1997): NAFTA – Regionalökonomische Auswirkungen der nordamerikanischen Freihandelszone. In: Geographische Rundschau, 49. Jg., Nr. 12, S. 688–694.

RM [RHEINISCHER MERKUR] (2009a): Faule Frachter. 16.4.2009, S. 14.

RM [RHEINISCHER MERKUR] (2009b): Anschnallen und durchstarten. 16.4.2009, S. 14.

RICARDO, D. (1821): On the Principles of Political Economy and Taxation. 3. Aufl., London.

RINSCHEDE, G. (1999): Religionsgeographie. Braunschweig.

SANGMEISTER, H. (2002): Wirtschaftliche Rahmenbedingungen und ökonomische Bewertung des MERCOSUR. In: W. Zippel (Hrsg.): Die Beziehungen zwischen der EU und den Mercosur-Staaten (= Schriftenreihe des Arbeitskreises Europäischer Integration e. V., Band 48). Baden-Baden, S. 57–82.

SASSEN, S. (1996): Metropolen des Weltmarkts: Die neue Rolle der Global Cities. Frankfurt a. M.

SAUTTER, H. (2004): Weltwirtschaftsordnung. München.

SCHAMP, E. (2000): Vernetzte Produktion. Industriegeographie aus institutioneller Perspektive. Darmstadt.

SCHARRER, J. (2001): Internationalisierung und Länderselektion – Eine empirische Analyse mittelständischer Unternehmen in Bayern (= Wirtschaft und Raum, Band 7). München.

SCHEIWILLER, T. (2000): Value Management – Nachhaltigkeit und Triple Bottom Line. In: J. Hamschmidt und T. Dyllick (Hrsg.): Nutzen Managementsystem? Vom Umwelt- zum Sustainability-Managementsystem (= IWÖ-Diskussionsbeitrag, Nr. 82). St. Gallen, S. 39–48.

SCHERM, E.; SÜß, S. (2001): Internationales Management. München.

SCHIRM, S. (1996): Kooperation in den Amerikas: NAFTA, MERCOSUR und die neue Dynamik regionaler Zusammenarbeit. Ebenhausen/Isartal.

SCHIRM, S. (1997): Politische und ökonomische Auswirkungen der NAFTA. In: Außenpolitik, 48. Jg., Nr. 1, S. 68–78.

SCHIRM, S. (2004): Internationale politische Ökonomie. Baden-Baden.

SCHLAG, C.-H. (1999): Die Bedeutung der öffentlichen Infrastruktur für das Wachstum der Wirtschaft. Frankfurt am Main.

SCHLESINGER, D. M. (2006): Unternehmerische Motive eines umweltgerechten Verhaltens (= Wirtschaft und Raum, Band 14). München.

SCHOLZ, F. (2002): Die Theorie der fragmentierenden Entwicklung. In: Geographische Rundschau, 54. Jg., Nr. 10, S. 6–11.

SCHOLZ, F. (2004): Geographische Entwicklungsforschung. Stuttgart.

SCHOLZ, F. (2007): Theorie der fragmentierenden Entwicklung. In: D. Böhn und E. Rothfuss (Hrsg.): Entwicklungsländer I (= Handbuch des Geographieunterrichts, Band 8/I). Köln, S. 102–106.

SCHWALD, C. M. (1999): Religionsgeprägte Weltkulturen in ökonomischen Theorien (= Wirtschaft & Raum, Band 3). München.

SENTI, R. (2000): WTO – System und Funktionsweise der Welthandelsordnung. Zürich.

SHIELLS, C. (1995): Regionale Handelsblöcke: Handelsschaffung oder Handelsumlenkung?. In: Finanzierung und Entwicklung, 32. Jg., Nr. 1, S. 28–30.

SIMONIS, U. E. (2000): Architektur einer Weltorganisation für Umwelt und Entwicklung. In: F. Nuscheler (Hrsg.): Entwicklung und Frieden im Zeichen der Globalisierung (= Schriftenreihe der Bundeszentrale für politische Bildung. Nr. 367), S. 209–221.

SÖLLNER, A. (2008): Einführung in das internationale Management. Eine institutionenökonomische Analyse. Wiesbaden.

STAUDACHER, C. (1992): Wirtschaftsdienste. Zur räumlichen Organisation der intermediären Dienstleistungsproduktion und ihrer Bedeutung im Zentren-Region-System Österreich (= Wiener Geographische Schriften, Band 62 und 63). Wien.

STRIETZEL, M. (2005): Unternehmenswachstum durch

Internationalisierung in Emerging Markets. Eine neo-kontingenztheoretische Analyse. Wiesbaden.

STRUNZ, H.; DORSCH, M. (2001): Internationale Märkte. München.

SZ [SÜDDEUTSCHE ZEITUNG] (2007): Jagd nach den verlorenen Milliarden. 14.3.2007, S. 30.

TAUBMANN, W. (1996): Weltstädte und Metropolen im Spannungsfeld zwischen Globalität und Lokalität. In: Geographie heute, 17. Jg., Nr. 8, S. 4–14.

TRAMPE, H.-P. (2007): Pro und Contra von Kapitalmarktfinanzierungen vor dem Hintergrund der Subprime-Krise. Vortrag bei Horizonte20xx. Berlin 26./27.11.2007 (http://www.horizonte20xx.de/fileadmin/docs/WS1_Verbriefung.pdf). Abgerufen am: 3.11.2008.

TUCHER, M. VON (1999): Die Rolle der Auslandsmontage in den internationalen Wertschöpfungsnetzwerken der Automobilhersteller (= Wirtschaft und Raum, Band 5). München.

UNCTAD [UNITED NATIONS CONFERENCE ON TRADE AND DEVELOPMENT] (2008a): World Investment Report 2008. New York/Genf.

UNCTAD [UNITED NATIONS CONFERENCE ON TRADE AND DEVELOPMENT] (2008b): Unctad Handbook of Statistics 2008. New York/Genf.

UNCTAD [UNITED NATIONS CONFERENCE ON TRADE AND DEVELOPMENT] (2008c): FDI Statistics (http://stats.unctad.org). Abgerufen am: 19.12.2008.

UNCTAD [UNITED NATIONS CONFERENCE ON TRADE AND DEVELOPMENT] (2008d): Key Data from WIR Annex Tables (http://www.unctad.org/). Abgerufen am: 24.12.2008.

UNDESA [UN DEPARTMENTS OF ECONOMIC AND SOCIAL AFFAIRS] (1973): Multinational Cooperations in World Development. New York.

UNDP [UNITED NATIONS DEVELOPMENT PROGRAMME] (2008): Human Development Report 2007/2008. New York.

USUNIER, J.-C.; WALLISER, B. (1993): Interkulturelles Marketing. Mehr Erfolg im internationalen Geschäft. Wiesbaden.

VERNON, R. (1966): International Investment and International Trade in the Product Circle. In: Quarterly Journal of Economics, Vol. 80, No. 2, S. 190–207.

VETTER, I. (1998): NAFTA. In: J. Altmann und M. Kulessa (Hrsg.): Internationale Wirtschaftsorganisationen. Stuttgart, S. 148–151.

VOIGT, S. (1992): Die Welthandelsordnung zwischen Konflikt und Stabilität: Konfliktpotentiale und Konfliktlösungsmechanismen (= Schriftenreihe des Instituts für Allgemeine Wirtschaftsforschung der Albert-Ludwigs-Universität Freiburg i. Br. Band 46). Freiburg i. Br.

VOPPEL, G. (1999): Wirtschaftsgeographie. Räumli-che Ordnung der Weltwirtschaft unter marktwirtschaftlichen Bedingungen. Stuttgart/Leipzig.

WAGNER, N.; KAISER, M. (1995): Ökonomie der Entwicklungsländer. 3. Aufl., Stuttgart.

WALLERSTEIN, I. (1974): The modern world system. New York.

WALTER, R. (2006): Geschichte der Weltwirtschaft. Eine Einführung. Köln u. a.

WAS [WELT AM SONNTAG] (2008a): Chronik: Wie die Angst eskalierte. 12.10.2008, S. 26.

WAS [WELT AM SONNTAG] (2008b): Es gibt kein Entrinnen. 23.11.2008, S. 25.

WAS [WELT AM SONNTAG] (2009a): Wenn die Wettermaschine aufdreht. 8.2.2009, S. 23.

WAS [WELT AM SONNTAG] (2009b): Guten Morgen Bangalore, hier ist Walldorf. 5.4.2009, S. 24.

WEGGEL, O. (1989): Die Asiaten. Gesellschaftsordnungen, Wirtschaftssysteme, Denkformen, Glaubensweisen, Alltagsleben, Verhaltensstile. München.

WELGE, M.K.; BÖTTCHER, R.; PAUL, T. (1998): Das Management globaler Geschäfte. Grundlagen, Analysen, Handlungsempfehlungen. München/Wien.

WELGE, M.K.; HOLTBRÜGGE, D. (2006): Internationales Management. Theorien, Funktionen, Fallstudien. 4. Aufl., Stuttgart.

WENDT, R. (2007): Vom Kolonialismus zur Globalisierung. Europa und die Welt seit 1500. Paderborn u. a.

WERNECK, T. (1998): Deutsche Direktinvestitionen in den USA. Determinanten und Wirkungen am Beispiel der Bundesstaaten Georgia, North Carolina und South Carolina (= Wirtschaft und Raum, Band 1). München.

WIRTZ, B.W. (2006): Handbuch Mergers & Acquisitions Management. Wiesbaden.

WORLDBANK (Hrsg.) (2009): World Development Report 2009. Reshaping Economic Geography. Washington.

WRI [WORLD RESOURCES INSTITUTE] (Hrsg.) (2003): World Resources 2002–2004, S. Decisions for the Earth: Balance, voice and power. Washington D.C.

WTO [WORLD TRADE ORGANIZATION] (2008a): Statistics database (http://stat.wto.org/Home/WSDBHome.aspx). Abgerufen am: 13.12.2008.

WTO [WORLD TRADE ORGANIZATION] (2008b): International Trade Statistics 2008. Genf.

WTO [WORLD TRADE ORGANIZATION] (2009a): WTO Regional Trade Agreements Information System (http://rtais.wto.org/UI/PublicMaintainRTAHome.aspx). Abgerufen am: 23.1.2009.

WTO [WORLD TRADE ORGANIZATION] (2009b): Trade Profiles – Selection (http://stat.wto.org/Country

Profile/WSDBCountryPFReporter.aspx?Language =E). Abgerufen am 23.1.2009.

ZELLER, C. (2001): Braucht es zur Globalisierung die ganze Welt? Die „Nordatlantisierung" der Basler Pharmaindustrie. In: Neue Zürcher Zeitung, Nr. 137 vom 16./17.6.2001, S. 8.

ZENTES, J.; SWOBODA, B. (1997): Grundbegriffe des Internationalen Managements. Stuttgart.

ZENTES, J.; SWOBODA, B.; SCHRAMM-KLEIN, H. (2006): Internationales Marketing. München.

ZOLLINGER, P. (2000): Sustainability Reporting: Ein Führungsinstrument für nachhaltiges Wirtschaften. In: J. Hamschmidt und T. Dyllick (Hrsg.): Nutzen Managementsystem? Vom Umwelt- zum Sustainability-Managementsystem (= IWÖ-Diskussionsbeitrag, Nr. 82). St. Gallen, S. 65–78.

Register